Rainer M. Schießler

Jessas, Maria und Josef

Gott zwingt nicht, er begeistert

Unter Mitarbeit von Stefan Linde

PENGUIN VERLAG

Verlagsgruppe Random House FSC® N001967

PENGUIN und das Penguin Logo sind Markenzeichen
von Penguin Books Limited und werden
hier unter Lizenz benutzt.

1. Auflage 2020
Copyright © 2018 by Kösel-Verlag
in der Verlagsgruppe Random House GmbH,
Neumarkter Straße 28, 81673 München
Covergestaltung: bürosüd nach einem Entwurf von Weiss Werkstatt München
Covermotiv: Susanne Kraus
Satz: GGP Media GmbH, Pößneck
Druck und Bindung: GGP Media GmbH, Pößneck
Printed in Germany
ISBN 978-3-328-10556-5
www.penguin-verlag.de

 Dieses Buch ist auch als E-Book erhältlich.

Inhalt

Ich spannte meine Schwingen aus
und wurde seltsam weit;
jetzt überfließt dein kleines Haus
von meinem großen Kleid.
Und dennoch bist du so allein
wie nie und schaust mich kaum;
das macht: ich bin ein Hauch im Hain,
du aber bist der Baum.

(Rainer Maria Rilke, aus:
VERKÜNDIGUNG, Die Worte des Engels)

Ich widme dieses Buch dem kleinen Engel Anna-Viktoria.
Sie hat mich in ihren Augen unseren Herrgott schauen lassen.

Vorwort

Ich kenne kaum einen Menschen, der diese drei Worte »Jessas, Maria und Josef« mit einer solch ehrlichen, aufrichtigen und bewusst gesetzten Inbrunst ausgesprochen hat, wie meine Mutter. Diese Begriffe kamen niemals ungehörig, schlampig, leicht geflucht oder wie ein oberflächlicher frommer Ausspruch daher und waren auch nie so beabsichtigt. Sie waren ein feststehendes Motto für alle Lebenslagen und mit jeweils wechselnden Nuancen: als flehentliche Bitte in Zeiten der Bedrängnis, als Ausdruck der Freude und der Entspannung, wenn eine Gefahr wieder einmal gebannt war, oder auch nur als Bewusstmachung des eigenen Glaubens und der damit verbundenen Überzeugung. Von dieser Grundstimmung her war unser christliches Umfeld getragen: »Der Herrgott weiß genau, wie es mir geht! Ist er doch selbst in einer ganz normalen Familie, unter ganz normalen Leuten und in ganz einfachen Lebensumständen aufgewachsen. Alles weiß er von mir, meine Freuden, mein Leiden, meine Last und mein Glück. Dann soll er es jetzt auch ruhig wieder wissen, da gibt's immer noch Dinge, die dazukommen zu dem, was er selber erlebt hat. Sei einfach mit dabei in meinem Leben, lieber Gott! Mach mit, lass mich dich spüren – und schon geht's mir ein Stück besser. Gib mir das Gefühl, dass ich das alles nicht allein erleben oder aushalten, empfinden oder ertragen muss. Die Freude wird noch größer und der Kummer gleich etwas erträglicher, wenn du bei mir bist.«

So, denke ich mir, hätte sie es mir erklärt, meine Mutter, wenn ich sie gefragt hätte, warum sie immer wieder mal »Jessas, Maria und Josef« in bestimmten Momenten ausrief. Sie hat's mir nicht erklärt, wohl auch deswegen, weil ich nie gefragt habe. Aber ich hab's gespürt: Hier fleht ein Mensch, der voller Vertrauen ist. »Jessas, Maria und Josef« ist für mich so zum kürzesten und intensivsten Gebet geworden. Darum soll es auch der Titel dieses Buches sein. Wie der Name wollen auch die Gedanken in diesem Buch Freude und Glück, Hoffnung und Zweifel, tiefste Trauer und Not zur Sprache bringen. Alles erdenklich Gute und Schöne, aber auch Niederschmetternde, Frustrierende und Erzürnende im eigenen Leben und in meiner Kirche darf hier zu Wort kommen. Am Ende steht dann aber nicht die Verwerfung, sondern nur der Aufbruch. Nicht Stehenbleiben, nicht Zurückschauen, nur ein ganz bewusstes Nach-vorne-Gehen und Aufbrechen bieten uns und meiner Kirche die Chance auf eine gute Zukunft. Entscheidend dabei ist und bleibt eine positive Nähe zu Gott. Einem Gott, der eben nicht zwingt, maßregelt, zürnt und unterdrückt, sondern einem Gott, der liebt, um uns wirbt, in Liebe bedrängt und begeistern will für das wunderbarste Geschenk, das wir besitzen: unser Leben!

»Gott zwingt nicht, er begeistert«, der Leitsatz meines Berufungslehrers Elmar Gruber ist mir zum Lebens- und Glaubensmotto geworden. Er ist die konsequente Fortsetzung zum Ausruf meiner Mutter: »Jessas, Maria und Josef!«

Ich wünsche allen viel Freude und Erbauung beim Lesen meines Buches.

Rainer Maria Schießler

Besinnung

Das Leben leben bedeutet mit der Zeit gehen, sich verändern, wandeln – nicht starr werden, brechen und spurlos verwehen. Wandlung ist ein Grundprinzip des Lebens. Das gilt für das Individuum wie für Organisationen. Für Gesellschaftssysteme. Parteien. Und auch die Kirche. Wir wachsen an der Zeit – oder vergehen. Dieses Prinzip zwingt uns Menschen ständig, unseren Kurs zu überprüfen und gegenzusteuern, wo es unser Leben gefährdet. Aber wann geschieht das? Wann und warum nehmen Menschen in ihrem Leben eine Richtungsänderung vor? Überdenken ihr Leben? Definieren sich neu? Suchen einen neuen Sinn? Trennen sich unter Schmerzen von alten, mächtigen Gewohnheiten. Von Freunden, die längst keine mehr sind. Von Strategien, die sich überlebt haben. Von altem Denken, dass in einer neuen Wirklichkeit nichts mehr taugt? Wann endlich finden wir den Mut, all den über viele Jahre angesammelten Ballast abzuwerfen? Den alten, abgenutzten Lebensentwürfen den Rücken zu kehren und sich ohne umzuschauen mutig dem Neuen zuzuwenden, dem Unbekannten mit all seinen Chancen und Abenteuern? Warum zögern wir? Und warum tun wir es so spät?

Oft zu spät? Unter Zwang – statt unsere Zukunft selbst zu gestalten?

»Geh mit der Zeit – sonst gehst *du* mit der Zeit«, hat mein Vater immer gesagt.

Und wie recht er damit gehabt hat.

Meine eigene Wandlung hat an einem Faschingsdienstag begonnen, unter seltsamen Umständen, denn wie so oft im Leben sind es nicht Planung und Vorsatz, die den Knoten lösen und unserem Leben eine andere Richtung geben – meist geschieht es alternativlos unter Zwang, manchmal jedoch ist es ein scheinbar zufälliges Ereignis, eine Begegnung, eine Tasse voller Kaffee, die umfällt, oder sonst ein banaler Grund, die unser Leben binnen Sekunden in eine neue, völlig unerwartete Richtung schubsen und den Blick auf ungeahnte Möglichkeiten öffnen. Und da es keine Zufälle gibt im Leben, muss es Bestimmung gewesen sein, wenn es geschieht. Der Anlass, der alles ins Rollen brachte und mich zu einer Richtungsänderung in meinem Leben aufforderte, war keine echte Lebenskrise, wie man vermuten könnte – sondern einerseits viel banaler – und dennoch viel elementarer, meine Lust am Leben berührend: nämlich eine Leberkässemmel. An einem Faschingsdienstag war das.

Obwohl ich jeden Morgen freudig als Neuanfang und Beginn eines weiteren Abenteuers mit vielem Unbekannten zu begrüßen suche, will ich doch nicht verschweigen, dass auch ein Pfarrer manchmal mutlos werden kann. An diesem Faschingsdienstag kam einiges zusammen. Es war eine unauflösbare Kette von Verknotungen, die für Missmut sorgte und mich tatsächlich ans Aufhören denken ließ. Irgendwann denkst du, es reicht dir! Und in völliger Niedergeschlagenheit, die einen nach sehr anstrengenden Tagen mit großen Widerständen in totaler Einsamkeit übermannt, eine Leere, die deine Kraft und Begeisterung völlig absaugt, stellst du dir irgendwann doch die Sinnfrage: Wozu machst du noch weiter – wenn es doch immer weniger Menschen zu interessieren scheint?

Bei mir schwelte seit Monaten eine latente Resignation angesichts der fortlaufenden Unbeweglichkeit meiner Kirche, sich in den essenziellen Fragen der Zukunft zu öffnen: wie wir Kirche und Glauben wieder in die Mitte der Gesellschaft bringen, wie wir Frauen am

Gottesdienst beteiligen, ob wir Wiederverheiratet-Geschiedene ernsthaft weiterhin von der Kommunion ausschließen wollen oder die immer noch fehlende Akzeptanz und Ausgrenzung von gläubigen Menschen, die sich entschlossen haben, gleichgeschlechtlich zu lieben und zu leben, sowie die ungeklärte Lösung für ein reformiertes Zölibat, das nicht länger Voraussetzung dafür ist, seiner Berufung als Priester nachzugehen, sondern sich öffnet und Raum lässt, auch als verheirateter Mann und Vater Priester zu sein.

Meine Lebenskrise war nie die Krise meines Glaubens, das wird es nie sein – sondern ist die Krise meiner Kirche, weil sie so unfähig scheint, sich in einer Zeit zu wandeln, die nichts dringlicher fordert, als es rasch und umfassend zu tun.

Es sind die Tage, an denen du unter der Last der Verwaltungsaufgaben erstickst, die dich von deiner eigentlichen Tätigkeit als Seelsorger abhalten. Mir lag eine Beschwerde offenbar neu ins Viertel gezogener Glockenfeinde vor, weil ich sonntags angeblich wieder zu früh, zu laut und zu lange läuten würde und sie sich in ihrer Morgenruhe gestört fühlten. Unsere Telefonanlage war mal wieder ausgefallen, der gesamte Telefonverkehr des Pfarramtes lief über mein kleines Handy und ein grippaler Infekt hatte mich angefallen, das Einzige, was mir die Stimme verschlägt und mich wortlos zurücklässt. Männern mit so einer derben Grippe rate ich, sich schon mal mit feuchter Erde einzureiben. Hilft zwar nicht – aber sie gewöhnen sich schon mal dran: das sie mitten im Leben dem Tode geweiht sind. Dazu kamen die neuen Zahlen der Kirchenaustritte und erneut hatten Gläubige in der Größenordnung der Stadt Wuppertal mit 350000 Einwohnern beiden Kirchen in Deutschland den Rücken gekehrt.

In diesem Zustand der Unzufriedenheit schnappte ich mir nach zwei äußerst unerfreulichen und zeitfressenden Telefonaten mit der Störungsstelle der Telekom – über Handy, weil meine Telefonanlage ja defekt war – meine französische Bulldogge und Sportschau-Partner »Phili« und ging einfach mal ein paar Minuten Gassi, frische Luft schnappen an der Isar entlang, um auf andere Gedanken zu kommen. Vorbei an meinem Vorbild für perfekten Service, dem weit über

München hinaus bekannten 24-Stunden-geöffneten »Standl« von Harry an der Reichenbachbrücke, ging ich zu jenem Erker in der Mitte der Brücke, von dem schon einst Monaco-Franze seiner Liebe zu Michaela May nachgehangen hatte und ich meiner, mit Panoramablick auf das verkehrsumtoste Kirchenschiff von Sankt Maximilian. Ich dachte, wie sollte es weitergehen? Würde ich der Letzte sein, der in Sankt Max das Licht ausmacht? Ich machte mir innerlich Mut. Sankt Max hat in den über hundert Jahren seit der Einweihung schon Schlimmeres überstanden.

Den Rumpf des Kirchenschiffes von Sankt Max umschließt eine hohe Mauer aus Steinquadern, die in den Feinstaubschwaden des Münchner Verkehrs und den Brandnächten des Zweiten Weltkrieges schwarz geworden sind. Diese Mauer war für die Ewigkeit gebaut, massiv wie die Klagemauer in Jerusalem. Doch auch diese Kirche wurde durch den Krieg völlig zerstört. Mehrfach schwer getroffen im Bombenhagel der Luftangriffe auf München zwischen September 1943 und November 1944. Die Generationen vor uns haben noch während des Krieges in den Trümmern des Seitenflügels mit bloßen Händen eine Notkirche errichtet, als Zeichen der Hoffnung, dass Friede wird und es weitergeht. Sie wollten ihre Kirche am Leben erhalten, als Platz, wo sie Gemeinschaft sind und die Eucharistie feiern können, egal wie schlecht und kalt die Zeiten damals waren. Es waren die Frauen und die Alten, denn die Männer im wehrfähigen Alter waren weit fort, in Russland an der Front. Ich frage mich, ob wir heute noch genügend Menschen finden würden, die diese Kirche mit ihren eigenen Händen wieder aufzubauen bereit wären, einen großen Teil ihres Einkommens und ihrer Zeit zu opfern, damit im Turm die Glocken wieder läuten und die Gläubigen zusammenrufen. Ich bewundere die Leistung der Menschen, die dieses Wunder, wie es mir heute erscheint, vollbracht haben. Die treuen Mitglieder meiner Gemeinde, da bin ich sicher, hätten trotz der vielen Austritte der vergangenen Jahrzehnte noch den Willen, eine solche Aufbauleistung zu vollbringen – in anderen Gemeinden sicher nicht. Denn die Kirchen sind längst nicht mehr Sammelpunkt in der Mitte der Gesellschaft.

Mancherorts werden sie schon aufgegeben. Die Gemeinschaft der Gläubigen wird kleiner und immer weiter an den Rand gedrängt. Wo die Gemeinden nicht mehr leben, sich nicht mehr entwickeln, weil die Impulse fehlen, hört das Herz auf zu schlagen. Negativer Spitzenreiter bei den Austritten bundesweit war mein Erzbistum München und Freising, das 2016 einen Schwund von knapp 18.000 Gläubigen zu verzeichnen hatte. Das war zwar ein leichter Rückgang zu den Vorjahren – auch hatte die Zahl der Taufen leicht zugenommen. Aber durfte ich diese Erosion, wie Hans Langendörfer, Sekretär der Deutschen Bischofskonferenz es öffentlich tat, als Erfolgsmeldung so umdeuten wie er, dass er in diesen Zahlen ein Zeichen sieht, dass es nach wie vor den Wunsch gibt, in der Kirche verankert zu sein, und dass er sich freue, dass ein Drittel der Bevölkerung Deutschlands weiterhin zur katholischen Kirche gehöre? Allein wegen eines leichten Rückgangs auf einem immer noch derart hohen Niveau der Austritte? Gilt auch in meiner Kirche das »Weiter so«? Muss ich mir auch hier den Satz bieten lassen »… ich kann nicht erkennen, was wir jetzt anders machen müssen«? Dieses »Wir schaffen das«, ohne einen Weg zu weisen, wie wir das schaffen sollten? Die Mauer von Sankt Max steht noch, aber als Folge der Bomben haben sich tiefe Risse aufgetan. Große Klammern aus Stahl sollen die weitere Spaltung verhindern und die Risse werden mithilfe spezieller Messgeräte unseres diözesanen Baureferates regelmäßig kontrolliert, ob sie sich weiten. Diese Risse, auf die ich täglich schaue, gehen viel tiefer, sind ein Sinnbild für mich für all das, was sich in meiner Kirche und in unserer gesamten Gesellschaft vollzieht: eine Spaltung und ein Auseinanderdriften in der Mitte der Gesellschaft. Ich fragte mich immer wieder, ob die Entwicklung zu stoppen wäre? Was kannst du tun, um den weiteren Zerfall aufzuhalten? Tust du genug und vor allem: Tue ich das Richtige? Stimmt dein Handwerk? Wie kannst du die Menschen, die sich abgewendet haben, mit deinem Glauben und der frohen Botschaft wieder in Berührung bringen und sie zurückgewinnen? Wie kann es gelingen, das Licht weiterzutragen, es zu schützen, wenn ein Windstoß es zum Verlöschen zu bringen droht? In diesem innerlich zerrissenen Zustand begann meine Zeit der Wandlung am Morgen des Faschingsdienstags, dem Endspurt im Münchner Faschingstreiben. Jener uralten Tradition des bayerischen Anarchismus, maskiert eine Auszeit zu nehmen, das Leben zu genießen und so der Obrigkeit den Mittelfinger zu zeigen. Ich nahm Phili wieder an die Leine und schleppte mich, von Grippewellen hin- und hergeschleudert, von den Isarauen weiter durchs Gärtnerplatzviertel.

An der nächsten Apotheke bin ich wie ein Sack voll Elend durch die Tür gefallen und habe mal kurz das Regal mit den Antigrippemitteln abgeräumt und mir wie Benjamin Blümchen die Schniefnase geschnäuzt. Die Apothekerin nahm mir Leidendem mit spitzen Fingern den virenverseuchten 50-Euro-Schein aus den Händen und fragte mich mit diabolischem Sanftmut, ob ich wisse, warum es heißt »der Schmerz«? Ich, ein schniefendes Fragezeichen im rotfiebrigen Gesicht, schüttelte den Kopf? Ihre Antwort: »Weil Schmerzen immer männlich sind!« Tor! Jubel in der Fankurve. Beim Hinausgehen trat sie noch einmal nach. »Auch Frauen leiden, wenn sie krank sind – sie sterben nur nicht gleich wie Männer!« Die Grippemittel hatte sie mir mit einem treuherzigen Augenaufschlag in einer Papiertüte überreicht, auf der ich – schon wieder draußen – lesen musste: »Gott hat die Männergrippe nur erschaffen, um uns Frauen zu prüfen.« Und damit nicht genug, auf der Rückseite stand: »Spiel mir das Lied von der Männergrippe.« Hallo? Mir wurde zum ersten Mal so richtig bewusst, dass es nicht nur Klischees den Frauen gegenüber gibt. Ich bin kränker und fertiger aus dieser Apotheke raus, als ich reingegangen bin! In diesem traurigen Zustand ließ ich mich von Hund Phili durch die Straßen schleifen. Was für ein Morgen!

Auf meinen üblichen Wegen zwischen den Polen meiner beiden Kirchen – Sankt Maximilian im Süden und Heilig Geist im Norden, direkt am Viktualienmarkt – durchstreife ich – ein guter Pfarrer ist immer im Dienst – mit wachen Augen das Viertel. Meist zu Fuß, viel auf dem Fahrrad – aber nie mit dem Auto und dem Motorrad, denn die sind für längere Fahrten. Weil ich die Wege oft mehrfach am Tag zurücklege, mal flanierend wie seinerzeit der alte Münchner Stadtkolumnist Siggi Sommer, dem man am Marienplatz ein Denkmal gesetzt hat, mal als Kugelblitz auf dem Fahrrad, tief über den Lenker gebeugt – wenn die Zeit zwischen den Terminen wieder mal zu knapp ist, registriere ich seismografisch jede Veränderung im Viertel. Ich sehe die Umzugswagen, wenn wieder eine Familie mein Viertel verlässt. Ich sehe die Ladenbesitzer kommen und gehen. Sie starten mit viel Optimismus und Luftballons im Fenster und am Ende steht dort immer das hässliche Schild »Räumungsverkauf wegen Geschäftsaufgabe«. Die Laufkundschaft bleibt aus. Amazon kommt schneller und billiger. Und manchmal denke ich, wann hängst auch du genauso ein Schild vor deine Kirchentür. »Räumungsverkauf!« Ich staune, weil bestimmte Verkaufsflächen immer dieselben Sortiment-Anbieter anziehen, die im lustigen Reigen immer wieder Pleite machen, als würde sie niemand warnen und die Geschäftsnachfolger nie die richtigen Schlüsse ziehen: wie man es erfolgreich macht. Sie wandeln sich nicht und gehen an der falschen Einschätzung der Grundbedürfnisse ihrer Kunden zugrunde. Sie vermuten nur, was ihre Kunden wünschen. Wissen tun sie es nicht. Sie beherrschen ihr Handwerk nicht. Den kundenorientierten Verkauf. Du musst dein Handwerk beherrschen. Das muss meine Lehre gegen die Leere sein. Und so ändern wir in meiner Gemeinde stetig das Sortiment für unsere Kunden, überraschen, lauschen nach, wie sie reagieren, und versuchen neue attraktive Angebote zu entwickeln, die zusätzlich Kunden anziehen, vor allem die Jüngeren, die gerade Zugezogenen – möglichst ohne die Alten zu vergraulen. Ein Spagat. Aber mein »Laden« ist zu den Gottesdiensten immer voll. Viele kommen inzwischen von außerhalb, weil sie es in ihrer Heimatgemeinde nicht mehr aushalten, die Leere, die schlechten Routinepredigten, das Desinteresse und die überall spürbare Gefahr der Geschäftsaufgabe. Wie ist es denn heute in vielen Kirchen? Leer. Einsam. Deprimierend. Wir Priester sitzen alleine in unseren Beichtstühlen und beten unser Brevier für die ganze Woche im Voraus, weil keiner mehr kommt. In die Kirche nicht. Und zur Beichte schon gar nicht. Ich nehme Beichten an sich nur noch nach Terminabsprache ab. Bei uns in Sankt Max stehen in einem der alten, nicht mehr benutzten Beichtstühle Staubsauger und Farbkübel und eine Kabelrolle drin. Das ist doch auch irgendwie sinnbildlich: der alte Beichtstuhl ist out. Mittelalter. Der neue Beichtstuhl heißt Facebook, vielleicht auch schon auf dem absteigenden Ast, oder Instagram – oder es sind die neuen Partnerschaftsbörsen, wo sich Menschen in einer so atemberaubenden Offenheit entblößen und in ihrer vollen Sünde präsentieren, wie ich es im Beichtstuhl nicht mal annähernd selbst in den »Sternstunden« erleben durfte – aber das ist alles schon lange Vergangenheit. Die Menschen zieht es heute woanders hin, sie haben den tieferen Sinn der Beichte vergessen – als Akt der Selbstreinigung, sein Gewissen zu erleichtern, Freiräume zu schaffen, wo Belastendes Neues verhindert. Für mich als Pfarrer gilt das Beichtgeheimnis – aber in den Sozialen Medien gibt es diesen absoluten Schutz nicht. Die Menschen scheinen den auch gar nicht zu vermissen und geben alles freiwillig preis, schimpfen aber vorurteilsbeladen über die Beichte. Während die einen Narrenfreiheit haben, muss ich mich oft rechtfertigen, wenn die Frage kommt: Warum bist du noch in der Kirche? Ich frage dann zurück: Warum bist du es nicht mehr? Ich kann es nicht leugnen – auch in meiner Gemeinde treten jedes Jahr ca. hundert Menschen aus. Obgleich ich mit die höchsten Neu- und Wiedereintrittszahlen in München haben darf, kann mich das nicht beruhigen: wir schrumpfen weiter. Wenn auch viel langsamer. Und trotzdem, wenn wir den Trend zum Austritt nicht drehen, bin ich bald der Letzte, der das Licht ausmacht in Sankt Max. Ich spüre doch täglich, wie rasend schnell sich das Viertel und meine Stadt verändern, wie gewohnte, oft lieb gewonnene Gesichter des Viertels sich auflösen in Erinnerungen, oft unter meinen eigenen Predigten und Gebeten, die ich an ihrem Grab halte, in das sie versinken. Natürlich gibt es auch Konstanten im Viertel, Kneipen, Bäckereien, die sich nie ändern und zum Inventar gehören, genau wie einige Originale, die schon immer da waren und auch hier sterben werden und sich an ihren Tresen das Leben interessanter trinken. Aber das ist die Ausnahme. Die Regel ist Veränderung. Drastische Veränderung, die ich bemerke, weil ich inzwischen selbst eine Konstante bin. Ich bin der Pfarrer dieses Viertels. Seit 25 Jahren Chef im Ring. Ich merke, wie die Gemütlichkeit in diesem einstigen Münchner Handwerkerviertel weicht, dessen Betriebe mehr und mehr von hippen Werbeagenturen, Coaching-Büros, Boutiquen, Galerien und Goldschmiedeläden verdrängt werden. Das einst vorherrschende oberbayerisch angehauchte »Münchnerisch« ist, seit ich hier arbeite und lebe, einem sehr bunten und lauten Gemisch vieler Dialekte und Sprachen gewichen. Und das ist, was ich am alten München wirklich vermissen werde: dieses leichte, lebensfrohe Bayerisch. Ein Bayerisch, das jeder versteht und trotzdem unverkennbar Dialekt ist. Meine Muttersprache. Ich bin all den Menschen, die mit mir Dialekt gesprochen haben, vor allem meinen Eltern unendlich dankbar. Es gibt viele Dinge im Leben, die lassen sich nur auf Bayerisch ausdrücken. Aber immer weniger Menschen verstehen das – weil sie selbst kein Bayerisch mehr sprechen und auch nicht Bayerisch denken können, mit seiner doppelten Verneinung schon gar nicht. Die Welt meiner Kindheit ist im Umbruch. Bayern und München verzeichnen den größten Bevölkerungszustrom in ihrer Geschichte. Mein Viertel ist »bunt« und spiegelt schon die kommende Demografie der »Neuen Zeit«, wie sie uns die Politik verheißt. Und es geht noch gut, weil in meinem Viertel nur eine kaum sichtbare Armut herrscht, gemessen an den sozialen Brennpunkten der anderen Metropolen mit ihren angeblichen oder tatsächlichen »No-Go-Areas«. Die gibt es in meinem Viertel nicht, denn dafür sind hier die Mieten inzwischen viel zu hoch. Hier wohnen die Reichen und Erfolgreichen – aus allen Nationen und Weltgegenden. 25 Jahre Pfarrjubiläum in Sankt Max – das bedeutet in diesem Viertel die Synthese aus Schnitzel-Döner, Leberkäs-Falafel, Kopftuch-Nerdcaps und Halal, aus Kirche und Moschee, gegen Trumpismus, für Toleranz, für Schwule und das Sakrament der Ehe, für Glaube in alle Richtungen, auch Aberglaube, Atheismus, AfD und Modernität. Mein christlicher Glaube ist längst nicht mehr tonangebend, nur noch eine »Denkrichtung« unter vielen anderen Lebensentwürfen, die nicht nur gleichberechtigt nebeneinanderstehen – sondern miteinander in Konkurrenz treten. Dass der christliche Glaube das Fundament der Politik in Deutschland sein sollte, lehnen nach einer repräsentativen Emnid-Umfrage Anfang 2018 mit 59 Prozent bereits weit über die Hälfte der Deutschen ab – während nur noch 38 Prozent dem zustimmen, bei 3 Prozent, die überhaupt keine Meinung dazu haben. Und das obwohl sich die großen C-Volksparteien, sogar in ihrem Namen, die Verpflichtung auf die christlichen Werte ins Programm geschrieben haben. Ein elementarer Umbruch innerhalb weniger Jahre. Man mag das beklagen, aber was hilft all das Jammern, wenn die Menschen mit eingetragenem christlichen Glauben auf der Lohnsteuerkarte, gleich welcher Konfession, kaum noch etwas über die spirituelle Bedeutung der kirchlichen Feiertage wissen und sich noch weniger dafür interessieren, mal abgesehen von Weihnachten und Ostern vielleicht. Nur noch 5 Prozent der Katholiken in Deutschland besuchen regelmäßig den Gottesdienst. Viele ahnen es – aber realisieren immer noch nicht, welche Verwerfungen dieser gesellschaftliche Epochenwandel in kürzester Zeit nach sich ziehen wird. Wir erleben Wandlung. Sind mitten drin. Es bedeutet, dass wir als Kirche nicht länger bequem sein dürfen und uns mit unseren Werten, wenn wir sie erhalten wollen, dieser Konkurrenz stellen und in den – friedlichen – Wettbewerb treten müssen – oder schrumpfen werden und uns selbst aufgeben. In manchen Regionen geht es inzwischen darum, zu zeigen, dass wir überhaupt noch da sind, dass es uns gibt. Wie jetzt bei einem Pilotprojekt in einem Essener Problemviertel, einer Stadt, in der seit 2006 24 Kirchen auf der Schließungsliste stehen. Und das bedeutet: Entweihung. Verkauf. Abriss. Oder Wandlung in Supermärkte und Discotheken. Ende! Im bevölkerungsreichsten Bundesland Nordrhein-Westfalen steht der Religionsunterricht an den Schulen auf der Kippe, weil immer weniger Kinder daran teilnehmen, besonders an den Haupt- und Grundschulen mit ihrem besonders großen Anteil von Jugendlichen aus Familien mit Migrationshintergrund – mit stellenweise über 50 Prozent. Die christliche Prägung insgesamt lässt nach, im Ruhrgebiet stellen Muslime an Grundschulen bereits mancherorts die (relative) Mehrheit. Folge all dessen: Schulen haben wachsende Probleme,

Religion nach Konfessionen zu unterrichten. Kaum noch die Hälfte der Schulen bietet heute nach Konfessionen getrennten Religionsunterricht an. Konfessionssensibles Unterrichten gibt es vielerorts nicht mehr. Der bekenntnisorientierte Unterricht ist längst einem eher allgemein ethisch orientierten Religionskundeunterricht gewichen. Die vielfach gepriesene Lösung einer »Ökumene« mit einem gemeinsamen christlichen Religionsunterricht beider Konfessionen scheitert, weil von den fünf zuständigen Landeskirchen das Erzbistum Köln zunächst nicht mitziehen will, weil dort, so die Begründung, noch immer jeder dritte Schüler zumindest laut konfessioneller Zugehörigkeit katholisch sei. Im Gegensatz dazu kennt der neue islamische Religionsunterricht keine Aufgliederung in Schiiten und Sunniten. Die haben Ökumene – ein organisatorischer Vorteil. Gleichzeitig werden im Erzbistum Köln, der einstigen Hochburg des deutschen Katholizismus, die sechs Stadtpfarreien wegen Priestermangel zu einer Verwaltungseinheit zusammengelegt – dem neuen »Sendungsraum Köln«, wie es jetzt heißt, was nichts mit dem dort ebenso ansässigen WDR zu tun hat, der auch mit dem Generationenabriss seiner Zuschauer und fehlender Akzeptanz in der Öffentlichkeit zu kämpfen hat. Noch ist die katholische Kirche mit 904 Bildungseinrichtungen und 360.000 Schülern und 32.000 Lehrern bundesweit der größte freie Schulträger in Deutschland. Aber wie lange noch? Die Schülerzahlen sind nicht zuletzt auch wegen der Missbrauchsfälle 2015/16 um weitere 12.000 zurückgegangen – aber eben auch wegen der Schließung von 60 Schulen, von 350 auf 290 in 2017. Die großen kirchlichen Orden, die seit Jahrhunderten Bildung als Missionsauftrag gesehen haben, verlieren wegen Nachwuchsmangel und ihrer enormen Überalterung zunehmend an Bedeutung und müssen ihre Schuleinrichtungen in die Hand der Diözesen übergeben. Es gibt inzwischen ein echtes Süd-Nord-Gefälle, was die Erosion meines Glaubens und den Niedergang der Institution der Amtskirche anbelangt. Während das Erzbistum Hamburg mit einem Fehlbetrag von 278 Millionen Euro kurz vor der Pleite steht und zum Entsetzen der Eltern acht seiner 21 Schulen schließt und sich damit aus ganzen Stadtteilen völlig zurückzieht und damit hier auch noch den letzten Kontakt zu Jugendlichen verliert, verzockt das Bistum Eichstätt 60 Millionen Euro Kirchengelder mit Immobilienspekulationen in den USA. Bistümer mit verarmenden Metropolenregionen wie Hamburg, Berlin, Bremen oder dem Ruhrgebiet leiden im Zuge der demografischen Veränderungen am heftigsten unter Bedeutungsverlust und den finanziellen Folgen der Kirchenaustritte. NRW ist dabei ja nur Vorreiter für das, was angesichts einer sich rapide verändernden, multikulturellen Demografie bald überall Realität sein wird. Wir suchen Antworten auf diese Entwicklungen – aber wir finden keine. Wir haben kein erfolgreiches Konzept, wie mit diesem Wandel umzugehen ist. Genauso wenig, wie wir noch ausreichend Priesternachwuchs generieren. Wir schrumpfen und verschwinden von der Fläche. Die Kirche verliert an Strahlkraft, Anziehung und an Wirksamkeit mit jedem Gläubigen, der sich abwendet.

Meine Kirche hat ihre unangefochtene Monopolstellung des vergangenen Jahrhunderts längst verloren. Es ist nicht mehr so, dass uns die Menschen sonntags in Scharen zuströmen, freiwillig in die Kirchen kommen, weil Gottesdienst und Kirche der natürliche Teil des gemeinschaftlichen Lebens ist, so, wie es in meiner Jugend noch war. Die Ströme fließen in die Gegenrichtung, von uns fort, und wir Priester, so schwer das einigen fallen wird, müssen runter von unserem hohen Ross und wieder lernen, dass wir jedem, wirklich jedem Menschen in unserer Gemeinde im positiven Sinne hinterherlaufen und um jeden Gläubigen kämpfen müssen. Lernen, dass wir Dienstleister sind im Glauben, dass wir jeden Tag Fußwaschung haben, nicht nur symbolisch, nicht nur für die Länge eines schönen Chorals und nur einmal im Jahr am Gründonnerstag, sondern täglich geht der Pfarrer mit mir auf Augenhöhe – und noch tiefer: auf Hühneraugenhöhe. Wann lernt meine Kirche wieder Hühneraugenhöhe? Das ist noch weiter unten. Und von ganz unten zum Gläubigen aufschauen. Das muss die Lebensmentalität und unser Auftrag als Priester sein: DIENEN. Und so lautet mein 12. Gebot: »Das Hühneraugengebot«. Während ich mich so voll in Rage dachte und, von Phili geschleift wie ein Sklave, in den Ketten meiner Grippe gefesselt willenlos durch die Straßen torkelte, bleiben meine gripperoten Augen plötzlich an einer großen Schaufensterscheibe kleben, die den Blick auf etwas bot, was mich völlig in seinen Bann zog. Es war einer dieser neuartigen »Bodystreetläden«, von denen ich seit Kurzem immer wieder Werbeflyer in unserem Briefkasten fand und die als ultramoderner Trend jetzt auch in meinem Stadtviertel überall wie Pilze aus dem Boden zu schießen schienen. Ein Trend, der mich einerseits mit Neugier für Neues erfüllt – andererseits aber auch mit ernster Sorge um das Wohl der Kunden dieser Läden. Denn wie der Flyer verspricht, entsteht hier Fitness durch Elektrizität. Durch Stromschläge!

Ich nahm einen Flyer aus der praktischen Info-Box am Eingang und las: »Bodystreet« sei eine »revolutionäre Fitnessmethode aus der Astronautik«. Na bitte: Dem Himmel ganz nah! Modernste sportmedizinische Erkenntnisse, las ich weiter, kämen zur Anwendung. »Hohe Wirksamkeit durch viele Studien bewiesen.« Aha. Phili zerrte ungeduldig an der Leine, nachdem er schon mehrfach gegen den Ladeneingang gepieselt hatte. Ich aber blieb gebannt stehen, denn was ich hier zum ersten Mal sah, war tatsächlich elektrisierend. Zum einen lockte die Werbung mit dem Slogan: »Testen Sie das zeitsparendste Training, das Sie je kennengelernt haben!« Zum anderen sah ich hinter den leicht beschlagenen Scheiben perfekt gestylte Körper, schwerelos leicht wie im Weltraum auf einem Laufband durchs Leben federn, Männlein und Weiblein, schön wie Apoll und Aphrodite, himmlisch, gottgleich, absolut gutaussehend. Es ist wie in der Fernsehwerbung für eine Flirtline: »Ich parshippe jetzt!«, sagen da zwei wunderschöne Menschen, Männlein und Weiblein. Ja, für was denn um Himmels willen brauchen denn solche Leute eine Flirtline? Die finden doch selber einen Partner, denkt man sich, wenn man sie sieht. So wie die Menschen hier in diesem Fitnessladen: Wozu trainieren die eigentlich? Die haben den perfekten Körper doch bereits! Ich schaute an mir herunter. Sah meine ganze schwere Bodenständigkeit eines Apolls mit Wurzeln in Niederbayern. Und dachte: Das wäre doch was für dich selbst?

Für leicht adipöse Männer wie mich, mit einer Bauchwölbung, die nicht auf Unterernährung zurückzuführen ist – andere würden sagen »ein gestandenes Mannsbild« –, klingt die Botschaft dieser Läden gerade am Tag vor Aschermittwoch, dem Beginn der Fastenzeit, äußerst verführerisch. Ich hatte eh vorgehabt, etwas zu ändern, wieder so fit zu werden wie damals, als ich als Kaplan noch mit den Jugendlichen in Rosenheim Eishockey spielte. Die Spaziergänge mit Phili waren offenbar nicht ausreichend als Abnehmprogramm und ein bisschen Training könnte nicht schaden, angesichts der auch körperlichen Anforderungen in meiner Arbeit, wenn ich wieder auf meine Kirchtürme zu den Glocken stürmen muss. Mit dem Ende der Faschingszeit wäre auch der Anlass da. Am Aschermittwoch ist bekanntlich alles vorbei – der Fasching und die Völlerei und die Fastenzeit beginnt. Alles Jammern und Klagen hilft nichts. Bier und Schweinsbraten werden auf die Seite gestellt und beim Wirt unter frommem Gebet nur Salat bestellt und ein Wasser. Modern. Ohne Kohlensäure. Ein Alptraum für barocke Genussmenschen wie mich – und genau an dieser Stelle meines Traumes wache ich auch stets immer schweißnass auf, richte meinen Blick zum Himmel und sage: »Gottseidank nur ein Traum!« Aber ich wusste auch, dein Bäuchlein ist da, genau wie die Fastenzeit, die jetzt begann. Und der Speck muss weg.

Ich versuchte durch die leicht beschlagenen Fenster der Panorama-Glasfront tiefer in den Laden zu spähen, die man zum Kundenfang in den kleinen Eingang des alten Milchladens gerammt hatte, der hier früher gewesen war. Einer der vielen kleinen Nachbarschaftsläden, in denen vor allem die alten Menschen im Viertel, ohne größere Wege zurückzulegen, noch schnell Brot und Butter, Mehl und Zucker, ein bisschen Gemüse und all die notwendigen Artikel für den täglichen Bedarf kaufen konnten. Die ebenso alten Besitzer, die ihre Läden auch nach Jahrzehnten Arbeit von früh bis spät immer noch weitergeführt haben, weil die Rente nicht reicht, sterben langsam alle weg – genau wie ihre Nachbarn und Stammkunden und schmerzhafte Lücken tun sich auf. Die restlichen Nachbarschaftsläden, Läden mit abgelaufenem Haltbarkeitsdatum, schließen, erdrückt von der Konkurrenz der großen Discounter. Veränderungen. Wandlung. Auch in meinen Kirchenbänken wird dieser Umbruch in der überalterten Bevölkerungsstruktur spürbar – denn gerade die alten Leute sind die treuesten Kirchengänger.

Hinein in diese musealen Gedenkstätten aus einer vergangenen Zeit drängen nach kurzer Renovierung zu ungeheuren Mietpreisen nun auch diese »Bodystreet«-Läden: »Warum ständig trainieren, wenn 20 Minuten locker reichen?« Was wäre, dachte ich, wenn ein ähnlicher Slogan über deiner Kirchentür stehen würde: »Warum ständig beten und beichten, wenn 20 Minuten locker reichen?« Würden dann wieder mehr Menschen kommen? Auch die Jungen? »Kirche to go«? »Jesus – light, ohne Schmerz und Kreuzigung?« Eine echte Versuchung, durchfuhr es mich spontan. Doch ich verwarf den Slogan gleich wieder und las weiter: »Testen Sie das zeitsparendste Training, das Sie je kennengelernt haben!« Aber wie sollte das gehen? Auf so wenigen Quadratmetern? Praktisch bewegungsfrei und ohne Anstrengung binnen 20 Minuten wieder fit werden? In diesem ehemaligen Milchlädchen, in dem man früher nur mit einer Körperdrehung alles aus den Regalen ziehen konnte, so klein wie der war?

Ich möchte betonen, dass ich ein Naturmensch bin und die Isarauen mit ihren kilometerlangen Wegen, auf denen man ohne auf ein Auto zu treffen bis Bad Tölz und weiter noch bis an die Alpen durchlaufen könnte, von diesem Laden nur wenige Hundert Meter weit weg waren und die zwischen den Wolken durchbrechende Sonne durchaus zu einem Dauerlauf durch Mutter Natur einlud. Aber es ist ja nur Natur …

Drinnen erblickte ich zwei, drei Laufbänder. Auf dem einen lief eine junge Frau, an Drähten hängend wie eine Marionette, die sich, heftig angefeuert von einem Trainer, zu lauter Musik unter Zuckungen dehnte und streckte. Es waren zwei dieser neuen asketisch und drahtig wirkenden Menschen, die verstärkt ins Viertel ziehen, weil sie sich, mit hohem Einkommen gesegnet, die teuren Mieten leisten können. Dafür wird offenbar an Essen und Genuss gespart. Hauptsache, die Optik stimmt. »Schlank, rank und gesund«, so heißt der neue religiöse Kult einer modernen Gesellschaft, die es sich leisten kann, dabei trotzdem ständig im Überfluss zu leben. »Oh, du hast aber schön abgenommen!« Wenn einem das doch endlich gesagt wird! Sofort fühlen wir uns geschmeichelt und geehrt: Ja, wir haben wirklich Großes vollbracht! Auf den Straßen sieht man sie immer perfekt gestylt mit großen Kopfhörern herumlaufen und in ihr Smartphone schauen. Fitness ist eines ihrer Karrieremerkmale und Zeitoptimierung ein Lebensziel. Damit passen die Bodystreetläden voll in die sich wandelnden Lebenskonzepte unserer Zeit.

Die Fitness auf engstem Raum wird dadurch gesteigert, las ich weiter im Prospekt, dass sich die Fitnessjünger zu Ihrem Body-Gottesdienst einen Gürtel umschnallen lassen, der ihre Muskulatur mit Stromstößen auf Zack bringt. Mir war vom Prinzip her nur nicht klar, ob die Stromstöße dann kommen, wenn die Delinquenten zu langsam laufen, als Anreiz, es schneller zu tun – oder ob generell die Muskulatur mittels Stromstößen zur Kontraktion gebracht werden soll, was angeblich den Trainingseffekt durch vermehrte Beanspruchung der Muskeln erhöht, wie ich beim Weiterlesen feststellte. Unsere Nerven und Synapsen steuern tatsächlich durch minimale elektrische Ströme und Impulse die Muskeln und unsere Bewegungen. Warum sollte man dieses Prinzip nicht nutzen durch ein Vielfaches an elektrischer Spannung? Mehr Volt statt Isarauen. Eigentlich eine gute Idee. Ich könnte sogar bestätigen, dass es wirklich funktioniert. Hatten wir nicht als Jugendliche auf dem Bauernhof meines Onkels in Niederbayern als Mutprobe gegen jenen Elektrozaun gepinkelt, der die Kühe umhegte. War der Effekt ein ähnlicher wie damals, konnte man sich eine durchgreifende Wirkung versprechen. Jedenfalls hatten wir uns unter heftigen Kontraktionen der Muskulatur minutenlang auf dem Wiesengrund gewälzt. Ich sah der gertenschlanken Blondine zu, wie sie sich abmühte – betreut von ihrem »Hohepriester«, der die ganze Zeit an ihr herumhantierte, dass man neidisch werden konnte, registrierte scharf, wie er, die Elektroschocker-Manschetten auffällig oft nachjustierend und an den Reglern drehend, sie anfeuerte. Das Team sah seltsam entrückt aus. Mensch-Maschine. Welt am Draht. Warum gehen diese jungen Menschen nicht in die Natur, sondern setzen sich freiwillig diesen Torturen aus? Dachte ich. Die Frau schien mir pumperlgesund. Kein Gramm Fett an diesem »Weiberl« – das ist doch so, als wenn Gesunde ins Krankenhaus gingen? Ob bodychange oder easylife – Tricks, Pillen und Säfte auf dem Weg zur Slimfit-Figur gibt's das ganze Jahr über in rauen Mengen – die Angebote auf dem ganzen Gebiet der Fitness und der gesunden Ernährung sind unendlich. Still und leise haben so Fitness- und Bodystyle-Programme den religiösen Eifer der Vergangenheit geschickt abgelöst. Die moderne Fitnesswelt ist ganzjährig aktiv. Warum dieser Körperkult? Diese Anbetung, diese Hingabe? Selbstkasteiung, Fitnessprogramme, die nur aufs Äußere abzielen, können letztlich nicht allein sinnstiftend sein? Warum machen die jungen Leute ihren Körper zum Tempel, quälen sich, verzichten, genießen nicht – wo es am Ende doch immer nur um die eine Frage geht? Selbst der besttrainierte Körper altert und stirbt einmal. Askese, die nur körperlich beim Abspecken hilft, gibt noch lange keine neue geistige Orientierung vor. Es geht um viel mehr, um die Konzentration auf das wirklich Wichtige und Wesentliche unseres Lebens. Warum hört keiner mehr die Botschaft »Sucht zuerst das Reich Gottes, alles andere« wird euch dazugegeben«? Woher kommt dieser ständige Zwang zur Selbstoptimierung? Ist es der Wille und die Notwendigkeit, im Konkurrenzkampf der modernen Gesellschaften besser zu bestehen als andere? Sie zu besiegen – statt Miteinander und Mitgefühl? Auf dich allein gestellt musst du kämpfen und deinen Körper stählen. Gesund bleiben und fitter sein als die Konkurrenz, solange es geht. Wenn ich mich im Viertel umschaue, dann sehe ich täglich die Ursachen für diese Körperanbetung: weil die Menschen in ihrem Existenzkampf gar keine Zeit mehr finden, zur Besinnung zu kommen, und nur noch Funktionalität statt Seele zählt.

Turne bis zur Urne? Aus Angst vor Alter, Siechtum und Tod? Weil danach nichts mehr auf einen wartet, weil man an nichts mehr glaubt? Nur an den eigenen Körper, der zum Tempel wird – weil die anderen Tempel keine Erlösung mehr verheißen. Ist das der Grund für den Fitnessboom? Die Elektrifizierung des Menschen zu einer stets funktionsbereiten Maschine? Tatsächlich bildeten sich jetzt auf der Stirn der beiden erste Schweißperlen, die wie Motorenöl langsam auf die Funktionskleidung rannen und dort spurlos aufgesogen wurden, während die verdrahteten Oberarme und Oberschenkel der Frau weiter zuckten. Potenzielle »Kunden« wie diese beiden kaufen in »meinem Laden« immer seltener die Frohe Botschaft. Und schlimmer noch, sie kommen überhaupt nicht mehr in Kontakt mit ihr, und wenn, dann lehnen sie uns oft genug als lächerlich ab. Die Menschen haben ganz andere Probleme und als Lösung steht Glaube ganz weit unten auf der Liste, wenn überhaupt.

Meine Pfarrei ist mitten in einer der reichsten Städte Deutschlands, in München. Eine Stadt, die so reich ist, dass sie sich den Luxus leistet, die letzten Familien mit Kindern über die Stadtgrenzen hinweg ins Umland zu vertreiben, weil die hohen Mieten Familien hier arm machen. Weil in dieser Gesellschaft Kinder arm machen. Und Scheidungen und Kinder heute als die größten Risikofaktoren für Armut gelten. 500.000 Kinder in Deutschland, so die Statistik, leben mit einem Alleinerzieher oder beiden Elternteilen heute unter der Armutsgrenze. Wie reich muss eine Gesellschaft und eine Stadt sein, dass sie sich Kinderarmut leisten kann? Am besten so reich wie München, wo 13.000 bedürftige Menschen, eben auch Familien mit Kindern, in der höchsten Dringlichkeitsstufe bei den Sozialämtern jahrelang auf die Zuteilung einer Sozialwohnung warten. Wobei nur 3000 pro Jahr vergeben werden können.

Das »Dorf München«, die gemütliche Stadt mit Herz meiner Kindheit im Süden Deutschlands, das ist Geschichte. München ist dort angekommen, wo andere Metropolen und Megacitys längst sind, ausufernd, landfressend, unreif, brutal, arm, aber sexy wie Berlin. Nur viel teurer als Berlin. Elend macht sich breit auf dem Trottoir, das mal so sauber und ordentlich war, einst bestaunt und bewundert von den Zugereisten aus den anderen Metropolen.

In den Hauseingängen und U-Bahnhöfen liegen jetzt zunehmend Obdachlose. Und da sitzt keineswegs nur die rumänische Bettelmafia mit ihren Beinstümpfen und Geschwüren, die sie offen herzeigen – sondern viele darunter sind waschechte Münchner. Gestrandete nach einer Lebenskrise, die einen im feinsten bayerischen Heimatdialekt um etwas Geld für einen warmen Kaffee anhauen. Das gab es früher in München nur selten. Jetzt prägen die Armen in einigen Teilen das Stadtbild. 2016 waren bereits 860.000 Menschen in Deutschland obdachlos, weil sie sich keine Wohnung leisten können – bis 2019 rechnen die Wohlfahrtsverbände mit 1,3 Millionen Obdachlosen bundesweit. Auch diese Menschen erreiche ich nicht mehr mit der Frohen Botschaft. Auch sie haben ganz andere Sorgen. Keinen Glauben mehr. Trostlos. Einsam. Entwurzelt. Kein Ende in Sicht. Denn die sozialen Verhältnisse verschärfen sich. Auch das ist ein Zeichen des Wandels, der »neuen Zeit«.

Wie viele junge Menschen finden in diesem rivalisierenden Umfeld im Zeitalter der Digitalisierung noch den Mut, mit dieser ständig schärfer werdenden Arbeitsverdichtung, dem sozialen und beruflichen Konkurrenzdruck und den daraus folgenden Existenzängsten Kinder zu zeugen? Wer traut sich noch zu, über Jahre die Zeit aufzubringen, seine Kinder liebevoll zu erziehen, vielleicht sogar im Glauben, sie erfolgreich durch eine teure Ausbildung zu bringen, in einen anständigen Beruf, in ein erfolgreiches eigenes Leben – ohne Jobverlust, Trennung, Armut und Hartz IV, so, wie es sich Eltern wünschen für ihre Kinder? Die Kinderarmut unserer Gesellschaft ist doch auch ein Zeichen dieses Wandels, genau wie die Abkehr von Glaube, Liebe, Hoffnung und meiner Kirche. München wird zur Weltstadt ohne Herz. Nirgendwo klafft die Schere zwischen »ganz arm« und »unermesslich reich« so schnell und so weit auseinander wie hier in München. Im anderen München, dem der »Baby-Schimmerlosen«, der Reichen, Erfolgreichen und einfallsreichen Spekulanten, scheint Geld derweil keine Rolle zu spielen – genauso wenig wie familiengerechtes und bezahlbares Wohnen in der ganzen Stadt. Drüben am anderen Isarufer, oben auf dem Nockherberg auf dem Gelände der abgerissenen einstigen Münchner Traditionsbrauerei Paulaner bauen Immobilienentwickler seit 2017 mit 1500 Wohnungen ein neues Stadtviertel – aber nicht für kinderreiche Familien mit Durchschnittsverdienst, sondern für bestverdienende Singles und kinderlose Doppelverdiener. Ein Spekulationsobjekt der Luxusklasse, mit Preisen von bis zu zwanzigtausend Euro pro Quadratmeter. Ich wiederhole: 20.000 Euro für einen Quadratmeter Wohnung. Klar, dass Kinderreichtum in München bei solchen Preisen keinen Platz hat. Neuer Rekord im Immobilien-Roulette der Weltstadt mit Herz, nur einen Kilometer von Sankt Maximilian entfernt, dort, wo beim Starkbieranstich zur Fastenzeit jedes Jahr jene Großkopferten beim Singspiel derbleckt werden, die für diesen sozialen Raubbau mit verantwortlich sind. Die größte Wohnung – ein offen gehaltenes Loft mit Galerie – allenfalls tauglich für doppelverdienende Singles ohne Kinder, direkt am alten Eiswerk, das einst für die Kühlung des Bieres gebaut wurde, soll auf dem überhitzten Münchner Wohnungsmarkt ca. 3,3 Millionen Euro kosten. Selbst für die kleinsten und dunkelsten Wohnungen mit 40 Quadratmetern Erdgeschoss wird bei noch 9.000 Euro pro qm somit fast eine halbe Million Euro aufgerufen. Plus Tiefgaragenstellplatz, der zusätzlich 50.000 Euro kosten soll. Allein das schon ein Betrag, für den man in den sich entvölkernden und verarmenden Regionen der Oberpfalz und Frankens oder in den neuen Bundesländern ganze Mehrfamilienhäuser statt nur einer Garage kaufen könnte. Aber wer will da schon hin, wo es immer weniger Arbeit und keine Breitbandverkabelung gibt? Zuzug kommt nur noch von den Flüchtlingen. Auch die bräuchten Zuspruch und Trost. Doch auch von diesen möglichen Kunden erreiche ich die wenigsten. Es sind in der Mehrzahl Muslime. Arme Menschen mit enttäuschten Hoffnungen, hier in der reichen Stadt München. Die Demografie wandelt sich.

Nach München wollten viele. Aber die meisten können es hier nicht länger aushalten bei Kosten von 1400 Euro Miete für eine 57-qm-Wohnung. Und bei diesem ganzen Wahnsinn eines Lebens, bei dem sich für die einen alles nur noch um Konsum, Geld, Gewinnmaximierung, Rendite und noch mehr Profit zu drehen scheint – während die anderen, die Kinderreichen und Alleinerziehenden um Arbeit, Miete und das Überleben kämpfen, geht es beiden Gruppen, Gewinnern als auch Verlierern, immer seltener um christliche Werte, Miteinander und Nächstenliebe. Und dieser Mangel an Liebe und Leben legt sich als dunkle Wolke natürlich auf die ganze Stadt, wie auch auf mein Viertel, hier, mitten im Zentrum, wo ich Pfarrer bin.

Ich merke diesen Wandel noch auf eine ganz andere Weise. Heimat ist da, wo du den Duft kennst. Egal wo ich hinkomme, rieche ich immer erst und nehme eine Stadt am Duft wahr. München hatte früher einen ganz besonderen Duft, den hätte ich bei »Wetten, dass« blind erkannt. Meine Erfahrung war bis vor wenigen Jahren immer: München leuchtet nicht nur, es roch auch besonders – und ich meine damit nicht den Feinstaub am Mittleren Ring, den Geruch von Kanalisation, der in der Sommerhitze aus den Gullys strömt. Das München meiner Jugend, meine Heimat, die Bierstadt München, duftete intensiv nach dem Hopfen und Malz aus den Trockenanlagen und Sudkesseln der zahlreichen Brauereien, die damals noch mitten in der Stadt waren und heute wie die Familien ins Umland abgedrängt worden sind. Dieses Parfüm des Hopfens aus der Hallertau ist verweht. Zwar ist München im innerdeutschen Ranking der beliebtesten Städte auf Platz 13 abgerutscht, dennoch: wenn sie heute stinkt, die Stadt, dann immer noch vor Geld.

Statt Gemeinschaft – überall zunehmende Vereinzelung und Isolation. Und bei diesem Wandel müsste Kirche doch genau hier ansetzen? Für diese Menschen, die Einsamen und Sinnsuchenden, sind wir da. Kirche. In einer Zeit, in der eine zunehmende Ungleichheit, wie sie seit dem Ersten Weltkrieg nicht mehr in Deutschland herrschte, unsere ganze Gesellschaft spaltet und in der sich die Wirtschaft derart feindselig gegen die Menschen und ihr Zusammenleben wendet und für Angst vor der Zukunft sorgt, zeichnet sich meine Kirche immer noch durch zeitlos stabile Institutionen, perfekt funktionierende, flächendeckende Pastoralkonzepte und gut angelegtes Vermögen aus. Die Kirche könnte für viele ein sicherer Hafen sein in stürmischen Zeiten. Halt geben. Zuversicht stiften. Weil es um viel mehr geht im Leben, als nur um Geld. Aber was machen wir daraus? Setzen wir dieses Pfund ein? Reicht es aus, der Verwaltung für über 100 Millionen Euro ein kernsaniertes moderneres Ordinariat hinzustellen wie in München, leuchtend in den liturgischen Farben Rot, Violett, Blau, Gelb als Schaltzentrale für 1,8 Millionen Katholiken der Erzdiözese München-Freising, auf einem Filetgrundstück für Spekulanten, mitten in der Stadt? Nur noch 5 Prozent dieser 1,8 Millionen Gläubigen gehen noch regelmäßig in den Gottesdienst. Was soll denn am Ende noch verwaltet werden, was passiert mit diesen Hallen, wenn die Gläubigen weiter in Scharen fliehen und aus der Kirche austreten? Leerstand? Wir meinen offenbar immer noch, wir müssen da megagroße Bauten errichten, Pomp als Monstranz vor uns hertragen, um glauben zu können. Wenn du dir den Limousinenfuhrpark bei der Deutschen Bischofskonferenz anschaust, dann weiß ich nicht, bist du wirklich Kirche oder ist das eine Vorstandssitzung von Siemens, Allianz, BMW oder Daimler-Benz.

Glaube hängt aber nicht an Materie! Das ist Mittelalter. Der Glaube braucht keine Funktionäre und keine Behörde, keine Verbote und Maßregelungen, sondern einen Ort, wo er aufblühen kann. Glauben braucht Gemeinschaft von Menschen. Das ist das eigentliche Kapital, das Kirche einsetzen kann wie niemand sonst. Gemeinschaft. Miteinander. Füreinander. Beten und deinen Glauben fühlen kannst du notfalls auch alleine, mitten in der Natur, auf einer Bergwiese, wenn die Sonne aufgeht. Das sind Momente: zum Niederknien schön. Aber eine Gemeinschaft in einem vollen Gottesdienst erleben, im Alltag deiner Gemeinde Unterstützung und Trost finden, das kannst du nicht alleine. Warum hat das Erleben, von Gemeinschaft bzw. Gemeinde so viel an Strahlkraft verloren? Caritas und der Glaube an Werte wie Nächstenliebe und Gemeinsinn werden doch immer wichtiger in einer Gesellschaft, die den westlichen Menschen als »zielorientiert« heroisiert. Ein Wort, das nichts anderes beschreibt als Egoismus zulasten anderer und Werte, die auf Konkurrenz und Einzelkämpfertum basieren, aber nicht auf den Zusammenhalt und Mitmenschlichkeit? Aber wenn das so ist, warum leeren sich dann unsere Kirchen, während die Fitnessstudios immer voller werden?

Der Trainer hat das Laufband jetzt eine Stufe schneller gestellt. Der Frau war die zusätzliche Anstrengung, Schritt zu halten, kaum anzumerken. Wie ausgerichtet auf ein fernes Ziel lief sie weiter – und doch bewegte sie sich nicht von der Stelle und ich fragte mich, wie das am Ende eines Lebens sein muss, festzustellen, dass du nie angekommen bist? Warum ist die Frohe Botschaft so unmodern geworden und droht in Vergessenheit zu geraten?, dachte ich. Warum indische Räucherstäbchen, wenn wir kübelweise Weihrauch haben. Warum das Solo in Körperanbetung statt Gemeinschaft im Gottesdienst – was macht der Fitnessladen besser? Und was machen wir als Kirche verkehrt? Warum berühren wir die Menschen nicht mehr?

In den Zuschriften, die ich nach jedem meiner ZDF-Fernsehgottesdienste erhalte, und den vielen Gesprächen mit Menschen, die mir erklären, warum sie aus der Kirche austreten wollen, erfahre ich doch jedes Mal, wie stark die Sehnsucht ist nach etwas, an das man glauben kann. Dass die Menschen einen Ort suchen, wo sie sich aufgenommen fühlen und wiederfinden können? Wieso ist Kirche nicht mehr der Ort, der diese Sehnsucht stillt?

Was die Menschen wirklich wollen, was sie brauchen, wissen wir nicht – was daran liegt, dass die Entfernung zu den Menschen mit Lichtgeschwindigkeit zunimmt, je weiter man in der Kirchenhierarchie nach oben steigt. Weiter liegt es daran, dass wir die Gläubigen über Jahrzehnte gar nicht nach ihren Bedürfnissen gefragt und sie ernst genommen haben in dem, was sie vermissen. Also, dann fragen wir doch mal in den Gemeinden unten an der Basis nach, warum kommt ihr nicht mehr? Was fehlt – was braucht ihr denn? Was soll Kirche heute leisten? Und was leistet sie nicht? Wenn wir das wagen, werden uns die Ohren schlackern, Wetten! Denn Teile dieser Antworten könnten die Bevölkerung eventuell beunruhigen, frei nach einem ehemaligen Innenminister. Und vielleicht ist das auch der Grund, warum wir es so lange nicht ernsthaft versucht haben.

Laut einer Umfrage, die zum ersten Mal 2017 im Auftrag der Kirche unternommen wurde, um die Ursachen zu erfahren, warum die Gläubigen die Kirche in Scharen verlassen, taten diese Gläubigen völlig überraschend kund: »Nicht wir verlassen euch – sondern warum habt ihr uns verlassen?« Die Menschen treiben ab wie auf Eisschollen in einer immer kälter werdenden Welt. Und die Kirche holt sie nicht zurück. Das ist die Wahrnehmung – und das ist eine, die sehr schmerzen muss. Die wenigsten Menschen verlassen die Kirche wegen der Kirchensteuern oder weil sie ohne Kirche leben wollen – an Weihnachten geht's ja auch nicht ohne uns, da sind meist alle wieder da – sondern weil sie sich von dieser Kirche nicht mehr vertreten fühlen, sich nicht mehr in ihr wiederfinden und sich verlassen vorkommen.

Sie wenden sich ab von einem Zustand, in dem sie sich wie Fremde fühlen und sich nicht mehr einzubringen wissen. Sie können uns als Kirche, so wie wir uns anbieten, nicht gebrauchen. Unsere Art, Gottesdienst zu zelebrieren, passt vielerorts nicht mehr in ihr Leben und wir schaffen es nicht, diese Annahme zu widerlegen. Ich habe diesen direkten Kontakt und brauche keine teuren Umfragen. Ich stehe ganz unten. Auf dem Fels. Ich muss versuchen aufzuhalten, was immer mehr einer Massenflucht gleicht.

Es hätte dieser sicher teuren Umfrage gar nicht bedurft – die Kirchenführung hätte bei den Gemeindepfarrern nur die zahllosen Briefe einsammeln müssen, mit denen sich unsere Gläubigen – teilweise tränenreich, unter heftigen Gewissensbissen und fast immer aus Enttäuschung und auch großer Wut – aus der Kirche – aber nicht von ihrem Glauben verabschieden.

Weil ich jeden Austritt als Niederlage empfinde, die schmerzt, laufe ich jedem, der geht, hinterher und rufe ihm zu: »Du kannst mich nicht alleine lassen – tritt auf statt aus!« Ich rufe an. Versuche ein persönliches Gespräch. Und wenn ein persönlicher Kontakt nicht möglich wird, schreibe ich einen Brief wie diesen hier:

Liebe Frau Baumburger, (Name geändert)

Sie können sich denken, dass ich sehr häufig Zeilen wie die Ihrigen lese. Da steckt viel Wahres drin (Reformbedarf), aber natürlich in meinen Augen viel Oberflächliches. Der Kirchenaustritt, also der freiwillige Verzicht der Zughörigkeit wird nie etwas ändern. Nach 30 Jahren Priester und Kampf weiß ich: Allein das Engagement und der Widerstand in ihr verändert! »Nicht bleiben, nicht, widerstehen hilft zum Leben!«, *ist in dieser Zeit mein Wahlspruch und Überlebensmotto geworden. Habe ich das Recht, Veränderungen zu erwarten, ohne sie selbst direkt herbeiführen zu wollen? Der Austritt macht's nur indirekt. Die anderen sollen es machen, dann komme ich vielleicht wieder. Für mich zu wenig: Die Kirche auf dem Silbertablett gibt es nicht! Aber mich gibt es und ich kann ihr schon mal meinen Stempel aufdrücken!*

Sie müssen sich auch nicht finanziell rechtfertigen. Die Kirche tut's ja auch nicht. Es ist gut, wenn Sie anderen helfen, das können Sie aber auch zusammen mit uns, meistens noch wirksamer als alleine. Beispiele gäbe es genug.

Wir sind nicht auf Ihr Geld aus und noch geht es uns auch nicht aus. Ich bin auf Sie aus!! Ihre Kirchenzugehörigkeit haben Ihnen andere in der Taufe geschenkt. Sie geben ein Geschenk weg, weil es nicht mehr ansehnlich ist? Mein erstes Stofftier, ein Bernhardinerwelpe, ist heute noch an meinem Bett und vielleicht begleitet er mich auch beim Sterben. Er ist alt, abgenützt, etwas schmuddelig, aber ich könnte ihn nie entsorgen. Und warum hat man ihn mir geschenkt, warum hat man Sie getauft? Die haben sich doch was gedacht dabei mit ihrem Geschenk an Sie. Diese Gedanken sind viel wichtiger, als dem Bischof oder dem Vatikan eins auszuwischen. Glauben Sie mir, die denken nicht einmal daran, sich wegen Ihrem Austritt auch nur eine Sekunde lang zu schämen!

Ich bin auf Sie aus! Ich brauche Sie, damit wir die Kirche verändern. Das wollte ich Ihnen schreiben. Und wieweit sie praktizierend sind, das bestimmen allein Sie, niemand anders!

Ihr Pfarrer Schießler

Ich kämpfe um jeden Einzelnen. Mir ist und bleibt es wichtig, dass die Menschen nicht länger aus der Kirche austreten, »jedes Jahr Wuppertal«, sondern dass sie bleiben, sich engagieren und auftreten. Denn hinter jedem Menschen, der austritt, steht eine Familiengeschichte, Eltern, die ihr Kind haben taufen lassen im Glauben, zur Kommunion geschickt haben im Glauben, die etwas beabsichtigt haben, dass sie ihr Kind im christlichen Glauben erziehen. Ihre Kinder und deren Kinder, die vielen Jugendlichen darf ich nicht im Stich lassen, darf nicht tatenlos zuschauen, wie ihr Vermächtnis und alles über Bord geht, und daher muss ich nicht kampflos aufgeben, gehe auf Hühneraugenhöhe, beknie jeden Menschen, der meiner Kirche den Rücken kehrt. Niemand soll einfach gehen, ohne seine Verantwortung wahrzunehmen, die er hat für das Ganze. Und das mache ich jedem klar. Dass ich auf ihn zähle. Natürlich gibt es nicht die perfekte Kirche. Natürlich muss sie sich verändern, auf den Wandel der Zeit reagieren. Meine Kirche ist nicht deswegen voll, weil ich laut auf die Kirche schimpfe, wie mir oft unterstellt wird – sondern meine Kirche ist voll, weil ich sie für voll nehme, weil sie mir das Liebste in meinem Leben ist und weil ich sie nicht aufgeben und sie mir nicht von den falschen Leuten an der falschen Stelle kaputt machen lassen will.

Manchmal gelingt es, Menschen zu überzeugen, dass sie bleiben – in den meisten Fällen leider nicht, weil die Entfremdung und Kirchenferne viel früher eingesetzt hat, wie in diesem Fall hier – den ich als Antwort auf meine Schreiben exemplarisch hernehme für das, was ich wie jeder Pfarrer jeden Tag als Ursache zu hören bekomme, warum die Menschen sich abwenden:

Sehr geehrter Herr Schießler,

ich möchte mich für Ihr Schreiben bedanken und begrüße Ihr Interesse an dem Grund meines Kirchenaustrittes.
Zunächst möchte ich aber deutlich machen, dass es nicht mit Ihnen oder Ihrer Pfarrei zu tun hat. Ich orientiere mich an christlichen Werten, bin aber seit Jahren keine praktizierende Katholikin mehr, weshalb ich Ihre

Pfarrei nicht wirklich kennengelernt habe. Mir ist zu Ohren gekommen, dass Sie ein engagierter Pfarrer sind, was sich für mich auch in Ihrem Schreiben widerspiegelt. Auch geht es für mich nicht darum, Steuern zu sparen. Ich werde das »gesparte Geld« an eine Organisation meiner Wahl spenden.

Ich kann mich nur nicht mehr mit der katholischen Kirche identifizieren, da sie mir in vielen Teilen als überaltert, zu konservativ und auch frauenfeindlich erscheint. Auch bin ich der Meinung, dass Kirche und Staat getrennt gehören. Ich fürchte, dass in der katholischen Kirche so schnell keine Änderungen stattfinden werden (was jungen Menschen in der heute schnelllebigen Zeit nur sehr schwer fällt zu akzeptieren – ein ähnliches Phänomen ist ja auch in der Politik zu erkennen).

Meine einzige Handlungsmöglichkeit zu protestieren sehe ich daher im Kirchenaustritt. In der Hoffnung, dass die steigende Zahl der Austritte zu einem ernsthaften Umdenken führt.

Ich bedanke mich aber für Ihr ehrliches Interesse. Da bin ich wirklich sehr positiv überrascht worden. Ich wünsche Ihnen und Ihrer Pfarrei alles Gute für die Zukunft!

Mit freundlichen Grüßen
Lisa Baumburger (Name geändert)

Die Menschen haben das Vertrauen verloren, dass die Kirche in diesem Wandel einer schnelllebigen Gesellschaft noch die Kraft findet, mitzugehen. Überaltert, konservativ, frauenfeindlich. Fehlende Lebensnähe. Spiritueller Rollator. Ihren Austritt wollen die meisten als Zeichen des Protests verstanden wissen. Und sie haben recht! Weil wir alt und von gestern sind. Weil wir nicht die Kraft nutzen, uns zu erneuern, wo wir sie noch hätten. Überall spüre ich doch den Mangel an Mut, endlich den Aufbruch zu wagen, Zukunft zu gestalten, sich der Jugend zu öffnen, Frauen zu beteiligen, Ausgegrenzte aufzunehmen. Stattdessen sehe ich diese ganze elende rückwärtsgewandte Sehnsucht nach den Mustern von gestern. Wir bleiben stehen, weiß leuchtet der Collar und die Zukunft eilt uns davon. Wo früher die ganze Familie zu den Gottesdiensten mitging, Alt und Jung, Kind und Kegel – liegt das Durchschnittsalter heute weit über sechzig. Die Jugend und damit die Erneuerung haben wir in weiten Teilen preisgegeben.

Ich bin der Letzte, der dem Zeitgeist hinterherläuft und sich davon beeinflussen lässt – aber da draußen, direkt vor meiner Tür, ist eine junge Welt, die hat einen eigenen Geschmack, ein anderes Erleben, lässt sich nicht mehr gängeln und bestimmen und ist ganz in ihrer Zeit, aus der wir bereits zu fallen drohen.

»Was bringt's?«, fragen mich schon im Kommunionsunterricht die Jungen in Sachen Religion und forschen nach der Kosten-Nutzen-Relation. Und wenn es ihnen vermeintlich nichts bringt, dann lassen sie es und bleiben fort. Die Jugendlichen heute sind darin wesentlich konsequenter als wir Alten. Dass die Jungen sich nicht länger vertrösten lassen und mit ihren Fragen nicht länger den Himmel erobern wollen, sondern das Leben – hier und heute, jetzt – und das in einer zutiefst diesseitigen und materiellen Sicht, kann man beklagen. Aber es ist die Realität, in der viele in unserer Kirche noch nicht angekommen sind und vielleicht nie ankommen werden. Dieser jungen Welt gegenüber muss ich mich doch aufstellen. Wir machen jedes Jahr festlich Erstkommunion mit 40–50 engelsgleich gekleideten Kindern und entsprechend vielen Familienangehörigen, damit die bloß bei der Kirche bleiben. Und natürlich bleiben sie nicht – Jahr für Jahr erlebe ich wieder diesen Einbruch. Von den 50 bleiben vielleicht fünf, die ministrieren und dabeibleiben. Wir haben doch jetzt schon einen kompletten Generationenabriss und diesen Zugang zur Jugend weitgehend verloren. Ich kann doch nicht ignorieren, was sich da tut! Da ist der Satz von Jesus: »Umsonst habt ihr empfangen, umsonst sollt ihr geben.« Dieser Satz hat zwei Bedeutungen, eine gute und eine schlechte. Die eine verstehe ich als Aufforderung an meine Kirche, selbstlos die Botschaft zu verkünden und kein Geschäft daraus zu machen – zum Beispiel bei der Vermietung von Kirchen Gebühren zu erheben oder Eintritt zu verlangen. Die zweite Bedeutung ist viel weitreichender und stellt ungewollt meine Arbeit infrage, wenn ich das Wort »umsonst« durch das Wort »vergeblich« ersetze. Warum sollte ich meine Energie weiter in ein Vorhaben stecken, das nach allen Erfahrungen schmerzhaft und enttäuschend sein wird, wenn ich zu hohe Erwartungen aufbaue. Und ich bin einfach zu oft enttäuscht worden. Irgendwann habe ich umgedacht, mich gewandelt, beschlossen, dass es mir egal sein muss, was nach der Kommunion geschieht. Ich leiste meine Arbeit mit den Kindern mit aller Intensität bis zur Kommunion. Meine Aufgabe ist, ein Kind aus einer kirchenfernen Familie, das vorher eher religiös distanziert erzogen wurde und nur noch deshalb zur Erstkommunion gekommen ist, weil man das eben gut findet – dass dieses Kind seine Feier der Kommunion, diesen Gottesdienst, wo es hier mit mir an diesem Altar steht, als so schön und bedeutend, als einen der größten Momente in seinem Leben in Erinnerung behalten wird. Für die Zeit danach lasse ich aber alle Hoffnungen fahren und ersetze sie – durch Gleichmut. Ob sie kommen oder nicht: ich warte nicht auf sie. Aber ich mache etwas anderes: ich halte meine Türen sehr weit offen, für jeden, der freiwillig zurückkommt, weil er damit ein echtes Interesse am Glauben und meiner Kirche zeigt. Damit es die Möglichkeit für diese Entscheidung zum Glauben gibt und immer geben muss. Türen aufhalten ist nicht nur meine Pflicht. Es ist meine Berufung als Priester. Ich spiele nicht auf Zeit und setze kein Limit – denn Glaube ist ewig und alles hat seine Zeit. Wenn es so weit ist, bin ich da – solange es mich gibt. Ich wünsche mir, dass meine Gläubigen mit derselben freudigen Erwartung und dem Wunsch nach Erfüllung und Gemeinschaft in meine Kirche kommen, so wie ich das tue, und das kann nur aus Begeisterung und freiem Willen geschehen. Wenn einer am nächsten Sonntag wieder kommt, freue ich mich – aber ich erwarte nichts. Und selbst wenn er am nächsten und übernächsten Sonntag wieder nicht kommt, bedeutet dies noch lange nicht, dass er diesen Tag seiner Kommunion vergessen hat. Mit diesem Gleichmut ist mein Ärger gering und die Freude umso größer, wenn ein Jugendlicher nach Monaten wieder mal so völlig selbstverständlich bei mir vorbeischaut. Dann tadle ich ihn nicht – sondern ich freue mich und zeige und sage das auch. Ich hatte das schon, dass bei der Gabenbereitung plötzlich ein Ministrant neben mir steht und mir hilft – der aber am Anfang noch gar nicht da war. Er hatte verschlafen, sich schnell umgezogen und ist eingesprungen. Der schläft nicht weiter, sondern kommt zu mir. Dass er sich nicht einfach im Bett umgedreht und gesagt hat: »Was soll's?« und zu Hause geblieben ist, sondern sich trotzdem aufgemacht hat, ist für mich tiefste innere Freude. Er nimmt seinen Glauben ernst. Seine Gemeinde. Meine Kirche.

Ich vertraue darauf, wenn die Menschen einen Gottesdienst, eine Taufe, eine Kommunion, eine Hochzeit – selbst eine Beerdigung – mit mir zusammen als hilfreich, schön, tröstend und erfüllend erleben – dann können sie gar nicht wegbleiben. Wie ich aus vielen, vielen Wiedersehen weiß, die ich in den vergangenen drei Jahrzehnten Seelsorge erfahren habe: Wenn ich gute Erinnerungen gepflanzt habe, kommt irgendwann der Tag der Erinnerung – und wie oft ist das schon geschehen, dass die als verloren Geglaubten nach Jahren wieder grinsend vor mir stehen. Im Gottesdienst, bei einer Hochzeit, bei Taufe und Kommunion ihrer Kinder. Kinder, aus denen Erwachsene geworden sind, die einen Anschluss an ihre Erinnerungen für ihre Kinder suchen. Eine gute Erinnerung an Menschen, die Gutes tun, hält ein Leben lang. Und nur aus diesem Grund kann ich langmütig sein, ob sie wieder kommen oder nicht – weil ich weiß, wenn sie wieder kommen, dann aus freiem Willen, weil sie einen Sinn sehen und sich nach etwas sehnen, was sie in unserer Gemeinde erlebt haben.

Ich sage es den Kindern und ich sage es daher den Eltern am Tag der Kommunion: »Ihr sollt wissen: Wir sind da!« Ich werde nie wieder sagen, wie in meinen Anfangsjahren, aber dann »musst« du auch für mich da sein. »Du musst!« – Nie sage ich das. Ich überlasse den Kindern, den späteren Erwachsenen die Entscheidung. Aber meine Tür ist auf und das ist die immer ausgesprochene Einladung, wieder zu kommen. Meine Haltung des Gleichmuts bei all dem Engagement, das ich leiste, ist keineswegs resignativ, es folgt der konsequenten Erkenntnis aus all den Jahren meiner Arbeit: Ich habe keine Macht über dich und strebe das auch gar nicht an. Es gibt bei uns kein Müssen, keine Sonntagspflicht, keine Dienstpläne für die Ministranten oder den Kommunionunterricht – so wie es auch kein Pflichtzölibat geben sollte, wenn man Priester werden will, sondern nur eine freie Entscheidung.

Die katholische Kirche hat viel zu lange angenommen, sie bestimme die Regeln und könne weiter die Menschen dirigieren. Aber heute, in dieser sich rapide wandelnden Moderne ist das inzwischen ein völliger Irrtum. Die Menschen lassen sich nicht länger dirigieren oder mit Drohungen und Angst zu etwas zwingen – und die Jungen, die nachfolgen, schon gleich gar nicht. Eine Kirche, die das versucht, befindet sich zurück auf dem Weg ins Mittelalter.

Dank meines Gleichmuts habe ich keine Erwartungshaltung mehr. Es ist wie mit meinen »Löwen« von 1860 München im Stadion – alle Aufregung auf den Rängen ist eigentlich vergeblich – denn ich kann als Zuschauer von dort oben nicht auf das Spiel einwirken. Selbst der unten nervös die Linie rauf und runter laufende Trainer kann das kaum noch. Der Trainer kann nur dafür sorgen, dass sie gut trainiert und taktisch gut aufgestellt sind. Ich kann nur da sein und meine Mannschaft unterstützen. Sie nicht alleine lassen. Begeistert sein. Anfeuern. Jubeln, wenn der Ball mal nicht ins eigene Tor fällt. Was ich tun kann, tue ich – und auf das mir Mögliche verwende ich tatsächlich auch meine ganze Energie und säe Erinnerungen. Der Rest ist Demut.

Wenn ich den Zustand meiner Kirche in dieser Zeit des Umbruchs treffend beschreiben soll, fällt mir dazu die Begegnung mit einer alten Bäuerin ein, ihre Demut, die mich sehr beeindruckt hat. Sie hatte mir geschrieben aus einem alten, kleinen Weiler im Dachauer Hinterland. Sie sei mit ihren 85 Jahren leider zu gebrechlich für die weite Reise nach München, um meinen Gottesdienst zu besuchen, weil sie vor Jahren der Stier im Stall an die Wand gedrückt und ihr die Hüfte gebrochen hätte – aber sie hätte schon so viel von mir gehört, dass sie mich unbedingt gerne persönlich kennenlernen wollte. Sie versprach mir eine Spende, wenn ich ihr zwei Bücher für ihre beiden Söhne persönlich vorbeibringen und signieren würde. Vorbeikommen. Persönlich. Nicht schicken. Was ich natürlich tue. Der Brief war so rührend, handgeschrieben, dass ich mich an einem schönen Montagmorgen auf mein Motorrad geschwungen habe und einfach losgebrettert bin. Das Schöne einer Ausfahrt bei bestem Wetter mit dem Seelsorgerischen verbindend, für eine Missionierung vor meiner Haustür. Nur hinter Dachau statt in der Sahelzone. Und dann kam ich genau mit dem Zwölf-Uhr-Läuten an. Auf diesem wunderschönen Hof mit einem noch schöneren Bauerngarten davor und hab sie beim Mittagessen überrascht. Nach dem Essen bestand die Bäuerin darauf, mir ihren Garten zu zeigen, der ihr ganzer Lebensinhalt sei. Wie sie so gebeugt langsam vor mir über ihren Hof zum Garten lief, hatte ich sie noch gefragt, wie sie es trotz ihrer Gebrechen und ihres hohen Alters noch schaffen würde, ihren Garten zu pflegen? Sie lächelte: »I muas. Ich tu jeden Tag heudeln (Unkraut jäten). Ich bin jeden Vormittag im Garten draußen. Ich kann doch meinen Garten nicht alleine lassen.« Sie öffnete die Tür im grau verwitterten Lattenzaun, wir traten ein und mir ging das Herz auf. Es war ein lebendiger, in allen Farben des Regenbogens blühender bayerischer Bauerngarten wie aus einer Ausgabe der Landlust. Mit Sonnenblumen, Wicken, Bauernrosen, Kürbissen, Bohnenstangen, Johannis- und Stachelbeersträuchern, Gemüse- und Kräuterbeeten, mit allem, was die Küche braucht. Dieser Garten war eine von Generation über Generation weitergetragene Kulturleistung. Das Erbe all jener Menschen, die auf diesem Hof gelebt, gebetet und gearbeitet hatten und denen der Garten Nahrung, Freude und Lebensenergie brachte. Ora et labora. So ein prachtvoller, vor Leben und Fruchtbarkeit überbordender Nutz- und Küchengarten, wie ihn früher auch jedes Kloster hatte, ist Sinnbild der Schöpfung – und für den Gärtnerauftrag, den Gott den Menschen erteilt hat, wie es die Bibel beschreibt. So ein Garten Eden auf Erden zeigt den Glauben des Gärtners daran, dass selbst nach dem heftigsten Hagelunwetter wieder die Sonne über dem Regenbogen scheint und es Erntedank geben wird. So eine Pracht, dachte ich, konnte die Bäuerin angesichts ihrer Gehschwäche doch nicht alleine erschaffen haben? Und dann sah ich es: So ganz alleine war sie nicht – ihre Söhne hatten für die Mutter entlang jedes der Beete Handläufe angebracht, an denen sie sich jetzt mit der einen festhielt und mit der anderen Hand ein paar Mohrrüben aus der Erde zog und Bohnen erntete, die sie mir später als Geschenk mitgab. Es ist alles biblisch hier, dachte ich. Die alte Bäuerin. Die Hüterin des Gartens. Der Gärtnerauftrag, die Natur zu hegen und zu pflegen. Das Sich-Widmen, ihre liebevolle Hingabe, mit der sie die Pflanzen behandelte. Keinen Muckser über ihr Schicksal. Der Stier. Die Wand. Die ganze Gesundheit versaut. Nix. Kein Wort der Klage über ihr schweres Leben. Stattdessen Lösungen: der Handlauf. Tätiges Reagieren auf die Veränderung. Weil sie Söhne hat, die mitdenken und mitfühlen und mithandeln, weil sie wissen, was der Garten der Mutter bedeutet. Weil sie ihre Mutter lieben für all das, was sie für sie getan hat. Familie ist Gemeinschaft. Und hier gehört der Garten, die Natur mit dazu. Es geht weiter. Sie gibt nicht auf. Der Rollator bleibt stehen. Das unterscheidet mich als Christ, dass ich duldsam bin und meine Pflicht erfülle. Gotteswerk. Der Garten erschien mir als Sinnbild für eine blühende Gemeinde, und ich dachte in diesem Moment: Du musst doch auch jede Stunde des Tages hinterher sein, säen, jäten, gießen, bis alles keimt und wächst und schließlich blüht und Früchte trägt. Und alle eine Freude daran haben. Jedes Jahr aufs Neue. Generation für Generation. Taufe. Kommunion. Hochzeit. Beerdigung. Werden und Vergehen. Seit 25 Jahren in Sankt Max. Ich fragte mich, wer bei uns die Handläufe anschrauben würde, wenn es wegen des Priestermangels keinen Nachwuchs gäbe? Die Bäuerin wird ihren Garten hüten, bis sie nicht mehr kann. Der Garten ist ihr Leben. Wer würde ihre Nachfolge als Hüter des Gartens antreten? Ob es die Söhne wären? Deren Frauen? Deren Kinder? Oder ob die Tradition, dass zu jedem Bauernhof in Bayern ein prachtvoller Bauerngarten wie dieser gehört, mit dem Tod der alten Bäuerin abreißen würde und ihre Kenntnisse über Aussaat, Pflege und Ernte für immer verloren gingen? Wie sehr wünschte ich ihr, dass ihre Kinder und Enkel das Vermächtnis dieses Nutzgartens erhalten würden – und wie sehr wünsche ich mir auch genau das für meine Kirche. Denn letztendlich ist es doch das, was wir wollen, das Licht weitertragen, unsere Ideen, unsere Träume, unsere Werte in anderen Menschen, unseren Kindern und Enkelkindern zum Leuchten bringen. Damit wir am Ende unserer Tage, vor der letzten großen Reise ins Unbekannte frohgemut sagen können: Ja, die größte Sünde ist das ungelebte Leben. Ich aber bin mit diesem Geschenk würdig umgegangen und habe meine Möglichkeiten, meine Ideen, meine Träume voll ausgeschöpft, habe voller Demut erkannt, dass ich nie alleine bin – egal was ich tue, egal wohin ich gehe und wohin auch immer ich mich träume und meine Sehnsüchte mich tragen mögen. Habe vertraut, dass sich die Knoten in meinem Leben lösen, wenn die Zeit dafür reif ist, und ich dabei immer behütet sein werde, von dieser unbegreiflich schönen Macht, die wir Gott nennen. Das ist meine Glaubensgewissheit. Das ist meine Mission. Diese frohe Botschaft weiterzutragen.

Drinnen im »Bodystreet« drehte der asketische Trainer derweil die Regler hoch und das Band mit der asketischen Blondine begann schneller zu laufen. Sie war völlig konzentriert auf die Bewegung, regelrecht entrückt. Das Ende der Religion hat noch nicht stattgefunden, machte ich mir Mut. Neben mir jaulte Phili auf, verschlungen und verknotet im üblichen Hunde-Bondage seiner Teleskop-Leine. Ja, es gibt sie nach wie vor, dachte ich ungerührt, eine intensive Suche und Sehnsucht der Menschen nach Glauben – weil das Bedürfnis der Menschen danach groß ist. Und diese Suche wird intensiver, je mehr die Menschen unter den sich aufdrängenden Problemen, der Übersättigung und Reizüberflutung leiden und sich zu sagen beginnen, dass es noch etwas anderes sein muss, das ihrem Leben über den Tag hinaus einen tieferen Sinn gibt als der neue 65-Zoll-Flatscreen. Wer sein Leben im Materiellen mit Ersatzbeschäftigungen und Ersatzbefriedigungen verschwendet, kommt irgendwann mal an die Grenze, wo ihm langweilig und die Welt öd und leer wird. Weil es nicht weitergeht. Genau, wie wenn du jeden Tag Schnitzel isst – irgendwann hängt dir auch der Konsum zum Hals raus. Es ist nicht so, dass Menschen nichts mehr glauben – sie glauben eher zu viel und fast alle sind sie auf der Suche. Nur wird sich dieses Bedürfnis andere Wege suchen, wenn wir nicht gegenhalten und uns mit neuen Konzepten wandeln.

Denn unsere christlichen Kirchen sind immer seltener der Ort, zu dem sie sich hinwenden, um ihre Sehnsüchte nach Glauben zu erfüllen. Die Menschen suchen an anderen Stellen – in den unterschiedlichsten Ausprägungen. Zum Beispiel durch »Verzuckung« in diesem Elektrotempel des Tesla-Zeitalters. Die Menschen am Draht in diesem Fitnessladen habe ich bereits verloren und ich werde keine Chance haben, sie zurückzuholen. Die Zeit ist im Wandel. Lebenskonzepte ändern sich. Fitness ist der neue Gottesdienst, stellte ich neidisch fest.

Das kann ich doch nicht ignorieren, was sich da tut? Oder sollte ich mich abwenden und abschotten in einem harten Kern der Eingeweihten, wie manche propagieren?

Der Bodystreet-Laden hat das gegenteilige Konzept: völlige Transparenz, Offenheit, riesige Fenster. Eine Einladung.

Das für mich völlig Faszinierende an dem Laden: Du kannst zuschauen. Das ist nicht verboten – sondern sogar erwünscht. Transparenz soll Kunden bringen. Und bringt Kunden. Und mich auf eine Idee: »Die werde ich jetzt mal ordentlich ›tratzen‹, wie es im Bayerischen so schön heißt, dachte ich und verschwand kurz zum Metzger um die Ecke, wo ich mir von einer mit Clownsnase und Konfettihut faschingsmäßig kostümierten Wurstfachverkäuferin eine dieser köstlichen Meister-Metzger-Semmeln frisch mit Leberkäs belegen ließ, noch dampfend, Marke Zalando, »Schrei vor Glück!«. Leberkäs besteht nicht, wie irrtümlich angenommen wird, etwa aus »Leber« und »Käse« – sondern »Leberkäs« leitet sich ab von »Laib« und »Käs«. Laib wegen der Brotform, in der das Brät im Ofen zu seiner köstlichen Höchstform gebacken wird, und »Käs«, weil es im Bayerischen eine kompakte Masse bezeichnet, aus dem der Leberkäse besteht. Den Brät eben, diese knusprig gebackene, süchtig machende fette Mixtur aus durch den Kutter gedrehtem, mit Salz, Majoran, wahlweise Senf und Sellerie, Zwiebeln und Knoblauch verfeinertem Rind- und Schweinefleisch, sowie fettreichen Speck, die zwischen zwei resche Semmelhälften als Haltegriffe gelegt herzhaftes Zubeißen und unendlichen Genuss garantiert. Was soll ich mit einem Falafel, sag ich immer – wenn es im Viertel noch besten bayerischen Leberkäs gibt? Ich bin dann zurück, habe mich vor dem Bodystreet-Laden aufgebaut und wollte sehen, was jetzt passiert, wenn ich vor den Asketen drinnen diese Leberkässemmel zelebriere. Unter den flehentlich bettelnden Blicken von Phili habe ich sie mit Tusch und großem Schwung demonstrativ rausgezogen, so wie ein Zauberer den Blumenstrauß aus der hohlen Hand zieht, mit spitzen Fingern das Alu weggezibbelt und derart herzhaft in die knusprige Semmel mit dem Leberkäs gebissen, dass es nur so gegen die Panoramascheibe spritzte. Jessas, Maria und Josef! Die Leberkässemmel war so gut! Einfach ein Traum. Obwohl es fachmännisch betrachtet noch besser geht. Es gibt da am Viktualienmarkt, direkt gegenüber von Heilig Geist einen Stand mit einem Leberkäs, der jedes Jahr preisgekrönt wird. Aber wo genau, das werde ich jetzt nicht verraten, weil sonst die Schlangen vor dem Standl unnötig länger würden. Drinnen in der Fitnessbude geschah zu meiner Enttäuschung zunächst nichts. Sie zuckten weiter zu ihren Elektrobeats. Ich nahm einen weiteren Biss von der Leberkässemmel, dass es nur so knusperte, sah auf die sich abstrampelnden Asketen und dachte: »Wozu lebt ihr denn?«

Inzwischen hatten mich die beiden endlich wahrgenommen. Ich sah, wie sie sich drinnen zunehmend genervte Blicke zuwarfen und mit dem Kopf zu mir nach draußen deuteten. Ich schloss die Augen, um einen weiteren herzhaften Biss von meiner Semmel zu nehmen, als ich plötzlich eine Hand auf meiner Schulter in Form einer leichten elektrischen Entladung spürte. Ich zuckte zusammen. »Sagen Sie«, hörte ich von der Seite zu mir sprechen, »könnten's bittschön ihre Leberkässemmel woanders essen als gerade hier, vor meinem Fenster?« Es war der Fitnesstrainer, während es an meinem T-Shirt herunter zu Phili und auf die Funktionskleidung des Trainers krümelte. Und dann setzte er nach. Der Fitnesstrainer: »Wissen Sie überhaupt, dass Ihre Leberkässemmel mit diesen 200 Gramm Leberkäs, wie ich schätze, großzügig geschnitten rund 600 Kalorien hat?« Also eine echte Kalorienbombe, aber das hatte mir bis zu diesem Faschingsdienstag nie jemand gesagt. Und außerdem hätte das auch keine

Rolle gespielt – denn Genuss siegt immer in solchen Fällen, dachte ich voller Trotz. Der Asket blickte abschätzig an mir herunter und gab mir Grippekranken den letzten Schwinger zum technischen K. o: »Sie könnten auch gut Training gebrauchen – ich schenke Ihnen einen Testgutschein …!« und nickte mit dem Kopf in seinen elektrifizierten Fitnessladen und dann Richtung Gärtnerplatz: »… wenn Sie jetzt sofort gehen würden.« Ich blickte auf meine Leberkässemmel, sah Richtung Boden zu Phili, der in Erwartung eines Happens jubelnd hochsprang, und sagte laut: »Auch du mein Sohn musst abspecken!«, zum Hunde, wie ich den irritierten Fitness-Asketen sofort beschwichtigte. Ja, er hatte recht. Ich müsste wieder mal etwas abspecken. Aber sollte ich das Angebot des Fitness-Elektrikers annehmen? Ich sah mich mit Volt und Ampere geladen an den Drähten eines Rache nehmenden Asketen hilflos auf dem Laufband zappeln, sah, wie sich vor dem Schaufenster eine Traube meiner Gemeindemitglieder – und nicht nur die wohlmeinendsten – versammeln und ihre Handys zücken würden für die beliebten Selfieaufnahmen, für den Leserreporter der BILD-Zeitung. Ich sah die tiefroten Schlagzeilen – und mich kollabieren. Nein, bitte nicht mit mir. Aber der »Anstupser« war getan: In diesem Moment beschloss ich zum ersten Mal seit langer Zeit, wieder richtig und intensiv zu fasten. Ab Aschermittwoch. Wenn meine Kirche sich nicht wandeln wollte, dann würde ich es tun. Mich auf das Wesentliche reduzieren. Ballast abwerfen. Fett abschmelzen. Das Erste aber, auf was ich verzichten würde, war, meinen Körper mit Elektroschocks in dieser Art Fitnessstudio martern zu lassen. Lieber würde ich jeden Morgen einmal hoch in den Glockenturm steigen, mit Stoppuhr zur Leistungskontrolle – und zur Freude der Glockenfeinde nachschauen, ob das Geläut funktioniert.

✽

»Am Aschermittwoch ist alles vorbei« – zu dieser Melodie schunkelt man am Faschingsdienstag – in voller Torschlusspanik und nur bis Mitternacht. Punkt 24 Uhr erstirbt die Musik und die Lichter gehen an. Aus ist's. Härter als am Aschermittwoch kann der Wechsel zwischen Verschwendung ans Leben und in sich gekehrter Kontemplation kaum sein. Im Kirchenjahr erleben wir besonders am Aschermittwoch, was das Leben ist: eine rasante Abwechslung und temporeiche Achterbahnfahrt durch das Helle und die tiefen Täler des Dunklen, zwischen Frohsinn und Askese.

Die Fastenzeit wird eingerahmt von zwei sehr bedeutenden Fasten- und Abstinenztagen, übrigens den beiden einzigen im ganzen Kirchenjahr: dem Aschermittwoch und dem Karfreitag. Der Aschermittwoch ist der Start und das bewusste Fasten zeigt uns dabei, dass unsere Zeit hier unerbittlich befristet ist. Da kommt etwas »todsicher« auf uns zu, mit unserer eigenen Sterblichkeit! Der Karfreitag.

Der Karfreitag am Ende hält uns das Leiden und Sterben Jesu vors Gesicht, um uns zu demonstrieren, dass Gott dieses »todsichere« Etwas bereits bestens kennt! Am Ende steht das Osterwunder. Die Auferstehung. Und für uns ein neuer Lebensabschnitt.

Der Aschermittwoch bedeutet also nicht das Ende, es ist nicht vorbei – es geht erst los. Mit dem Aschermittwoch, wenn wir den Gläubigen aus der Asche der verbrannten Palmbuschen vom Palmsonntag des Vorjahres das Zeichen der Sühne auf die Stirn malen, beginnt die Ausrichtung auf den Höhepunkt des Kirchenjahres schlechthin, auf Ostern – und die Auferstehung Jesu. 40 Tage Fastenzeit. 40 Tage bis Ostern. 40 Tage die Chance zu einem Neubeginn!

Warum aber Askese, Fasten, Entsagen? Warum nicht ausgiebig genießen statt schnöder Selbstkasteiung? Die Zeit dazwischen, die Fastenzeit, soll Orientierung geben und dich wieder erden und zur inneren Ruhe finden lassen: Orientiere dich nicht nur am Markt der 1000 Möglichkeiten, sondern konzentriere dich auf das Wesentliche im Leben! Für uns Normalverbraucher sollte es auch darum gehen, zu lernen nicht ständig das zu begehren, was außerhalb unserer Macht liegt. Wir werden nur unglücklich dabei. Also: sich mal bescheiden mit dem, was ist. Mit seiner Energie haushalten. Zur Ruhe kommen.

Auf uns selber sollen wir uns durch das Fasten konzentrieren, Kraft sammeln für neues Wachstum durch Entsagen und Ertragen.

Warum beschneiden die Winzer im Weinberg den Wildwuchs der Reben zum Winter, die Gärtner die Rosen und die Bauern den Olivenzweig: damit im Frühling alles umso kräftiger wieder austreiben kann. Das zeitweise Verknappen und Reduzieren sorgt am Ende immer für größeres Wachstum.

In Sankt Max nehmen wir am Aschermittwoch zum Beispiel allen Schmuck und alles Überflüssige aus der Liturgie, reduzieren und konzentrieren uns. Wir wissen, dass es nach dem Überfluss auch wieder Kargheit und Eindeutigkeit braucht. Die Wüste des Eremiten lockt, um den Blick zu schärfen für das Außergewöhnliche, das Besondere, das über das Jahr für uns so alltäglich geworden ist. Im Gottesdienst rücken wir vorne am Altar enger zusammen. Der stark verkleinerte Chor steht hinter mir. Nicht auf der Empore. Keine Orgelmusik. Ein Cello spielt solo, während wir die Kommunion austeilen. Stille. Reduktion. Besinnung. Rückführung auf den Fels. Den Urgrund. Am Aschermittwoch legen wir uns das Aschekreuz auf die Stirn: Aus Erde bist du gemacht, zu Asche sollst du werden. Ich teile immer kräftig Asche aus, dass es staubt. Denn das Zeichen erinnert uns, dass unsere materielle Hülle endlich ist und wir sterben werden. Dieses Zeichen aber soll uns keine Angst machen, denn wir sind ja schon gerettet – es soll uns vielmehr Mut machen, über das Ende hinauszublicken und das Leben als das anzunehmen, was es wirklich ist: ein Geschenk Gottes – mit dem Auftrag, entsprechend verantwortungsvoll damit umzugehen. Die 40 Tage sind die beste Zeit zum Innehalten, der Achtsamkeit, des In-sich-Hineinlauschens und des Fragens, warum ich auf dieser Erde bin, wo ich herkomme und wohin ich gehen werde. Die Fastenzeit dient auch zu fragen, was ich versäumt habe, wo sich noch Knoten lösen müssen, wer und was mir wichtig ist, wen oder was ich vernachlässigt habe und welche Pläne mein weiteres Leben bestimmen sollen, damit ich mich weiterentwickeln kann. »Lebe so, wie du, wenn du stirbst, wünschen wirst, gelebt zu haben!«, hat man uns früher schon geraten. Darum steht ja am Ende dieser 40 Tage der Karfreitag, das Sterben Jesu und damit unsere Sterblichkeit. Aus dieser Todesperspektive gewinnen wir den eigentlichen Maßstab, die einzig gültige Lebensperspektive. Angesichts des Todes lernen wir, wie man wirklich leben sollte. Nichts anderes meint dieser für viele merkwürdig klingende Satz am Beginn des Hochgebetes: »Durch das Fasten des Leibes hältst du die Sünde nieder, erhebst du den Geist, gibst uns die Kraft und den Sieg.«

Das »F« in Fastenzeit steht also für Freiheit. Nicht Einschränkung und Begrenzung sollen uns bestimmen, sondern die Freiheit. Die »Freiheit von« allem, was mich gefangen halten kann und entfremdet von dem, was ich eigentlich bin: Gottes Geschenk an dieses Leben! In der Fastenzeit wird diese Freiheit neu definiert und uns soll wieder klar werden, für wen wir alles frei sein können, für welche Menschen, für welche Aufgaben und für welche Werte. Die 40 Tage Fastenzeit sind eine Wegweisung, wenn wir sie als solche wertschätzen und uns auf sie einlassen.

Für die schwergewichtigen Sünder beginnt auch eine Zeit der Buße. Und sei es nur wegen der Leibesfülle. Wir fasten nicht, um zu darben, und wenn wir fasten, sollen wir das mit einem Lächeln tun. Denn wir verzichten nicht – sondern wir gewinnen etwas zurück von dem, was uns das Jahr vorher in seiner Hast und seiner Überfülle genommen hat: die Konzentration auf das Wesentliche.

Die Fastenzeit mit der Chance zu Umkehr und Wandlung ist ein Pfund, mit dem meine Kirche wuchern könnte. Nicht nur medizinisch – vor allem spirituell. Die meisten Menschen bringen sich heute um das Erlebnis dieser Zäsur, weil in der Mehrheit der Wissenshintergrund fehlt, welchen Nutzen die Fastenzeit bringt – und weil sie fernbleiben und nicht mehr innerhalb einer Gemeinde dieses Erleben teilen. Dabei ist die Zäsur am Aschermittwoch in den meisten Menschen immer noch verwurzelt, selbst wenn sie am Kirchenleben nicht mehr teilnehmen. Als ich im Jahr zuvor an Aschermittwoch zu meinem Friseur bin, lachte der mich an: »Aha, Aschermittwoch, jetzt muss also die Matte runter.« Der kahl geschorene Kopf. Das Stigma der Sünder. In Sack und Asche gehen. Der Bußgang. So dachte er also. Dabei wollte ich nur, dass mein »Gestrubbel« wieder etwas feiner ausschaut. Aber je länger ich nachdenke, hat er vielleicht doch recht gehabt. Denn vorher hatte ich mir die Zeit nicht genommen, mich um mich selbst zu kümmern. Jetzt am Aschermittwoch schon. Er hat dann besonders kurz geschnitten – und jetzt gibt es nicht nur keine Sünde, sondern auch weniger Trinkgeld für ihn und noch weniger Haar auf meinem Kopf.

Das Nächste, worauf ich verzichten wollte, war Fernsehen. Dieses sinnentleerte Herumzappen durch die Kanäle. Die Seuche der Einsamen. Deine Lebenszeit verrinnt wie sonst was beim Herumzappen am Fernseher, wie ich es mit Phili häufiger erlebe: Du siehst von allem immer nur etwas und doch nie das Ganze. Stückwerk. Stundenlang. Am Ende bleibt nur Unzufriedenheit und noch mehr Leere statt Glück. Und am besten: vor dem Fernseher wegdämmern! Aber wie sollst du mit dem Nachflimmern im Kopf in einen ruhigen Schlaf und gute Träume finden? Dass ich zu viel herumzappe, merke ich immer daran, das Phili grunzend von der Couch springt und sich schmollend auf seine Decke verzieht, weil er eben nicht nur einen zehnsekündigen Ausschnitt von der TV-Doku im Bayerischen Fernsehen »Entenjagd im Kolbermoor« sehen will und ich, ohne zu fragen, einfach weiterzappe. Den Fernsehkonsum und das Zappen würde ich für die Fastenzeit so weit wie möglich ganz abstellen. »Abstine et sustine!«, war schon das Leitwort bei den griechischen Philosophen: »Entsage und ertrage!«

Die alltägliche Entdeckung dahinter ist kinderleicht. Da gibt es Dinge, die können wir selbst beeinflussen, und solche, die haben wir nicht in der Hand. Wer aber ständig Dinge begehrt, die er gar nicht im Griff haben kann, der kann sich nur unglücklich machen. Am Ende verliert er seine Freiheit, nämlich die, ehrlich und bewusst zu leben. Glücklich aber kann nur der sein, wer sein Wollen und Handeln gezielt auf das beschränkt, was er wirklich selber sinnvoll beeinflussen und gestalten kann. Alles andere müssen wir ohnehin aushalten und annehmen. Es geht also doch nicht ohne dieses Ertragen-Müssen, ohne Verzicht, ohne Anstrengung im Leben. Das aber kann man üben! Zum Beispiel: Verzicht auf Fernsehen.

Es ist eh schwer, in der Fastenzeit Fernsehen zu schauen, weil du in der Fastenzeit ja auch deine Nahrung reduzierst. Vor allem nachts, wenn ich spät heimkomme, wird Appetit zur Prüfung. Der Teller Pasta und in jedem Fall ein Bier. Das ist Tradition bei mir. Und nun Verzicht. Ab 17:00 Uhr keine feste Nahrung mehr. Keine Snacks zwischendurch. Nichts Süßes. Keinen Zucker. Fastenzeit. Fasten bedeutet, wieder bewusster mit Nahrung umzugehen, den Wert von einem Stück täglich Brot wieder zu erkennen. Fasten bedeutet auch, dass die Seele dem Magen sagt, er kann knurren, soviel er will – er bekommt nichts. Der Hunger tut uns gut. Fernsehen in der Fastenzeit tut nicht gut. Während du selbst reduzierst, gibt es auf allen Kanälen kein Halten mehr, wird weitergeschlemmt im Überfluss. Fernsehen kennt keine Fastenzeit. Egal in welches Programm man zu welcher Uhrzeit zappt, egal ob Mittag oder Abend: es wird gekocht. Überall Menschen, die Gemüse hacken, brodelnde Töpfe, in denen Hühner garen, dampfende Pfannen, die Steaks und Lachsfilets schmurgeln, hell erleuchtete Öfen, in denen knuspriges Wammerl oder Kuchen bräunen – furchtbar. Als gäbe es für die Deutschen nur noch einen sinngebenden Lebensinhalt: Essen. »Essen um zu vergessen«, sagt ein guter Freund von mir immer. Die Nahrung wird zum Betäubungsmittel. Wir stopfen die Seele zu, damit sie Ruhe gibt.

Kochsendungen haben eine Liturgie wie ein Gottesdienst. Sie verlaufen immer nach demselben Schema, der Gastgeber trifft sich »rein zufällig« mit dem Promi im Studio, großes Hallo, was für eine Überraschung, dieses »Kennst-mi-host-mi?«, wie wir in Bayern sagen, sie gehen in die Küche, reden über Banalitäten wie Mode, den letzten Urlaub, das Wetter, wenn's gut geht über Fußball und es wird zusammen gebruzzelt, bis die Schwarte kracht. Egal ob Bayerisch Vegan oder Paleo (mag Phili gerne, überhaupt schaut er gerne Kochsendungen). Ob Detox-Säfte mit Knoblauch-Maracuja oder sei es Eintopf Provenciale auf Soja: egal – wenn du fastest, läuft dir das Wasser im Mund zusammen. Am Morgen schon geht's los: Frühstücksfernsehen: Kochen! Einstimmung für den Megaeinkauf im Bio-Laden. Mittags das ARD-Buffet für rezeptlose Voyeure. Kochen am Nachmittag in allen Regionalsendern, auf sämtlichen Kanälen: Deutschland wird zur Großkantine. Küchenschlacht der Küchenchefs. Überall dampfende Teller. Meist aufwendig dekoriert, ins Bild gerückt auf luxuriösen Koch-Altären unerschwinglicher Edelmarken. Luxusküchen, wie man sie in keiner der engen Sozialwohnungen jener finden wird, die diese Sendungen schauen. Tagsüber habe ich fast keine Zeit. Aber abends wird es auch nicht besser. Wenn es dunkel wird, kocht Lichter, Lafer, Linster, dann Kerner, Rosin, Mälzer, Henssler, Trettl – viele Köche kochen und reden Brei. In »The Taste« auf SAT.1 wird von geschwungenen Löffeln probiert und keiner kann mir weismachen, dass die herausschmecken, was sie da alles an Nuancen und Zutaten und in welchem Missverhältnis entdeckt haben wollen. Und weil dieser ganze Overkill nicht reicht, räumen sogenannte Restaurantkritiker bei von Pleite bedrohten, prekären Gastronomen Küche und Speisekarte auf, und das so unbarmherzig, dass die Tränen als Dressing dem Salat die fehlende Würze geben. Am liebsten sehe ich Alfons Schubeck, weil der bayerisch redet. Eine Sprache, die ich verstehe. Am spannendsten sind Sendungen, wo Ehepaare kochen, Martina und Moritz, ich glaube im WDR läuft das seit drei Jahrzehnten schon – weil hier auf einer Metaebene auch der Kampf um Kochlöffel und die Deutungshoheit der Rezepturen kaum kaschiert ausgetragen wird. Grad noch, dass sie ihm nicht auf die Finger haut. Damit das klar ist: Sie kocht – und er kocht mit.

Bei den Zuschauern zu Hause bleibt es derweil beim Träumen – trotz dieses Overkills an Kochsendungen. Sie kommen vor lauter Überstunden im Betrieb nicht mehr vor Ladenschluss zum Einkaufen, abgesehen davon, dass sie sich wegen ihrer hohen Mieten das ganze Bio-Zeugs und die Edelzutaten, die sie am besten in Edelstahlsets zum Preis eines Kleinwagens zubereiten sollen, eh nicht mehr leisten könnten. Am Ende klingelt die Mikrowelle zur Wandlung oder raschelt das Alu vom Dönerladen. Fastfood. Was geht da vor? Das werden sich auch andere Menschen in anderen Erdteilen fragen. Könnten sie deutsches Verdummungs-Fernsehen täglich schauen, sähen die auf uns wie auf Aliens von einem fremden Planeten. Ich stelle mir oft vor, wie das ist, wenn Leute in den Hungergebieten der

Sahelzone oder Asiens oder in einem Flüchtlingslager im Nahen Osten über Internet einen Zugang zum Deutschen Fernsehen mit seinen flächendeckenden Kochorgien finden würden. Sie müssten mit Hunger in den Eingeweiden und wachsendem Entsetzen feststellen, dass sich hier bei uns eine Kochsendung an die andere reiht und nichts die Deutschen so zu beschäftigen scheint wie Essen. Die einen würden nicht glauben, was sie da sehen. Die anderen, die Kräftigen und Mutigen, werden alles daransetzen, erst nach Europa und dann zu uns zu kommen – während wieder andere zu schwach sind und am Hunger sterben. Und genau so geschieht es – während wir uns zu Tode essen, an Zivilisationskrankheiten durch Übersättigung sterben, Hunderttausende Tonnen Lebensmittel jeden Tag in der Mülltonne landen und ein großer Teil der Zeit aufgewendet wird, um mit Diäten und elektrisch durchgepeitscht in »Bodystreet«-Läden wieder Normalgewicht zu erreichen. Kann man Irrsinn und Unmenschlichkeit gleichzeitig treffender beschreiben? Wenn wir fasten, gewinnen wir die Achtung und Dankbarkeit für die Nahrung zurück, die bei uns im Überfluss vorhanden ist – und nicht umsonst Lebens-Mittel, Mittel zum Leben, heißt. Der Hunger lehrt uns, die Völlerei zu beenden, und macht den Zugang zur Seele frei. Fasten ist immer ein Neuanfang, es künftig besser zu machen.

Manche hören das Glöckchen zur Wandlung nie. Sie leben weiter dahin im selben Trott. Und werden niemals wach. Andere Menschen tun es halbherzig, beginnen mit kleinen Schritten, weil Silvester ist und weil man das neue Jahr mit guten Vorsätzen beginnt – die im Alltag bald verglühen werden. Sie beschließen Abstinenz von Alkohol, Zigaretten und Fernsehen und wollen mehr Sport machen, gesünder leben. Sie nehmen sich vor, den Tagen wieder mehr Leben zu geben, statt der Leber mehr langweilige Tage. Sie versprechen, sich wieder mehr um Freunde und Familie, Frau und Kinder zu kümmern und weniger um die eigene Karriere oder das Überleben im Beruf. Sie streben nach »Quality-Time« – wie es heute so schön heißt – und sie meinen damit alle dasselbe: endlich wieder bewusster und sinnerfüllter zu leben. Mit Menschen wieder so achtsam umzugehen, wie sie sich selbst wünschen, dass mit ihnen umgegangen wird. Die meisten von uns würden doch so gerne wieder angstfrei und mutig und intensiv glücklich leben, wie sie es taten, als sie jung waren. Eins sein mit dem Leben, sich intuitiv selbst bewusst erfahren, warum sie hier sind. Bei den meisten bleibt es bei dieser Sehnsucht. Sie erleben keine Wandlung. Und bleiben stehen. Weil sie den ersten Schritt nicht gehen. Wandlung verlangt Konsequenz und die Kraft dafür bringen die meisten nicht auf. Bis sie dazu gezwungen werden.

Daher sind es meistens Schicksalsschläge, die Menschen zu einer Richtungsänderung zwingen, die wirklich tief und umfassend ist, weil es nicht mehr anders geht. Dieser Lebenskrise geht fast immer ein Verlust voraus. Auslöser sind Trennungen, die wehtun. Ein vertrauter Partner, der stirbt, eine Scheidung, die Kündigung des lieb gewonnenen Arbeitsplatzes, ein Umzug, Menschen, die einem ohne Erklärung die Freundschaft aufkündigen, Kinder, die nichts mehr von einem wissen wollen, Menschen, die sich abwenden und dich zu einem Untoten machen, den sie aus ihrem Leben »ghosten«. Menschen, die solche Umbrüche durchleiden, erkennen, dass ihre Krise an den Grundfesten ihres Lebens rüttelt und alles, sie selbst und das eigene Sein, infrage stellt. Viele Menschen scheitern an dieser Herausforderung. Und oft liegt es daran, weil sie die Fähigkeit verloren haben, in sich zu gehen.

Andere berichten mir, in dieser Lebenskrise plötzlich eine mächtige Kraft zu spüren, dass etwas da ist, unverrückbar, das Fragen an sie stellt. So intensiv, dass sie gezwungen sind, nach einer Antwort zu suchen, bis sich der Knoten löst. Wie oft habe ich in den dreißig Jahren, die ich jetzt Priester bin, Menschen vor mir gehabt, die in ihrer Verzweiflung nicht mehr weiterwussten. Ich habe ihnen zugehört, immer Mut zugesprochen. Denn Schmerz und Trauer lähmen nicht nur. Ein Verlust schafft auch Platz für Neues, so unglaublich das klingt. Schmerz macht offen. Reißt Grenzen nieder. Nach der Zeit der Leere und der absoluten Trauer, der Wut über das Geschehen richtet sich der Blick im Trauerprozess langsam wieder auf und man geht langsam wieder nach vorne, streift zunächst noch durch gestaltloses, leeres, horizontloses Land. Wir wissen noch nicht, was die Zukunft bringt hinter diesem tiefen dunklen Tal, das wir durchwandert haben. Aber wir ahnen schon, dass das nicht das Ende sein kann, bis das Ahnen erst Hoffnung und dann zur Gewissheit wird. Und genau hier setzt die Möglichkeit zur Veränderung ein. Indem wir die Aufgabe begreifen, unsere Zukunft neu zu gestalten, uns aus der Agonie befreien und wieder Mut zum Aufbruch finden. Wir lassen das Alte und Nutzlos-Gewordene hinter uns, integrieren den Verlust in unser Leben und begrüßen den Aufbruch in eine neue Zeit. Weil wir schmerzhaft erkennen, wie kalt und stickig die alten Räume geworden sind, in denen wir vorher lebten. In einer ähnlichen Existenzkrise befindet sich heute unsere Kirche. Die einen leugnen sie und versuchen, sie schönzureden – wir anderen nehmen sie wahr und suchen nach Lösungen. Wir merken, dass das Alte und Vertraute längst die Kraft verloren hat, sich gegen das Neue zu behaupten, und wie sich das Alte gegen uns wendet, weil das Festhalten an Nutzlosem und Sinnentleertem uns lähmt. Wir merken, wie schnell wir aus der Zeit zu fallen drohen, dass die Entwicklungen uns zu überrollen beginnen und unser bisheriges Tun nicht mehr zeitgerecht ist – und sogar das Überleben gefährdet. Wir merken, dass unsere alte Welt zu versinken droht und wir in der neuen Welt keinen Platz mehr finden werden, wenn wir uns nicht wandeln und dem Neuen mutig und voller Neugier entgegengehen. Wache Menschen, die diesen umfassenden Wandel bewusst erleben, die Macht, mit der er kommt und nach allem greift, woran wir glaubten, wissen in diesem Moment, dass sie jetzt nach vorne springen müssen. Um nicht still zu erleiden, was da kommt – sondern um das Neue tätig mit zu gestalten und all das ewig Gute und Nützliche zu retten, was auch die neue Welt weiterbringen wird.

Auf dem Rückweg nach Sankt Max auf der Reichenbachbrücke angekommen, blickte ich hinüber auf das verkehrsumtoste Kirchenschiff von Sankt Max und dachte darüber nach, wie sehr Besinnung, Verschlankung und Konzentration auch meiner Kirche helfen würde, abzuspecken und endlich wieder vom Kopf auf die Füße schauen zu können. Füße, die auf dem Fels stehen, der das Fundament meiner Kirche ist – und das sind ihre Gemeinden und die Menschen, die in diesen Gemeinden Gemeinschaft bilden im Glauben, wann immer auch nur drei von uns zusammenstehen. Wir müssen reduzieren. Zurück zur Einfachheit und Klarheit der Urgemeinden. Hin zu einer einprägsamen, für jeden verständlichen Sprache. Zurück zu Begeisterung im Miteinander. Zurück zu einer tätigen, modernen, aufgeschlossenen Gemeinschaft, die von innen heraus strahlt, die Menschen anzieht und bindet, weil sie all das zu bieten vermag, wonach die Menschen draußen heute vergeblich suchen. Das aber kann nur funktionieren, wenn wir nicht weitermachen wie bisher und sagen: »Ich wüsste nicht, was ich anders machen soll«, sondern wieder das Licht anzünden. Und das muss von innen leuchten. Nur mit dem Herzen sieht man gut. Ich blickte in das winterklare Wasser des Isarstromes und meine Begeisterung nahm spürbar zu, gleich jetzt mit dem Fasten zu starten. Ich warf den Rest der Leberkässemmel von der Reichenbachbrücke den Enten hinunter, was fast zur Folge gehabt hätte, dass Phili sich kläffend in die eisigen Fluten gestürzt hätte – wäre er nicht angeleint gewesen. Ich nahm den Aufruhr, sein Zerren an der Leine nur nebenher wahr, wie ich mich überhaupt in der vergangenen Stunde viel zu wenig um meinen treuen Freund gekümmert hatte. Denn während Phili an der Leine zog, beim Nachsinnen über die Öffnung hin zu einer neuen Schlichtheit meiner Kirche, kam mir plötzlich eine Erinnerung aus meiner Zeit als Bedienung auf dem Oktoberfest. Die Begegnungen, die ich dort hatte, sind oft epochal und prägend gewesen.

Eines Nachts, am Ende eines langen »Wiesn«-Tages, habe ich da bei uns im Biergarten vor dem Schottenhamel-Zelt einen alten Mann erlebt, der sich die »Noagerl«, also das Restbier aus stehen gelassenen Maßkrügen zusammengegossen hatte, um es zu trinken. Ein Obdachloser offenbar, aber gepflegt, um seine Würde bemüht, doch mit dem deutlichen Stigma der Armut. Ich hatte gerade eine Pause eingelegt, bevor es ans Aufräumen ging, war gerade dabei, mein Vollkornbrot auszupacken, und habe gedacht, jetzt teile dein Brot mit ihm, wie es der heilige Sankt Martin mit seinem Mantel getan hat. Es ist nicht nur das Paradies, die Wiesn, das sind die Schattenseiten, die Armen, die man im tobenden Zelt drinnen nicht sieht. Und ich gehe dorthin, um auch diesen Menschen nahe zu sein, um die Frohe Botschaft auch dorthin zu bringen, wo man sie nicht vermutet. Ich bin also hin zu dem Mann und biete ihm an: »Magst die Hälfte von meinem Brot?« Und was macht der Mann? Schaut mich wortlos an. Mit klaren Augen. Nicht betrunken. Zeigt auf seinen Krug, den Rest Bier darin und sagt: »Na – das hier muss reichen für mich!« Das war in seiner Bescheidenheit so voller Stolz und Würde, dass ich mir beschämt vorkam, dass ich ihn geduzt und mein Brot angeboten hatte. Ich sah nicht mehr seine schäbige Kleidung. Seine kaputten Schuhe, den zauseligen Bart, seine gelben Zähne und alles, was unter der Überschrift »Armut« steht. Sondern ich sah nur noch seine Würde, etwas abzulehnen, was ihm aus seiner Sicht nicht zuzustehen schien. »Na – das hier muss reichen für mich!« Mit diesem einen Satz stellte er klar: Ich bin mit dir auf Augenhöhe. Ich habe ihn dann trotzdem gebeten, mein ganzes Brot anzunehmen. Und jetzt erst hat er es angenommen, vorsichtig in den Mantel gesteckt – aber nicht gegessen. Nicht vor mir. Das wollte er anscheinend nicht. Weil seine Würde größer war als sein Hunger. Und damit hat er mich noch einmal beschämt, weil dieser Mann in diesem winzigen Moment mir wie ein Heiliger vorkam. Dieser Mensch, in seiner ganz eigenen plötzlichen Schönheit, das hat sich eingeprägt und gerade jetzt, wo ich über die Reduktion des Fastens auf das Wesentliche nachgedacht habe, schien diese Erinnerung wieder auf. Die Würde des Mannes hatte mich damals schon an einen alten Lebenstraum von mir erinnert, möglichst auf alles Materielle zu verzichten und ein Leben zu führen wie jene Wanderradikalen des Mittelalters, die ohne jeden Besitz, mit Ausnahme dessen, was sie auf dem Leibe trugen, als Heilige verehrt durchs Land zogen, um voller Hingabe das Evangelium zu predigen und die Frohe Botschaft zu verkünden.

Gemäß der alten Weisheit, dass wir loslassen lernen müssen. Nicht nur die überflüssigen Pfunde, sondern alles, was wir zu besitzen meinen, weil jeder Besitz am Ende unserer Tage wie Wasser in der hohlen Hand ist. Es verrinnt dir alles zwischen den Fingern. Du kannst nichts mitnehmen. Alles Raffen und alle Gier ist daher sinnlos – jeder materielle Besitz nur eine Leihgabe auf Zeit. Während dein Seelenheil hingegen das Kostbarste ist, was du besitzt. Das kann dir niemand nehmen.

Ich wollte unabhängig, leicht und frei sein von allem, was wie Ballast an mir hing. Ich beschloss, diese 40 Tage bis Ostern zu fasten, zu leben wie ein armer Wanderprediger, reduziert auf das Notwendigste und jeder Versuchung wollte ich sagen: »Danke – das muss reichen für mich.«

»Lehrt Gutes tun. Sorgt für das Recht. Helft den Unterdrückten!« Wegen solcher Botschaften und vielen anderen sind wir Christen doch Lebens-Optimisten und zugleich auch Lebensschützer und dieser Auftrag, beides zu sein, gilt uneingeschränkt. Ich war zudem getrieben von der Neugier, meine Theorie auf den Prüfstand zu stellen, dass die Menschen nicht aus der Kirche austreten, weil sie zu glauben aufgehört haben, sondern – im Gegenteil – eben weil sie noch glauben und sich von der Kirche vertrieben fühlen. Vielleicht würde es gelingen herauszufinden, dachte ich, wo und wie wir den Gläubigen wieder zur Heimat werden können.

Durch mein erstes Buch, das im März 2016 veröffentlicht wurde, bekam ich kurze Zeit später auf wundervolle Weise ausreichend Gelegenheit, diesen alten Traum, als Wanderprediger durch die Lande zu ziehen, wahr werden zu lassen. Plötzlich erhielt ich von überall Einladungen und sollte sprechen, lesen, Vorträge halten, sogar im Fernsehen. Ich ergriff die Riesenchance, auf einen Schlag mehr Menschen zu erreichen, als ich mit einem Gottesdienst jemals erreichen könnte. Ich machte mich auf den Weg, auf eine lange Wanderung durch das immer priesterloser werdende Deutschland. Ich wollte den fliehenden Gläubigen hinterherlaufen, um ihnen die Frohe Botschaft zu verkünden, und war gespannt, ob mich überhaupt jemand hören wollte. Mit diesen Gedanken begann am nächsten Tag mit knurrendem Magen die Fastenzeit.

Fasten macht wach. Plötzlich hast du wieder Energie nachzudenken, was mit einem »schweinshaxenprallen« Magen mit anschließender Hirnsedierung schwerer geht. Du findest zurück in den Flow deiner Gedanken, machst Platz für andere Themen als Essen. Wie oft betäuben wir quälende Gedanken durch Essen, das dann zur Droge wird, wenn wir es nicht bewusst genießen – sondern hastig wie einen Coffee-to-go in überfüllten U-Bahnen hinunterschütten oder Fastfood beim Fernsehen in uns hineinstopfen oder noch am Schreibtisch zwischen zwei »Sitzungen« und Untermalung von drei Telefonaten hastig hinunterwürgen? Wir merken dieses »Zuviel« nicht, erst in seinem angehäuften Ballast – wenn wir kurzatmig auf der Waage stehen. Wir belasten nicht nur unseren Körper. Wie sehr verdrängen wir, was unsere Seele beschwert, wenn wir zu viel essen? Und wie viele schöne Gedanken verschwenden wir, weil wir uns mit mehr Nahrung betäuben, als wir Hunger spüren – weil wir nicht die Würde haben zu verzichten? Die Kraft haben, dem Körper zu sagen, das muss genügen für dich. Fasten bedeutet bewusst auf etwas zu verzichten. Fasten ist der kleine Bruder des Zölibats. Die Seele sagt dem Körper: »Wos is? Pack ma's – jetzt sei schee staad!« Die Fresslust soll die Klappe halten. Fasten ist Würde, Nein zu sagen, wenn der kleine Hunger klingelt, und seine scheinbaren Bedürfnisse auf Großes umzulenken. Wir wachsen daran, wenn wir Widerstände überwinden. Und während ich das dachte, auch wie trickreich der Hunger ist, da ich gerade doch wieder über das Essen sinnierte, ließ ich die Zeit rückwärtslaufen, flog die Jahre zurück durch meine Erinnerungen, dorthin als meine Zeit in Sankt Max begann.

Wenn ich auf meine 25 Jahre als installierter Pfarrer in Sankt Max zurückschaue: wie sehr ich mich zunächst innerlich gegen die neue Aufgabe gesperrt habe, weil ich aller Illusionen und meiner großen Liebe zu Rosenheim beraubt wurde, wo ich so gerne Pfarrer geworden wäre. Es war mir nicht vergönnt, ich kann's nachvollziehen. Für mich kein Problem. Aber dass niemand aufrichtig mit mir darüber sprach, verbreitet eben dieses »Gschmäckle«, das viele mit der Kirche hadern lässt. Ich lebte daher schon irgendwie in der ständigen Angst, mein Leben könnte zu Ende sein, bevor es überhaupt richtig begonnen hatte. Heute muss ich sagen, dass sich – Gott sei Dank – all die Knoten von damals aufgelöst haben, umso schneller in den vergangenen zwei Jahren, in denen ich auch durch meine eigene Lebensbeschreibung plötzlich entdeckt habe, was für neue Räume und Möglichkeiten sich öffnen – und wie viel Neues und Überraschendes auch für meine Verkündigung in mein Leben und nach Sankt Max kommt. Und fast scheint es mir heute so, als wären alle meine Schritte wie Wege, die ich gegangen bin, die in ihrer Abfolge, gerade auch wegen aller Tiefen und aller Bitternis, doch letztlich wie choreografiert auf diesen Punkt zugelaufen sind, an dem ich heute stehe. Als hätte es bereits schon, als ich vor über fünf Jahrzehnten geboren wurde, in das Haus meiner gläubigen Eltern, auf meinem Weg im Glauben zielgerichtet nur den einen Punkt gegeben, auf den jetzt alles zugelaufen ist. Ja, viele Knoten von damals, in die ich mich unentrinnbar verstrickt gefühlt habe, haben sich wie von selbst gelöst. Vom Ende her besehen macht alles Sinn. Warum ist das auch bei vielen anderen Menschen so? Warum sagen das die meisten, wenn man sie fragt, ob sie etwas in ihrem Leben komplett anders machen würden, könnten sie in diesem Moment noch einmal neu ansetzen und eine gravierende Lebensweiche noch einmal anders stellen. Abgesehen von kleineren Ereignissen antworten nach meiner Erfahrung die meisten, nein, es ist gut gewesen, so wie es ist. Durchleben wir etwa nur einen Film, der bereits aufgezeichnet ist wie ein Tatort, den wir nur nacherleben? Sind wir vorherbestimmt? Oder ist es etwa so, dass das Geschenk unseres Lebens ist, unsere Bestimmung zu suchen und zu finden? Die Knoten, die du auf Erden nicht löst – werden sich auch im Himmel nicht lösen?

Und wie ich so auf meinem Kanapee sitze und dem feinen Knurren meines Magens nachlausche, seinem Betteln und Flehen, das ich mit derselben Güte und Strenge ignoriere wie meine Mutter, wenn ich als Bub noch unbedingt vom Kuchenteig für den Zwetschgendatschi naschen wollte – kommt mir im Augenblick die Idee für meine nächste Predigt, nach der ich in diesem Moment der Zurückgezogenheit gesucht hatte: seine Bestimmung finden. Die Knoten, die du auf Erden nicht löst – werden sich auch im Himmel nicht lösen. Auch hier geht es darum, wie wir auf Veränderungen reagieren – geht es um Wandlung.

Denn wie oft im Leben stehen wir vor einer unüberwindlichen Mauer und wähnen uns am Ende? Wie oft kämpfen und mühen wir uns ab, einen Ausweg zu finden, um nach zahllosen Versuchen in uns zusammenzusinken, kurz vor dem Aufgeben? Wie oft meinen wir, dass es das Leben besonders böse mit uns meint und wir von allen guten Geistern – auch Gott – verlassen sind? Und dann, irgendwann, kommt unerwartet plötzlich doch ein Lichtlein daher, das uns einen Weg weist, den wir zögernd gehen, weil er noch dunkel und steinig scheint, um ein paar Meter weiter plötzlich wieder im weiten Land, in heller Sonne auf einer großen breiten Straßenkreuzung zu stehen, auf der uns viele Wege zum Weiterwandern einladen. Und wie gerne nehmen wir diese Einladung an, entscheiden uns und spüren die unendliche Freiheit, uns entscheiden zu dürfen. Ich wusste an diesem Morgen auf der Reichenbachbrücke noch nicht, wie sehr mich dieses Thema noch einmal aus einem sehr tragischen Anlass bis in meine Grundfesten erschüttern sollte. Aber egal, was dir im Leben geschieht: Die Freiheit, uns für den richtigen Weg zu entscheiden, ist das, was unser Menschsein ausmacht. Es ist nicht nur Freiheit, sondern auch Verantwortung, die dich verpflichtet, das Geschenk deines Lebens nicht achtlos wegzuwerfen oder sinnlos zu verschwenden. Wir sind nicht vorherbestimmt – sondern aufgerufen, unsere Bestimmung zu suchen und zu finden. Wir scheitern nur, wenn wir uns verschließen und mutlos wegwerfen, nicht mehr in die unendliche Güte Gottes vertrauen und offen dafür bleiben, dass sich wenigstens einer, wenn nicht alle Knoten lösen werden und sich Rettung auftut. Die Knoten, die du auf Erden nicht löst – werden sich auch im Himmel nicht lösen. Und die Kilos, von denen du dich löst, werden auch nicht von selber verschwinden. Der Aschermittwoch ist der Aufbruch in die Fastenzeit. Zeit für den Wandel. Zeit für deine Wandlung.

Bestimmung

Ist das schon das Elysium, das Paradies? Es ist ein Tunnel aus Licht, in den ich aus einem dunklen Tal unaufhaltsam eingesogen und emporgehoben werde, während mich gleichzeitig ein seltsamer Schmerz durchzieht, der mich zu halten sucht und in das Dunkle, das Bewusstlose zurückziehen möchte. Es riecht nach schwerer Erde, Fäulnis und Moos, ein kalter Luftzug aus der Tiefe, und dann die Geräusche, mehr und mehr. Seltsames dumpfes Tönen und Stampfen dringt jetzt zu mir, wird lauter und lauter. Und dann dieses Licht, dieses gleißende, alles überblendende Licht, das mir die Augen tränen lässt, die ich jetzt verwundert reibe. Ich liege, geblendet von einer plötzlich hinter den Wolken hervorscheinenden Sonne, auf einer Decke an einem Waldrand mit Blick auf ein sanft geschwungenes Tal. Für einen Moment ist alles neu: Wie bist du hergekommen an diesen Ort? Wenn du so aus tiefem Schlaf gerissen wirst, im Aufwachen nicht mehr weißt, wer du bist, wie du heißt, wo du bist und wie du hierhergekommen bist – so in etwa stelle ich mir Auferstehung vor. Der Schlaf ist der kleine Bruder des Todes, und so ist es immer, wenn wir erwachen, aufs Neue eine Wiederauferstehung. Jeden Morgen. Und auch jetzt. Ich versuche mich zu erinnern. Ich blicke mich um.

Was rumpelt, ist eine der gigantischen Landmaschinen, auf der ein Bauer wenige Meter entfernt seine Runden über den Acker pflügt, und das nervend schrille Geräusch ist mein Handywecker, der mich anblafft, dass ich endlich aufwachen soll. Dann endlich bin ich es – wach. Auferstanden von den Toten. Kein Elysium – und so langsam kommt jetzt die Erinnerung: die Lesung! Am Nachmittag war ich aufgebrochen in München, bin drei Stunden früher aus der Stadt raus, um nicht im Stau zu stehen und mit meinem 20 Jahre alten, von Fahrverboten bedrohten Diesel Golf noch mehr Feinstaub aufzuwirbeln, den VW-Affen in den KZ-Laboren noch mehr Stickoxide zu geben und das Ozonloch zu vergrößern: »Wir AFFEN das!«

München ist mit 51 Stunden Stau pro Jahr Rekordhalter in Deutschland, noch vor der Feinstaubmetropole Stuttgart. Wir meinen es nicht gut mit der Schöpfung. Nicht mit uns. Als ich meinen Diesel kaufte, galt er noch als fahrendes Reinluftgebiet. Jetzt ist er plötzlich eine Dreckschleuder. Bald werde ich mich trennen müssen von meinem alten Weggefährten. Was für ein Wandel!

Auch für mich. Zwei Jahre sind vergangen, seit ich mit meinem Hund Phili und einer Leberkässemmel am Faschingsdienstag vor dem Bodystreetladen in meinem bisherigen Missionsgebiet stand und meine Wandlung zum Wanderprediger beschlossen habe. Sehr viel leichter bin ich zwar nicht geworden, trotz Fasten und weniger Leberkässemmeln, ich bin eher ein Jojo, wenn es ums Abnehmen geht, dazu genieße ich zu gerne – aber so eine Art Wanderprediger bin ich tatsächlich geworden. Die zurückliegenden zwei Jahre haben mein Leben tiefgreifend verändert. Ich mache mich seither auf den Weg zu den Menschen. Nicht nur in meinem Viertel. In ganz Deutschland. Ich bin unterwegs. So unterwegs, wie ich es vorher nie war.

Auf meiner Pilgerreise habe ich Hunderte von Lesungen absolviert, habe Fernsehstudios und Talkshows besucht und unzählige Gespräche geführt und wirklich sehr schöne Begegnungen und Gespräche erlebt. So auch an diesem Tag, wo ich plötzlich am Rand dieses Ackers aufgewacht bin. Ich wollte ohne Hast anreisen und vor allem wollte ich pünktlich sein. Deutsche Grundtugenden, ja, mag sein, etwas aus der Mode gekommen, aber das ist Ergebnis der konsequenten Erziehung meiner gottesfürchtigen Mama und bleibt drin in mir. Die Vorteile sind bestechend. Es ist halt blöd, wenn ich gehetzt und genervt ankomme, wie ich es in der ersten Zeit meiner Reisen oft erlebt habe. Ich müsste mich erst sammeln, doch schon strömen Menschen auf mich zu, ziehen mich mit, gleich rein in den vollen Saal, auf die Bühne, die Menschen warten schon, die Erwartungen an mich sind groß – ohne Reifenanwärmen gleich ins Rennen? Gutes Handwerk ist das nicht. Also fahre ich früher los. Bin da. Präsent. Aus Erfahrung gut.

Aus München kam ich prima raus, noch vor der Rückreisewelle der Pendler, sodass ich diesmal sogar zwei Stunden zu früh am Ziel gewesen wäre. Aber zu früh da sein ist fast so schlecht wie zu spät. Wenn du zu früh zu einer Lesung kommst, noch müde von einem vollen Arbeitstag, der bereits hinter dir liegt, und von der Fahrt – kommen die Fragen, um Verlegenheitsgespräche zu eröffnen, Smalltalk, um Zeit zu überbrücken, ausgerechnet mit einem bayerischen Grantler wie mir: »Haben Sie gut hergefunden?« »Ja, scho.« »Sind Sie gut durchgekommen?« »Ja auch.« »Sind Sie nicht im Stau gestanden??« »Nein.« »Da war doch sicher viel Verkehr.« Ich denke, Loriot lässt grüßen, und sage etwas unwirsch, um weitere Füllfragen abzuwürgen: »I bin da!« Ich bin eher menschenscheu, wo es mir zu dicht wird, muss ich aufpassen, dass ich nicht abweisend werde, wenn ich mich angespannt oder überfordert fühle und am liebsten sagen würde – lasst mir noch für einen Augenblick meine Ruh, liebe Leute, auch meine Seele muss erst ankommen!

Was zudem nicht sein darf, dass ich vor der Lesung aus meiner Konzentration gerissen werde. Herumgereicht werde. Mich im Smalltalk leere. Energielos werde. Wie beim Zappen. Genauso wenig wie es sein darf, dass ich einen Gottesdienst ohne innere Sammlung beginne. Glauben braucht Konzentration. Als Pfarrer und als Wanderprediger möchte ich Menschen erreichen und berühren, die noch glauben – und oft nicht mehr wissen, woran und warum sie glauben sollen. Als Wanderprediger habe ich nur eine Chance, es muss besonders gut sitzen, wenn ich Spuren hinterlassen und Mut machen will – denn danach ziehe ich weiter. Meine Mission, auf der ich mich nun seit dem Aschermittwoch 2016 nach Erscheinen meines ersten Buches befinde, ist, all jenen zu helfen, selbst Antworten zu finden auf alles, was sie in ihrem Glauben zweifeln lässt. Ich möchte, dass sie wieder Wege entdecken, auf denen sich ohne Mühe und Not wandeln lässt, weil wieder ein Sinn erkennbar wird in all dem, was sie belastet. Und ich wünsche mir, dass sie dabei entdecken, dass sie keineswegs so alleine sind, wie sie meinen. Dass es viele gibt, die sich von unserer Kirche alleingelassen fühlen. Und noch mehr, die sich nach einer Gemeinschaft sehnen, in der sie wieder aufgehen können. Ich möchte den Menschen wieder Zuversicht geben, dass ihnen trotz aller Zweifel die Kirche wieder zu einer Heimat werden kann, weil hier der Ort ist, wo die Gemeinschaft entsteht, nach der sie suchen. Ich möchte den Menschen den Impuls geben, selbst dafür zu sorgen, dass Kirche wieder zu einem Ort der Geborgenheit und nicht der Einsamkeit wird, dass die Menschen wieder Mut fassen, sich einzubringen, weil es diese Heimat wert ist, verteidigt zu werden, und die Zuversicht, dass es gelingt, wenn sich möglichst viele finden, die zusammenstehen – weil unser Glaube eint, weil Nächstenliebe sein Credo ist. Ich möchte den Menschen wieder Glaubensgewissheit geben, dass sie auf dem langen Weg der Pilgerschaft durch ihr Leben, auf diesem mit Irrtümern, Enttäuschungen, Schmerz, Verlusten und Trauer gepflasterten Pfad, keine Angst haben brauchen, sondern ihren Blick besser auf all das Schöne, Sinnstiftende, ein mit Freude erfülltes Leben konzentrieren, weil sie die Frohe Botschaft verstanden haben, dass ihnen nichts geschehen kann, denn sie lautet: »Fürchtet euch nicht!!« Das ist die Frohe Botschaft – die beste der Welt, durch alle Kulturen, für alle Gläubigen, gleich welcher Religion – weil sie so menschlich ist und Mut macht. Und das ist meine Botschaft. Ihre Verkündung ist meine Aufgabe, der ich mich verschrieben habe. So gehe ich auf Wanderschaft: Ich bin Missionar mitten in Deutschland, in einer Gesellschaft, die den Glauben an die Kirche in weiten Teilen verloren hat, ihr fernbleibt, obwohl genau der Ort, von dem sie fliehen, die Rettung für sie sein könnte, gerade in dieser unruhigen Zeit.

Mein Leben als Wanderprediger hat sich als meine Bestimmung erwiesen. Ich kremple die Ärmel auf und fahre los, lasse mich von all den Begegnungen leiten und inspirieren, die sich auf meinen Lesereisen auftun. Meine Theorie, dass die Menschen nicht weniger glauben und deshalb die Kirche verlassen, sondern vor einer Kirche fliehen, von der sie sich verlassen fühlen, hat sich zumindest auf jedem meiner Leseabende quer durch Deutschland und Österreich voll bestätigt. Ich sehe das sogar als Vorteil an, denn wenn die Menschen nicht von ihrem Glauben abgefallen sind, sondern sich nur alleingelassen fühlen, dann müssen wir als Kirche nur wieder besser werden, damit wir wieder der richtige Ort sind, wo sie Gemeinschaft suchen und auch finden. Es gilt, auch dieses klarzumachen: Es liegt nicht an der Kirche allein, sondern an jedem Gläubigen, bei dieser Wandlung mitzuwirken. Denn die Kirche – das sind wir. Wir müssen auftreten, statt austreten. Mein zweites Credo, das ich seither jeden Abend gebetsmühlenhaft wiederhole. Und an den Reaktionen merke ich doch, wie wichtig es ist, den Gläubigen mehr Bedeutung zu geben und sie in die Verantwortung zu ziehen.

Ich muss nicht länger in den Busch nach Afrika oder in die Dschungel Borneos zu den Menschenfressern reisen, um zu missionieren. Inzwischen sind wir wieder so weit, dass wir damit direkt vor unserer Haustür anfangen können. Unsere Metropolen, die dicht besiedelten Ballungsräume hier in Deutschland, in Europa müssen heute das erste Missionsziel sein. Gehe ich durch mein Stadtviertel, sehe ich mehr Andersgläubige, Ungläubige, Abergläubige, Abtrünnige, Atheisten, Polytheisten, Tantriker, Esoteriker und Nicht-Getaufte auf einem Haufen als sonst wo auf der Welt. Und ich selbst bin als Priester für viele inzwischen genauso fremd wie ein Pinguin im Fichtelgebirge. Denn was sich auch bestätigt hat auf meinen Reisen: Mein Glaube scheint allen gegenteiligen Erfolgsmeldungen zum Trotz allmählich völlig aus der Zeit zu fallen. Unsere Strahlkraft und Anziehung schwindet rapide. Viele Menschen kommen kaum noch in Berührung mit dem christlichen Glauben, weder in der Familie noch in ihrem übrigen Lebensumfeld. Auch das Wissen um das Geheimnis des Glaubens, seine Symbole, seine Gleichnisse, seine Geschichten und Feiertage schwindet.

Diesen Menschen zeige ich, dass ich noch da bin, lebe ich vor, warum ich bete. Woher mein Glaube kommt. Erkläre, was unsere Feiertage sind. Warum sie das Kirchenjahr prägen. Welche Geschichte sie haben. Ihren Sinn. Ich vermittele auch äußere Merkmale, zum Beispiel warum ich im Gottesdienst ein Messgewand trage. Dass dies nicht Fasching ist oder mit persönlicher Eitelkeit zu tun hat – bei mir nachweislich schon überhaupt nicht, was Kleidung anbelangt –, sondern weil es ein Zeichen der Hochachtung für Christus und seine Frohe Botschaft ist. Jeder kann dasselbe tun. Glauben vorleben. Wissen vermitteln. Bedeutung erfahrbar machen. Ohne Zwang. Ohne Furcht. Der Apostel Paulus ermahnt uns: »… fragt nicht, welchen Glauben andere Menschen haben, lebt so, dass die Menschen euch fragen, welchen Glauben ihr habt.«

Und wenn ich auch häufig Abwehr und Ablehnung erlebe – was ich bei allen Menschen sehe: Jeder sucht nach einem Sinn, seiner Bestimmung, warum wir leben, woher wir kommen und wohin wir gehen. Ich möchte all den Menschen, die zu einer Sinnsuche aufgebrochen, orientierungslos und einsam sind, an den Ort weisen, wo sie sich alle wiedererkennen und wiederfinden werden. Und dieser Ort ist hier auf Erden – ist meine Kirche und die Gemeinschaft aller gläubigen Christen.

Ich bin kein Retter, auch kein Verfolgter. Aber ich trete bei diesen Lesungen auf, damit die Menschen nicht länger austreten und sich in die Vereinzelung vertreiben lassen, sondern wieder Mut fassen, ihren Platz zu beanspruchen, ihn eben nicht den falschen und zerstörerischen Kräften zu überlassen, damit sie das Wissen und unsere Werte weitertragen und zurück in ihre Heimat finden, aus der sie aufgebrochen sind oder die sie erst finden müssen.

Und deshalb gehe ich hinein, rocke den Saal, gehe völlig auf, gestikuliere mit Händen und Füßen wie der berühmte »Springteufel«, werde sentimental, bin logisch, argumentiere, auch mal zornig, mache Witze, werde emotional, durchlebe das alles selbst, die Gleichnisse und Geschichten, fühle mich angespornt, wenn in den besten Momenten die Zuhörer mitgehen, bis am Ende »die Hütte brennt« und mir das Hemd schweißnass an meinem Körper klebt. Wenn ich das geschafft habe, die Menschen zu bewegen, wenn ich sehe, dass da plötzlich Gemeinschaft im Saal oder der Kirche entstanden ist, da lodert ja doch wieder Hoffnung, ja Begeisterung auf und der Wille, etwas zu ändern – dann ist das alles, was ich als Wanderprediger verlange. Nach jeder Veranstaltung bin ich fix und fertig. Ich rede noch mit den Menschen. Kann die ganze Fülle gar nicht fassen, was da an Fragen und Zuspruch auf mich einströmt. Ich bin für heute am Ende meines Weges. Und dann gehe ich so schnell und einsam, wie ich gekommen bin. Ja, ich bin immer noch einsam. Aber ich bin nicht mehr in meiner Dienstwohnung einsam – sondern allein unter Menschen.

Ich lerne plötzlich Bayern kennen. Einmal bin ich mitten in einem dieser neuen Gewerbeparks aufgewacht, der Flächenfraß, mit dem sich selbst kleine Dörfer am Ortsausgang schmücken – Tankstelle, Fastfoodkette und dem üblichen »Outletcenter« für Billigmarken. Mitten auf einem Parkplatz vor dem OBI-Heimwerkermarkt irgendwo im mittelfränkischen Landkreis Nürnberger Land. Knapp zwei Stunden Fahrt. Das war gut zu schaffen, dachte ich mir – und so bin ich gleich nachmittags los und jetzt dafür zu früh da. Purzelmüde. Also ein kleines Nickerchen vor dem OBI-Heimwerkermarkt. An so einem Ort aufzuwachen, mitten auf einem Kundenparkplatz, mit Glück, dass niemand die Luftrettung angerufen hat wegen Verdachts auf Herzinfarkt oder Schlimmerem, angesichts eines mit weit aufgerissenem Schnabel unruhig dahinschnarchenden Wesens in einem uralten Diesel-Golf – das ist nicht das Paradies. So hatte nur ein heimwerkender Samariter mit einer nagelneuen »Hilti« unter dem Arm an meine Scheibe gehämmert, mehrfach offenbar, bis ich endlich wach wurde, und gefragt, ob alles in Ordnung sei? »Alles in Obi«, habe ich abgewunken. Und noch immer eine Stunde bis zur Lesung. Was machst du in der Zeit an diesem gottverlassenen Ort? Etwa ein bisschen shoppen? Nein. Und so hab ich mir an einem Imbissstand erst mal eine zünftige Wurstsemmel gegönnt. Das war die versöhnliche Einstimmung für eine dann sehr gelungene Lesung bei den Menschen in Mittelfranken. Am Abend zurück mit vor Müdigkeit flatternden Augen, Autobahn. Die elend lang gezogene Kurve bei der Raststätte Greding West. Einmal kurz eingenickt, Sekundenschlaf. »Wach auf!« Es ist dasselbe eiskalte Hochschrecken, wie wenn meine Mutter mich weckte, wenn ich morgens verschlafen hatte. Dann bist du wach mit einem Ruck. Du hältst die Hand ruhig am Steuer. Und du fährst weiter – mit einem Danke auf den Lippen, ganz nach oben. Fast vor meinen Schöpfer getreten, Jessas, Maria und Josef. »Sind Sie gut angekommen?« »Ja, scho!« Spät in der Nacht ins Bett gefallen. Ein traumloser Schlaf. In Sekunden weit weg. Wenige Stunden später reißt es dich schon wieder hoch. Das Morgengebet. Ich habe die Lesungen nicht gezählt, aber ich war zwei Jahre lang fast jeden Tag unterwegs. Welcher Pfarrer macht das? Freiwillig? Trotz all der Mühen. Warum mache ich das? Ich tue es aus voller Begeisterung, Menschen zu treffen. Mit ihnen ins Gespräch zu kommen. Über unseren Glauben und unsere Werte. Ich tue es, weil sie genauso freiwillig kommen und weil ich die Chance nutzen will, einen Begegnungsraum zu öffnen, wo sich möglichst viele von uns in ihrem Glauben wiederfinden. Ich bin unterwegs.

Wenn Kirche in Zukunft wieder eine Chance hat, dann nur auf dem Weg zur Volksmission. Wir müssen raus aus der Komfortzone unserer Pfarrhäuser. Wir dürfen nicht länger aus Eitelkeit in den eigenen Mauern beleidigt zuwarten, in der Hoffnung, dass doch noch jemand kommt – sondern sollten besser frohgemut nach draußen ziehen, dorthin wo die Menschen heute sind. Und sie sind leider kaum noch in der Nähe der Kirchen.

Ich missioniere hier, nicht in der Dritten Welt, sondern bei mir vor der eigenen Tür – weil unsere Gesellschaft in Not ist, weil die Menschen in Not sind. Weil meine Kirche in Not ist. Weil unsere Gesellschaft leichtfertig dabei ist, unsere christlichen Werte und unseren Glauben als altmodisch oder sinnentleert über Bord zu werfen. Und ich missioniere auch aus der Verzweiflung, weil meine Kirche dem sich in großen Schritten davoneilenden Wandel in unserer Gesellschaft mit Grundsätzen von gestern entgegenstemmt, anstatt voranzugehen und wie schon in der Geschichte häufiger geschehen zum Motor dieses Wandels zu werden und ihn mit Konzepten von morgen zu gestalten. Und schlimmer noch: Es ist längst nicht mehr so, dass die Menschen uns verlassen und wir sie ziehen lassen müssen, weil uns nicht mehr einfällt, sie zu halten – zusätzlich vertreiben wir sie auch noch mit Ansichten und Vorschriften wie aus dem Mittelalter, gepaart mit einer Doppelmoral, die auf viele Gläubige inzwischen abstoßend wirkt. Ich missioniere, weil ich mich in Not fühle und keine andere Lösung weiß, die sich abzeichnende Erosion meines Glaubens aufzuhalten, als die Menschen überall wo ich hinkomme wieder mit der Frohen Botschaft in Berührung zu bringen.

Ich frage mich oft: Hat das etwas mit mir gemacht, dieses neue Leben? Bist du dir selbst treu geblieben? Trotz des ganzen Rummels? Die Antworten beruhigen mich. Der plötzliche Ruhm, der mir stellenweise entgegenweht, lässt mich kalt, denn er ist flüchtig und mir völlig wurscht – jeder, der mich kennt und erlebt, weiß, dass ich da einen Pfifferling drauf geb. Was mich aber reizt, ist die Möglichkeit, gehört zu werden. Und wenn ich unterwegs bin, mit mir alleine unterwegs bin, reduziert auf das Nötigste, mit schmalem Gepäck, aber viel Zeit zum Nachdenken habe, dann ist sie immer wieder da, die Sehnsucht, abends heimzufahren und irgendwo anzukommen, wo man zu Hause ist. Wenn man mich irgendwann nicht mehr hören will, gehe ich sofort wieder dorthin zurück, von wo ich aufgebrochen bin. Denn meine Heimat habe ich gefunden – meine Heimat ist meine Gemeinde und die Menschen in Sankt Max. Und jetzt sitze ich hier am Waldrand im Irgendwo und warte auf meine Mission.

&

Während der Traktor Furche für Furche seine Glyphosat-Bahnen über den Acker zog, dachte ich an das Gleichnis vom Unkraut im Weizen. Ich habe mal anhand dieses Gleichnisses gepredigt, was für ein sinnlich erlebender Mensch Jesus gewesen ist, wie sehr er auf der Höhe seiner Zeit gewesen sein muss, weil er in solchen plastischen Gleichnissen gesprochen hat. Seine Gleichnisse sind der Extrakt handfester Lebensweisheit, die jeder sofort nachempfinden kann. Ich hatte die Gemeinde gefragt, warum Jesus dieses Bild vom Unkraut im Weizen benutzt hat. Weil es eben sinnlich ist, wenn ich so ein im Wind wogendes Weizenfeld anschaue. Wie schön ist es, wenn du als Bauer eine reife Ähre in die Hand nimmst und weißt, daraus lassen sich dreißig, hundert, ja tausendfach so viele Ähren züchten, weil jedes Korn auch ein Saatkorn ist, das die Botschaft für alle folgenden Generationen weiterträgt. Ernte für Ernte. Seit ewigen Zeiten schon. Und die Ähre somit auch ein Symbol für die fortwährende Wandlung der Schöpfung ist und das Reich Gottes auf Erden.

Und dann habe ich ausgeholt und gepredigt, wenn heute wieder ein roter Mohn oder die blaue Kornblume aus einem Bio-Feld leuchtet, dass es dann schön sei, viel schöner als ein »Glyphosat«-getränktes, DIN-genormtes, gentechnisch bearbeitetes, lebloses Feld der modernen Agrarindustrie, ohne Kornblumen und Mohn, über die der GPS-gelenkte Mähdrescher kreist. Für Großbauern mit EU-Förderung mag das ein sinnliches Bild sein – aber das sei nicht das Bild eines Jesus von Nazareth. Und unsinnlich auch für die Millionen Insekten, Vögel und Pflanzen und die Vielfalt aller Arten, die im Glyphosat absaufen. Denn die Schöpfung steht für Lebensvielfalt. Nicht für Monotonie und Gleichmacherei.

Daraufhin hat mir ein Bauer gemailt, aus dem östlichen Landkreis München, Bauerwartungsland der ausufernden Metropole, im Einzugsgebiet des Großflughafens Franz-Josef-Strauß, einer, der an diesem Tag bei mir in der Kirche war und meine Predigt hören wollte. Wen wundert es noch, dass ein Bauer mailt? Bauern müssen heute Computer- und Satellitenfachleute sein. Äcker düngen, besäen und ernten – alles läuft GPS-gesteuert. Der Steuerstand dieser modernen Monster-Traktoren, der vor mir Bahn um Bahn die Erde in fetten Reihen aufpflügend zog, sieht heute fast schon aus wie das Cockpit eines A380-Großraum-Airbus. Da braucht man Studium statt Schraubenschlüssel, um den zu fahren. Im Stall dasselbe: Kühe füttern, melken, Milchkontrolle, Keimbewertung, Abfüllung, Futtermischung – läuft in den Großbetrieben alles digitalisiert, maschinell, vollautomatisch. Der Bauer heute sitzt mehr am Computer, als dass er im Stall steht, allein schon wegen der ellenlangen, sich fortlaufend ändernden Anträge für EU-Agrarsubventionen, die er ausfüllen und fristgerecht einreichen muss, damit sein Hof noch rentabel laufen kann. Das ist auch nicht mehr sinnlich. Einen Bauer, der jeden Morgen wie ich in meiner Pfarrei um die Existenz von Haus und Hof kämpfen muss, geht die Diskussion um Glyphosat hart an. Also mailt der Bauer mir vom Schreibtisch, nicht derb, direkt und sinnlich, wie nur bayerische Bauern schreiben können, sondern geschliffen hochdeutsch wie ein Agraringenieur: »Sehr geehrter Pfarrer Schießler, in einer Ihrer letzten Predigten war von Glyphosat-verseuchten Weizenfeldern die Rede, die Sie zu sehen meinen, wenn Sie mit Ihrem Motorrad über Land fahren. Glauben Sie gerne an Jesus. Aber bitte glauben Sie nicht alles, was die Medien reißerisch servieren – denn sonst wäre ich meinerseits schon lange aus der katholischen Kirche ausgetreten, da sie ebendort, den Medienberichten zufolge, sowieso nur aus verkrusteten Strukturen und geldwaschenden Kindervergewaltigern zu bestehen scheint. Genauso wenig sind auch alle Bauern und Bäuerinnen die Artenvielfalt ausrottende Giftspritzer. Vielleicht können wir so verbleiben: Wenn ich Fragen zu Glauben und Religion habe, dann wende ich mich an einen Theologen, wie Sie es sind. Und wenn Sie umgekehrt mal was Richtiges über Landwirtschaft wissen wollen, wenden Sie sich an den Landwirt Ihres Vertrauens. Ich stehe Ihnen gerne zur Verfügung.« – Zack, das saß.

Ich finde es jedoch gut, wenn sich jemand rührt, weil er sich von meiner Predigt be-rührt fühlt, gerade auch, wenn er nicht meiner Meinung ist. Mir ist es wichtig, dass jeder Gottesdienst und jede Lesung Interaktionen sind. Ein Dialog. Und nicht ein Monolog von irgendeinem Pfarrer, der Texte herunterliest, über seine Gemeinde hochtheoretische Exegese hinwegschleudert, noch nicht mal richtig betet, weil er sich selbst nicht mehr spürt.

Nicht berechnend predigen, nicht langweilig predigen, nicht verwaltungsmäßig predigen, nicht strafend predigen, nicht Furcht auslösend predigen – sondern den Menschen klarmachen: Du bist wichtig. Wir haben des Schweren genug. Mir selbst geht das doch schon so bei manchen theologischen Büchern. Bei Aufsätzen, kirchlichen Meinungsartikeln. Sogar bei Meditationstexten! Ich frage mich, wer liest denn das alles? Und vor allem: Wer versteht diese hochkomplexen Gebilde, wenn er es gelesen hat? Vieles ist so schwer und so schwer verständlich, dass sogar ich als jahrelang Studierter verzweifle und mich auch nach dem dritten Mal Lesen frage: Was will uns dieser Autor eigentlich sagen? Dass wir zu blöd sind, ihm zu folgen? Dass er bereits abgehoben hat und aus Bereichen zu uns spricht, für die wir uns aus seiner Sicht nicht würdig genug erweisen? Wir haben vom Schweren genug. Wir haben vom Angstmachen genug.

Der »Silicon-Valley«-Computer-Bauer hat reagiert, weil er verstanden hat, und macht das noch nicht mal anonym, wie die meisten, sondern offen, mit Namen und Absender, so wie es sich gehört. Für mich ein Zeichen, dass ich ihm was wert bin – und so antworte ich ihm. Weil er mir etwas wert ist. Ich hatte ja keinen Landwirt beleidigen und keinen landwirtschaftlichen Vortrag halten wollen und überhaupt und sowieso von einer niederbayerischen Bauernfamilie abstamme. Mir sei es vielmehr darum gegangen, den Menschen mit meiner Predigt bewusst zu machen, sie daran zu erinnern, was eigentlich Fülle und Vielfalt in der Natur bedeuten, so wie Gott sie geschaffen hat. So, wie sie viele von uns als Kinder noch erlebt haben, als unsere Wiesen, Wege, Felder und Auen im Frühling noch ein Meer von Blumen waren. Und wenn man im Sommer Auto fuhr, musste man bei längeren Strecken häufiger anhalten, um die Schmutzschicht von Insektenleichen von den Scheiben zu kratzen, so viele gab es damals noch. Dass ich nur laut gefragt hätte, ob dieser biblische Reichtum an Fülle der Schöpfung sich eher in der Monokultur eines unkrautfrei, ertragsoptimiert dastehenden Weizenfeldes repräsentiere – oder aber in jener abwechslungsreichen, farbenprächtigen, robusten Vielfalt von damals, wo alles blühte, summte und zwitscherte in Wald und Flur, wie ich es aus meiner Jugend erinnere? So, wie ich es im paradiesischen Bauerngarten der alten Frau wiederfand. Das Leben sei oberflächlich betrachtet vielleicht nicht perfekt – aber seit Millionen Jahren offenbar so vollkommen und reich an allem, was das Leben zum Überleben gebraucht hat auf diesem Planeten – das aber eher ohne Glyphosat. Mir sei es um eine Fortführung des Gleichnisses Jesu gegangen, dass vieles, was wir heute vorschnell und vorurteilsbeladen als Unkraut abwerten, natürliche Nutzpflanzen sind, deren Wirkung wir nur nicht erkennen – Heilkräuter, wie Kamille, Pfefferminze, Huflattich, Baldrian, Johanniskraut, Brennnessel und Löwenzahn, die man sogar als Salat essen oder zu Hautcreme verarbeiten kann. Mehr als 10.000 verschiedene Gräser gibt es weltweit in 650 verschiedenen Gattungen, von denen einige sich in Versteinerungen nachweisen lassen, die 80 Millionen Jahre alt sind, lange, bevor es Glyphosat gegeben hat. Und dass wir Menschen uns nicht das Recht nehmen dürfen, über alles zu richten, was vordergründig nicht gleich nützlich erscheint, es gleich als Unkraut abzutun und auszumerzen. Sondern dass auch wir darauf zu achten haben, dass Vielfalt Schutz des Lebens ist, und daher besser aufpassen sollten, beim vorschnellen Ausreißen nicht gleich den Weizen mit zu vernichten. Und das betrifft genauso das Miteinander der Menschen, in ihren unzähligen Möglichkeiten. Es gibt kein Leben, das nur hell ist oder dunkel, nur gut und ohne böse, das nur glücklich oder unglücklich verläuft. Ich kann mich für den Weizen halten, die Krone der Schöpfung und doch bin ich für andere gleichzeitig Unkraut. Wer entscheidet, was Wahrheit ist – nur der, der die Macht hat? Tun wir nicht gut daran, nicht vorschnell zu richten? Auf dass wir nicht selbst gerichtet werden? Daher plädiere ich immer für Vielfalt statt Einfalt. Für Fülle statt Monotonie. Im Leben wie in der Landwirtschaft, eigentlich überall. Zum Schluss habe ich den Bauern gefragt, ob er mir wenigstens darin recht geben würde, dass sich der rote Mohn und die blaue Kornblume, die Bienen und unzähligen Insektenarten, die Waldtiere, Vögel und Mikroorganismen, das ganze ökologische Gesamtsystem, zu dem schließlich auch der Mensch gehört, sich schwertun gegen Glyphosat?

ja.

Als ich mich mit dem Gleichnis vom Unkraut im Weizen beschäftigt hatte, lag mir noch die Predigt eines Pfarrers quer, der im Sommer 2017 vor mehreren Hundert Trachtlern in einem Feldgottesdienst eine Predigt gehalten hat, die das zur gleichen Zeit im Deutschen Bundestag beschlossene Gesetz zur »Ehe für alle« in einer Art und Weise infrage stellte, die für viele Menschen verletzend gewesen sein muss. Er stellte darin homosexuelle Partnerschaften in den Zusammenhang mit dem Gleichnis vom Unkraut. Auf dem Acker und dem Boden Gottes werde auch anderer Samen gesät als jener fruchtbare unseres Sämannes, heißt es im Text, an den sich die Frage anschloss: »Wollen wir steiniger Boden sein für den Samen des Wortes Gottes oder Boden, der reiche Frucht trägt?« »Ehe für alle meine Ehe für alle«, also eben auch gleichgeschlechtliche Paare, fuhr der Seelsorger fort, der doch auch »für alle« Menschen in seiner Gemeinde zuständig ist, also auch für homosexuelle Gläubige und deren Familien. Im Folgenden malte er als Horrorszenario die Entwertung der Ehe und generell die Auflösung der »normalen« Familien an die Wand: durch Gender-Mainstreaming, Regenbogenfamilien und »sonstigen familialen Strukturen, wie das so schön heißt«. Gender-Mainstreaming läge schließlich die Ideologie zugrunde, nach der Buben genau wie Mädels aufwachsen und umgekehrt. Und er fuhr fort: »Somit würde da zwischen Mann und Frau alles fließend und in Kombination entstünden dann sogar nicht nur zwei, sondern eine bunte Vielfalt an Geschlechtern.« Die nächsten Pläne würden schon in den Schubladen liegen: »Fremdbesamung, Eizellenspende und Leihmutterschaft.« Seine Aufgabe als Hirte und Sämann sei es, die Trachtler aufmerksam zu machen, »vielleicht sogar aufzuwecken«. Denn es sei höchste Zeit aufzuwachen, setzte er nach, gemäß dem Trachtler-Wahlspruch: »Treu der Heimat, treu dem guten alten Brauch.« Die Predigt über schlechten Samen, den er offenbar von Feinden ins fruchtbare Feld gesät sieht, wie es in biblischen Zeiten getan wurde, um den Gegner zu schwächen und dessen Ernte zu vernichten, beendete er mit dem Aufruf zum Widerstand – wie gesagt, es handelt sich um eine Predigt (!) in einem Gottesdienst: »Gerade als Trachtler können Sie mitwirken. In Bayern haben Sie eine wichtige Stimme«, hob er an zu einem dramatischen Appell. »Wer schweigt, wird nicht wahrgenommen und hat nichts zu sagen. Da nützt Demokratie nichts. Andere sind laut. Mischen Sie sich ein. Wirken Sie auch gesellschaftspolitisch. Stehen Sie auf. Erheben Sie Ihre Stimme. Dazu segne Sie alle der dreieinige Gott. Amen.«

Es geht mir nicht darum, welcher Priester diese Predigt gehalten hat, was immer seine Beweggründe waren, damit muss er selbst klarkommen – sondern darum, dass ein Priester sie gehalten hat. Wohlgemerkt, das war die Predigt eines Seelsorgers, nicht die eines Politikers in einem Bierzelt am politischen Aschermittwoch auf dem Gillamoos in der Hallertau, wo der Alkoholgenuss manches Derbe vernebelt. Ich fragte mich auch, wie sehr es den einen oder anderen in seiner Zuhörerschaft gerissen und verletzt haben mag, der Homosexuelle in seiner Familie weiß oder mit welchen befreundet ist. Auch Trachtler im bayerisch-katholischen Oberland – und nicht erst seit meinen vielen Reisen dorthin weiß ich das – sind keineswegs engstirnig und dem Vergangenen verhaftet, sondern eher tatsächlich »Laptop mit Lederhosen« und erwarten solche Belehrungen von einem Priester nicht. Da geht ein Seelsorger her und interpretiert und begründet seine politische Meinung aus der Bibel, wie es ihm passt. Das ist reinste »Eisegese« statt Exegese. Reinfaseln statt rausholen. Ich frage mich, warum sinken die nicht vor Schamröte in den Boden, die so rückwärtsgewandt denken und das Evangelium missbrauchen, um andere Menschen mit anderen Lebensentwürfen herabzuwürdigen und auszugrenzen? Wie gehe ich selbst damit um, wenn ich auf einen rechtsgerichteten, homophoben Katholiken treffe, der mir gegenüber allen Ernstes behauptet, wenn Jesus am Kreuz sagt, ihn dürste – dann sei das als Aufforderung zu verstehen, dass die ganze Welt katholisch werden müsse? Das sind die Leute, die irgendwo aus der Bibel Belege herauslesen, dass Armbanduhren verboten sind, auch wenn es vor zweitausend Jahren noch keine Armbanduhren gab. Mal abgesehen davon, dass Jesus Jude war und es damals auch noch keine katholische Kirche gab – wäre es möglich, dass Jesus tatsächlich nach Wasser verlangt haben könnte, weil er angesichts seiner Verwundungen und der sengenden Sonne am Kreuz tatsächlich einfach nur Durst gehabt haben könnte?

Wenn wir das Christentum als eine Monokultur betrachten wollten, in der nur Glyphosat-Weizen gedeihen darf, wäre es schnell so blutleer und lebensfern, wie es auf den Feldern der Katechismen und der Gesetzbücher bereits geschehen ist. Warum also sollte jemand gleichgeschlechtliche Partnerschaften einfach als schlechten Samen verdammen dürfen? Was gibt ihm das Recht dazu, so über andere Menschen zu urteilen und sie auszugrenzen? Es geht um das friedliche Miteinander – denn mir scheint, dass in diesem Reich Gottes für viele Platz ist, die weder in der Kirche noch in der Gesellschaft eine Bedeutung haben. Allein schon, weil es im Neuen Testament nicht nur ein Evangelium gibt, sondern vier, allein schon die Vielfalt der Einsichten, die in diesen Evangelien zum Tragen kommen, beweist uns, dass das Reich Gottes bunt ist und nicht uniform.

Gregor der Große hat es noch drastischer ausgedrückt, wenn er schreibt: Die hl. Schriften sind wie ein Wasser, »an dem Lämmer weiden und in dem Elefanten baden können«. Platz für alle heißt das doch, für die Kleinen wie für die Großen. Und natürlich kann man auch diesen Satz wieder ganz gegensätzlich interpretieren. Was also ist Weizen oder was ist Unkraut? Statt vorschnell zu verurteilen lernen wir besser die Unterscheidung der Geister zur rechten Zeit und ohne Überheblichkeit. Befreien wir uns mit Güte von Vorurteilen, von Härte und Erbarmungslosigkeit, streben wir nach der Erfahrung der Vielfalt und der Farbigkeit gegen alle Schwarz-Weiß-Malerei – und das ohne uns und unsere Werte aufzugeben und Gläubige auszugrenzen, die anders leben und unsere Werte doch teilen.

Ein bekennender Homosexueller, selbst geweihter katholischer Priester, hat auf diese Predigt hin in einem offenen Brief Stellung genommen – und zwar hervorragend! Chapeau möchte ich da nur sagen und darum soll er auch hier zur Sprache kommen. Er sei nur noch entsetzt, schreibt er da, dass der Priester den Standort Verkündigung und Predigt für seine eigene politische Agitation und derartige Hetzrede missbraucht hätte, alles im Namen der Kirche, die sich auch an homosexuellen Menschen schuldig gemacht und namenloses Leid über Menschen gebracht habe, die Menschen gleichen Geschlechts lieben. Der Priester hätte das Gegenteil von dem getan, was ein Seelsorger tun sollte: er habe polarisiert, statt zu vereinen, und den Leuten eingeredet, die Ehe für alle sei ungerecht und würde heterosexuellen Paaren etwas wegnehmen.

Als Theologe und als schwuler Mann, der bis zum Tod seines Partners 17 Jahre in einer eingetragenen Lebenspartnerschaft gelebt hat, kennt er die ganzen Gewissensnöte, in welche die Kirche Menschen durch eine überalterte Sexualmoral stürzen kann. Er wurde selbst zum Priester geweiht und trat seine erste Kaplansstelle an. Ein Traum seit seiner Kindheit wurde wahr. Dort aber verliebte er sich unsterblich in einen Mann, der bald sein Lebenspartner wurde. Zunächst hatte er noch gehofft, trotz Liebe nur in Freundschaft den Zölibat einhalten zu können. Irgendwann ist es dann doch geschehen, die beiden wurden ein Paar. Eine Zeit lang konnten die Liebenden ihre Beziehung geheim halten, doch als sie merkten, wie ernst es beiden ist, ging dieser Priester zu seinem damaligen Bischof, um seine Liebe zu offenbaren. Dort hat man noch versucht, ihm goldene Brücken zu bauen. Wäre ihre Liebe nur Freundschaft geblieben oder hätte er »das Sexuelle« einfach verleugnet, hätte er römisch-katholischer Priester bleiben können. Er aber weigerte sich, seine Liebe verleugnen zu müssen, weil er nicht länger mit dieser Lüge leben wollte. »Eine heimliche Beziehung wollten wir beide nicht«, sagt er. Sie hätten gelebt wie Mann und Frau in einer normalen Ehe und eine so perfekte Partnerschaft erlebt, dass er, was die Intensität der Gefühle zwischen ihm und seinem Partner angeht, keinen Unterschied erkennen könne:

»Wäre mein verstorbener Mann eine Frau gewesen oder wäre ich eine Frau: Niemand würde daran zweifeln, dass unser gemeinsames Leben eine sehr gute Ehe war.«

Es kam zum Bruch mit der Kirche. Er wurde suspendiert und trat daraufhin zu den Altkatholiken über. Dort gibt es keinen Pflichtzölibat, Homosexualität wird akzeptiert, Frauen können zu Priesterinnen geweiht werden. Auch erkennen die Alt-Katholiken die Dogmen des Ersten Vatikanischen Konzils von 1870 nicht an, halten also unter anderem den Papst nicht für unfehlbar. Er verweist auf den uralten Streit, ob das Sakrament der Ehe wirklich in der Bibel vorgegeben sei – oder eher »ein weltlich Ding«, wie Luther es nennt, beschlossen auf dem Konzil von Trient im Jahr 1545 – fast noch im Mittelalter –, und wie überflüssig dieser Streit und die Ausgrenzung heute sei. »Wenn Menschen sich liebend annehmen und liebend in die Welt hineinwirken – und dies auch noch im christlichen Glauben tun«, dann sei das doch immer »ein wirkmächtiges Zeichen – ein Sakrament für die Welt, das ausstrahlt.« Deshalb regt er an, zukünftig besser von einem »Sakrament der Lebensgemeinschaft« zu sprechen, gleich welcher geschlechtlichen Art sie sei – wenn sie nur ernst, einander zugewandt und von gegenseitiger Liebe geprägt sei, allein schon aus Demut gegenüber Gott. Denn Gott könne per Dekret gewiss nicht vorgeschrieben werden, welche »wirkmächtigen Zeichen« der Liebe er setzt. Was er damit sagt, ist bedenkenswert, oder sollen wirklich die Menschen auch noch Gott vorschreiben, wer in den Himmel kommt?

Mein Unmut über Ausgrenzung, die sich gegen Gläubige richtet, bekam im Frühjahr 2017 einen weiteren Schub, nachdem unter anderem auch mein Bischof, Kardinal Reinhard Marx, einen Schritt nach vorne gegangen war und Segnungen gleichgeschlechtlicher gläubiger Katholiken zumindest in Aussicht stellte, die in unseren Gemeinden ein gleichberechtigtes und selbstbestimmtes Leben anstreben – wenn auch nur im Einzelfall.

Bei erzkonservativen Geistlichen stoßen selbst solche vorsichtigen Initiativen zur Öffnung auf ungeheuren Widerstand. Zum Beispiel bei Andreas Laun, ehemals Weihbischof in Salzburg, der im Oktober 2017 mit 74 Jahren in den Ruhestand ging. Laun betrachtet »Gender« als Ideologie und als eine Lüge des real existierenden Teufels, wie er in einem an Kardinal Marx adressierten Brief schrieb, den Laun auf kath.net veröffentlichte: »Lieber Kardinal Marx und lieber Bischof Bode, es gibt nur eine katholische Antwort: Nein! Und eure Zufügung ›im Einzelfall‹ ist absolut wertlos, hat keine argumentative Kraft.« Den Segen Gottes könne man zwar nicht nur für Menschen – »Heilige und Sünder gleichermaßen« –, sondern auch für Gegenstände und Handlungen erbitten, »nicht aber für die Sünde selbst.« Also könnte man kein Bordell einweihen, kein KZ – oder etwa Waffen segnen, die nicht ausschließlich zur Jagd oder zur legitimen Verteidigung bestimmt sind. »Darum ist klar«, so Weihbischof Laun, »man darf auch nicht eine Verbindung segnen, die sündhaft ist, nicht die Mafia, keinen Segen für Vereinigungen oder Einrichtungen geben, die Abtreibung fördern und durchführen oder glaubensfeindliche Ideologien verbreiten, antisemitische Inhalte und andere Formen rassenfeindlichen Denkens.« Seine Vorwürfe richtete Laun direkt gegen Kardinal Marx und sogar Papst Franziskus und verband sie mit einer düsteren Drohung, indem er Jesaja zitierte: »Wehe denen, die das Böse gut und das Gute böse nennen, die die Finsternis zum Licht, und das Licht zur Finsternis machen, die das Bittere süß und das Süße bitter machen.« Laun setzt nach: »Ist das nicht genau das, was Kardinal Marx und andere, die denken wie er, machen?« – um gleich die Antwort zu geben: Wenn man auf ein Glas mit sauren Gurken ein Etikett »Honig« klebe, so Laun weiter, blieben die Gurken trotzdem sauer. »Das könnten auch segnende Bischöfe nicht ändern« – da Homosexuelle nach Launs Lesart »Gurken« sind.

Laun, auch einer der Unterzeichner des Brandbriefes gegen das päpstliche Lehrschreiben »Amoris laetitia« über Ehe und Familie, erging sich in düsteren Andeutungen, Papst Franziskus könne wegen seiner Modernisierungsbestrebungen Schaden erleiden: »Wenn man etwas wagt, kann man gewinnen, aber auch abstürzen.« Und da er den Teufel für real hält, meint er hier vermutlich den Höllensturz oder vielleicht Schlimmeres? Und er schloss seinen Brief mit den Worten: »Kardinal Marx, Bischof Bode und Prof. Chiodi ist zu wünschen, dass sie trotzdem gut schlafen. Ob ihr Gewissen das zulässt, ist nicht sicher, *aber* wenn nicht, wäre es *aber* eigentlich eine Hoffnung auf Bekehrung.« Es gibt keinen Irrtum, keine Hoffnung auf ein Missverständnis, eine mögliche Fehlinterpretation der Aussagen Launs. Ich brauche gar nicht erst politisch zu werten, was Laun da sagt. Da mag er unter sich und seinen Anhängern bleiben. Allein seelsorgerisch und menschlich betrachtet, nach meinem persönlichen christlichen Empfinden, ist das, was er da öffentlich vertritt, verbales Glyphosat, das Menschen mit anderen Lebensentwürfen wie Unkraut, als »Gurken« und als »teuflisch böse« bekämpft.

Bereits mehrfach hatte der ehemalige Salzburger Weihbischof mit seinen Aussagen für Aufregung gesorgt, als er das Tolerieren des Engagements Homosexueller gegen Homophobie mit dem Schweigen zu den Verbrechen der NS-Diktatur verglich und sich in einem Schreiben über Homosexuelle ausließ als »irgendwie gestörte Männer und Frauen, die anatomisch eine kleine Missbildung haben oder eine sexuelle Anziehung zum eigenen Geschlecht verspüren«. Gestört. Missbildung. Also: etwa »Entartung«? Das hatten wir schon mal. Wo solche Worte fallen, können auch schnell Taten folgen. Gleichgeschlechtliche Partnerschaften in einen Sinn-Zusammenhang zu stellen mit Bordellen, der Mafia und den Greueltaten der Nazis in den KZs, wie in seinen Schriften nachzulesen – das kann niemand vertreten, der die Frohe Botschaft verstanden hat. Laun vertritt keine Einzelmeinung, sondern den rückwärtsgewandten Teil der Gläubigen in meiner Kirche, die ebenso für wahr halten, dass Yoga eine Idee des Teufels ist, wie zum Beispiel der bekannte Exorzist Don Gabriele Amorth, der vor einigen orientalischen Praktiken warnt, die vordergründig harmlos erscheinen, tatsächlich aber genauso gefährlich seien wie die Fantasy-Bücher über den jungen »Zauberer« Harry

Potter. »Der Teufel spricht New Age« und »Yoga ist ein Teufelswerk«, so Don Amorth, auf den ersten Blick erschienen diese Dinge vielleicht harmlos, doch in Wirklichkeit hätten beide »… etwas mit Magie zu tun und führen zum Teufel«. Ich mag das jetzt alles nicht wiederholen, geschweige denn glauben, was er schreibt. Dabei wären noch etliche weitere Ungeheuerlichkeiten anzufügen.

Wenn ich heute, im dritten Jahrtausend des Christentums, der Nächstenliebe und Barmherzigkeit, solche Sätze der Herabwürdigung und Ausgrenzung von Menschen lese, dann höre ich im Hintergrund das Prasseln der Scheiterhaufen der Inquisition in Zeiten der Hexenverbrennungen.

Ich schreibe das zu einem Zeitpunkt, wo gerade ein 53-jähriger Vater zu neun Jahren Haft verurteilt worden ist, der zwei Jahre zuvor, am 2. Januar 2016 in Wagenhausen, 20 Kilometer östlich von Schaffhausen, seine geistig behinderte 25-jährige Tochter zu Tode gefoltert hat, um sie in einem Exorzismus vom Teufel zu befreien. Und das war kein Einzelfall, sondern nur einer von weiteren vier Todesfällen durch Exorzismus in Deutschland in der jüngsten Zeit.

Ich habe heute schon genug damit zu tun, den Menschen die Existenz Gottes glaubhaft zu machen – und dann wiederbeleben Geistliche wie Amorth plötzlich wieder schwarze Magie und Teufelsanbetung, lassen eine der längst überwundenen Horrormumien aus dem finstersten Mittelalter auferstehen und befördern damit genau das, was sie gerade zu verhindern vorgeben: Teufelsanbetung. Mehr Widerspruch geht kaum noch. In erster Linie geht es diesen Vertretern offenbar doch darum, Angst zu machen – weil man über Menschen, die Angst haben, besser Macht ausüben kann.

Wir müssen weg, weg von diesem Glyphosat des Aber-Glaubens, weg auch von der damit einhergehenden falschen, verquasten Sexualmoral und der kirchlichen Sexual- und Gesinnungskontrolle, wenn sie dazu führt, dass ein Jugendlicher, wenn er masturbiert, anschließend das Vaterunser spricht. Wahnsinnig vor Angst, dass nun die Höllenstrafe drohe, weil er etwas »Schmutziges« getan habe. Natürliche Sexualität ist nichts Schmutziges.

Ich arbeite und lebe an der Basis meiner Kirche, direkt auf dem Fels und muss so vielen Menschen, die genau wegen solcher Aussagen aus der Kirche austreten, Rede und Antwort stehen, weil sie sich von Geistlichen, die solche menschenverachtenden Aussagen nicht nur denken, sondern auch öffentlich machen, nicht länger vertreten lassen wollen.

Ich warte noch auf den Tag, wo sich meine Kirche mal entschuldigt bei all den Menschen, die sie ausgegrenzt, verbrannt und denen sie Unrecht getan hat – genauso wie man sich bei den Kindern und ihren Eltern entschuldigt hat, die von pädophilen Priestern misshandelt oder missbraucht worden sind, worauf auch jener Bauer aus dem Landkreis München Bezug genommen hatte. Das aber sind genau die sich entfremdet fühlenden Gläubigen, die mit ihrer zunehmend skeptischen Kritik am Gebaren einzelner Kirchenvertreter mit ihrem lebensfernen Sitzungskatholizismus keineswegs die Minderheit sind – sondern immer mehr werden und genau wegen solcher Diskussionen austreten und dabei leider ihre Kirche und mich den Rückwärtsgewandten und den Folterkellern ihres mittelalterlichen Aberglaubens überlassen.

»Es gibt keinen Satan.« Über diese Aussage kann man auch einen Kirchenstreit entfesseln. Aber nicht mit jungen Menschen. Für sie gibt es Gut und Böse und die Freiheit der – auch einer falschen – Entscheidung, die Gott uns treffen lässt. Aber das liegt in ihrer eigenen Verantwortung und sie delegieren es nicht länger auf eine Figur wie aus einem der von Amorth kritisierten Harry-Potter-Romane, der Schwanz und Hörner hat. Wer zurückwill Richtung Beelzebub, der Inquisition, den brennenden Scheiterhaufen des Mittelalters und den Weihrauchkübel kreisen lässt wie ein Hammerwerfer, wird mit solchem Aberglauben die Kirchen weiter leeren. Wir machen uns so lächerlich vor Gott und der Welt … Wo geht das noch hin? Auf was alles lassen wir uns eigentlich noch reduzieren? Da draußen explodiert die Welt, streiten sich zwei Machtneurotiker, wer den größten und längsten roten Knopf drücken könnte, um den dritten Weltkrieg, einen Atomkrieg auszulösen – und wir beschäftigen uns mit

Übersetzungsproblemen des »Vater unser«, das seit Urzeiten so gebetet wird, weil plötzlich gerätselt wird, was der Satz heißt: »Und führe uns nicht in Versuchung.« Gott führt uns nicht hinterhältig in Versuchung, er ist kein Fallensteller – sondern die Bitte des Gebetes lautet: Hilf und bewahre uns vor den Gefahren jeder Versuchung. Das über solche Mikroskopien plötzlich wochenlang gestritten wird, ist für die Masse der Gläubigen so lebensrelevant, als würde ich die Ansiedlung von Eisbären in Abu Dhabi diskutieren.

Meine Ministranten, ehrlich, tippen sich nur noch an den Kopf und machen den Scheibenwischer, weil diese verkünstelt wirkenden Auslegungs-Diskussionen – nach ihren eigenen Worten – die normalen Gläubigen doch »einen Pfifferling interessieren« und dieses ganze Mikroskopieren, diese Selbstauflösung in hochtheoretischen Theologiedebatten so völlig an der Wirklichkeit der Menschen und ihren Problemen vorbeizielt. Ich komme mir manchmal selbst vor, als wenn meine Kirche sich als Puppenladen versteht und trotzig auch noch ihren letzten verbliebenen Spielkameraden in den Bänken zuruft: »Wenn es dir nicht passt, dann geh doch zu Netto!« Und leider tun sie das – und kommen nicht wieder.

Wir müssen uns doch auch alle fragen, wo die Zukunft unserer Kirche liegt, die inzwischen in ihren Gottesdiensten einen Altersdurchschnitt hat, der ähnlich wie bei den öffentlich-rechtlichen Sendeanstalten mit »Sendungsraum« im Bereich der Rollatorgrenze liegt. Liegt die Zukunft etwa bei uns Alten, die sich auf der Zielgerade des Lebens befinden, bei 74 Jahre alten Männern von gestern wie Laun – oder liegt sie bei den Jugendlichen, die wir zurzeit in Massen verlieren, nicht mehr erreichen – die jetzt gerade erst ins Leben starten?

Unternehmen wir alles, die Jugendlichen wieder mehr für die Gemeinschaft im Glauben zu interessieren? Wissen wir überhaupt, was zu tun ist, damit das gelingt? Die Konzepte von gestern wirken nicht mehr. Das Leben ist anders geworden und so hat sich mit dem Leben auch das Denken und Erleben und die ganze Einstellung dieser Generation auch gegenüber der Kirche verändert. Früher war der Pfarrer eine unantastbare Respektsperson – heute bekomme ich schon manchmal so den Fön, dass mir die verbliebene gelockte Kopfbehaarung nach hinten fliegt, weil da einer seinem Unmut freie Bahn schafft und richtig Dampf ablässt. Aber mir ist das recht so, denn auf alles, was offen ist, kann ich reagieren und mit den sich betroffen Fühlenden sprechen. Die Jungen heute sind clever, selbstbewusst, viel reifer und selbstbestimmter, als ich es jemals war in einem Alter, wo ich noch mit Lego und in der Badewanne mit dem Plastikentchen gespielt habe, und kommen nicht auf der »Brennsupp'n« dahergeschwommen. Meine Ministranten zum Beispiel organisieren selbst, wer ministriert – da kümmere ich mich gar nicht drum. Manchmal, vor allem in der Ferienzeit, kann es auch schon mal knapp werden. Aber nur einmal habe ich bisher eine Whatsapp bekommen, wo stand: »Lieber Bruder Pfarrer, es ist so schönes Wetter heute – wir sind jetzt doch schon zum Baden gefahren! Tut uns so leid, aber wir konnten nicht anders!« Wie sollte ich da anders darauf reagieren, als mit einem Lächeln? Denn sie hatten an mich gedacht. Ich kann mich auf die Menschen in meiner Umgebung völlig verlassen, sie bügeln vieles aus. Ich erzähl immer gerne die Geschichte von einem 14-jährigen Ministranten von uns, den ich selber schon getauft habe. Da die Ministranten ja auch für die Kollekte bei der Gabenbereitung zuständig sind und ausgerechnet an Weihnachten zu wenige von ihnen da waren, die Kirche aber brechend voll, kam er als einer von nur zwei Jugendlichen, brachte mir die Gaben zum Altar, reichte mir den Kelch und schaute mich mit hochgezogenen Augenbrauen fordernd an. »Ist was?«, frage ich leise, um mir nichts anmerken zu lassen. Er aber deutete mit einem Kopfnicken in die vollbesetzte Kirche: »Schau doch mal hin!« »Na und?«, frage ich, »ist doch toll! Volle Hütte, was sonst?!«, freue ich mich. Doch er zückt nur verschwörerisch den Klingelbeutel: »Na – und wer kassiert heut' ab?« Nun ist das mitten im Gottesdienst, in der Mahlvorbereitung nicht der Augenblick, wo du laut lachen solltest – aber mir ist fast der Kelch aus der Hand gefallen, auch bei den anderen erzeugte es ein leichtes Wiehern und Prusten. Aber man weiß ja, was sich gehört. Natürlich – wie recht er hatte. Er dachte mit, mir wäre es total entfallen, dass mir ja eigentlich zwei Ministranten fehlen, um mit dem Klingelbeutel zu den Leuten zu gehen. Aber wie immer reagieren wir spontan. Am Schluss der Messe habe ich ihn noch einmal zu mir nach vorne an den Altar geholt und gesagt: »Darf ich euch jemanden vorstellen?«, und dann habe ich von der Episode bei der Gabenbereitung berichtet. »Solange ich solche Mitarbeiter habe«, hab' ich gesagt, »ist mir nicht bange um die Kirche. Wir werden zumindest nicht pleitegehen!« Ein Riesengelächter und Applaus. Für ihn wird das sicher unvergesslich bleiben – denn das geschah genau zu einem Zeitpunkt, so mitten in der Pubertät, wo er eigentlich aufhören wollte mit dem Ministrieren und nur noch unregelmäßig kam, was heute leider normal ist – von den 50 Firmlingen im vergangenen Jahr haben wir nach der Firmung auch nur sieben bis acht Jugendliche halten können, sich weiter in der Gemeinde zu engagieren. Würde ich bei jungen Menschen nur einmal solchen Unglauben loslassen, ich würde sie nicht mehr wiedersehen und sie mich nicht wiedersehen wollen. Soll ich also denen, die ich verloren habe, etwa mit satanischen Versen und der Hölle drohen? Oder soll ich ihnen zeigen, wie sehr die Gemeinschaft sie braucht, und sie das entsprechend erleben lassen? Mein Ministrant jedenfalls ist seither wieder mit dabei. Sicher wird es eine Zeit geben, wo auch er seinen Weg gehen wird. Aber ich weiß, er wird wiederkommen.

※

Diese Gewissheit erfüllte mich mit einer plötzlichen Freude. Während ich meine Decke zusammenrollte und meine Siebensachen zusammenräumte, sah ich dem Traktor zu, der seine letzten Runden zog und das Feld bald fertig gepflügt hatte. Es würde noch ein paar Arbeitsgänge brauchen, bis der Samen eingebracht und das Feld bestellt wäre. Dann würde der Samen keimen, das Korn reifen, Ähre für Ähre, daraus Mehl werden und endlich unser tägliches Brot. Auch für die Eucharistie. Wandlung. Wieder so eine Wandlung. Meine eben noch gefühlte Freude verdunkelte sich sofort wieder bei diesem Gedanken, wie diese Wolke den Himmel, welche sich in diesem Moment vor die Sonne schob. Denn zeitgleich mit der neuerlichen

Diskussion um Homophobie im katholischen Klerus hatten sich sinnfreie Orchideen-Diskussionen elitärer Zirkel um die letzten Fragen des Glaubens wie die »glutenfreie« Hostie oder der plötzlich aus dem Nichts losgetretene, völlig zeitentfremdet erscheinende Streit über die angeblich fehlerhafte Übersetzung des »Vater unser« der Öffentlichkeit aufgedrängt.

Der Unterhaltungswert ist unbestritten – doch mit der öffentlichen Diskussion solcher Seminarthemen für Spezialisten nimmt uns doch kaum einer noch ernst! Der Streit um die richtige Übersetzung des »Vater unser« gipfelte dann in der filigranen Behauptung eines bekannten Kardinals, nicht Gott versuche den Menschen beim »Vater unser«, wenn es heißt »und führe uns nicht in Versuchung«, sondern Satan sei gemeint. Und da war er dann wieder, Harry-Potter Yoga Teil 11, wie es der Exorzist an die Wand malt und Angst verbreiten will. »Entgeistlichter Sperrmüll«. Ich warf die Kofferraumklappe meines Golfs krachend zu. Im Wald hinter mir flogen ein paar Krähen lärmend auf.

Niemals hätte man mir einen Gott nahegebracht, der sich als Fallensteller und Schicksalsprüfer gebärdet. Was uns im Leben passiert, das kommt aus dem Leben selbst. Keiner zieht hier an irgendwelchen Strippen. Mein christlicher Glaube versichert mir aber, dass sich Gott nie entzieht, in welche Not, Bedrängnis oder Versuchung du auch gerätst. Das ist die Kreuzesbotschaft Jesu. Nicht einmal davor macht er Halt! Wenn diese Vorstellung so stimmt, warum dann die ganze Aufregung, wenn wir dieses Gebet nach 2000 Jahren etwas umformulieren, so wie es die französische Bischofskonferenz gemacht hat: »Führe mich in der Versuchung!« – Alles passt!

Und dazu gehört auch Führung in der Versuchung, eine ganz einfache, klare und schöne, eine für jeden verständliche und Trost spendende Botschaft, die frohe Botschaft nämlich, durch komplizierte und Angst auslösende Interpretationen zu zerstören.

Dieses tägliche Klein-Klein, dieses Sich-Verstricken und Vertricksen in Auslegungsdebatten, statt konkret das Lösen der wirklich existenzgefährdenden Probleme anzugehen, das Diskutieren und Verteidigen solcher Exzesse im täglichen Umgang mit den Gläubigen raubt so viel Energie, so viel Idealismus. Es macht einen fertig, weil du keine Argumente und Begründungen findest, an die du selbst so fest genug glaubst, um sie wahrhaftig vor der Gemeinde vertreten zu können. Die Gläubigen, die ich kenne, schütteln angesichts solcher Debatten den Kopf und beten das »Vater unser« weiter wie seit Erlangung der Sprachfähigkeit, so wie man es ihnen beigebracht hat, von Kindesbeinen an. Beten nach Gehör. Genauso kompliziert wird das Einfache gemacht bei den Hostien: Ob eine Hostie glutenfrei ist oder nicht, sollte doch höchstens für Menschen mit Zöliakie essenziell sein, weil das eine lebensgefährliche chronische Erkrankung des Dünndarms ist, die auf einer lebenslangen Unverträglichkeit gegenüber den meisten Getreidearten zu einer Entzündung in der Darmschleimhaut führt. Sollen wir Gläubige mit Zöliakie von der Eucharistie ausschließen? Ich hatte zunächst nicht mitbekommen, dass überhaupt darüber diskutiert wurde, wie rasend schnell sich dieser Streit hochgeschaukelt hat – ich hätte das für einen Witz gehalten, wenn mir nicht plötzlich aus dem Ordinariat mitgeteilt worden wäre, dass die Verwendung glutenfreier Hostien nicht mehr länger gestattet sei. Das Ergebnis von vermutlich zahllosen Gremiensitzungen, wo sich irgendwelche praxisfernen Kirchentheoretiker über Monate dem Für und Wider der Kernfrage des Glaubens widmen: was ist Brot – und wann ist etwas kein Brot mehr?

Wie sieht es denn wirklich aus, das tägliche Leben? Ich sitze in Israel mit meiner Jugendgruppe doch auch unter dem Olivenbaum mit einem Tonbecher Wein und einem Fladenbrot, das ich mir bei irgendeinem arabischen Bäcker gekauft habe, und wir halten Abendmahl: Brot und Wein. Da habe ich auch nicht geschaut, ob es die Bestandteile hat, die es haben muss. Wäre das Brot glutenfrei gewesen – hätten wir es gemerkt? Hätte es der wundervollen Abendandacht auf dem Ölberg etwas genommen? Haben wir wirklich keine anderen Probleme als die »Glutenfreie Hostie«? Müssen wir das wirklich zu einer Grundsatzfrage erklären? Und wer sind die Leute, die das tun? Woher nehmen sich diese Leute überhaupt die Zeit? Ich schaffe das nicht vor lauter Seelsorge. Wer sich eine Hostie einmal genau anschaut und weiß, wie sie schmeckt, weil er noch ab und zu zur Eucharistie kommt – weiß, dass sie nach NICHTS schmeckt. Es ist kein Brot, so wie auf dem Ölberg. Sondern ein Symbol für Brot. In hygienischen Einzelrationen. Aber es ist – mit oder ohne Gluten – kein Brot mehr. Für unsere Gläubigen spielen diese Diskussionen in der Mehrheit kaum eine Rolle, weil es keine Fragen der Zukunft sind, die sie bewegen. Im Gegenteil reißen solche Diskussionen Löcher des Misstrauens auf, die vorher gar nicht da waren. Sie möchten berührt werden. Ob mit Gluten oder ohne. Ist die glutenfreie Hostie denn wirklich ein derartiger Sündenfall, der die Kraft eines Sakramentes in Trümmer legt? Wäre das Sakrament derartig schwach, dass wir auf seine Macht und Heilung nicht vertrauen dürfen ... wenn die Zweifler das wirklich annehmen – Jessas, Maria und Joseph, dann Gute Nacht!

Ich zweifle keine Sekunde, weil ich ständig erlebe, wie wirkmächtig dieses Sakrament allein aus sich heraus ist. Einmal bin ich ins Schwäbische in ein Altersheim gefahren, um einen guten alten Freund zu besuchen, der hier seinen Lebensabend verbringt. Als ich ankam und die Leute mich erkannten, baten sie mich begeistert, ich solle doch eine Messe mit ihnen feiern. Ich habe gefragt: »Habt ihr denn eine Kapelle hier?« »Nein, haben wir nicht – wir haben einen Aufenthaltsraum.« Okay. »Habt ihr den hergerichtet?« »Wir können ein paar Kerzen besorgen und das Neonlicht ausmachen.« »Habt ihr denn Messbesteck?« Betretene Gesichter: »Nein, wir haben nichts, wir wussten ja nicht, ob es geht ...?« Wenn ich es vorher weiß, kein Problem, habe ich meinen Mess-Koffer dabei, wo alles Notwendige drin ist. Hatte ich aber nicht. Aber ich dachte, da ist so viel Hoffnung und Vorfreude in den Gesichtern, die kannst du jetzt nicht enttäuschen – das bekommen wir schon irgendwie hin. Also improvisieren: »Habt's ihr einen schönen Teller? Und ein Stück Brot?« Das hatten sie. Und man stelle sich vor: da kommt ganz normales Mischbrot aus der Kantine. Keine Hostie. Na und? »Habt ihr ein schönes Gefäß, das wir als Kelch hernehmen können?« Hatten sie auch. Selbst wenn der Kelch aussah wie die berühmte Vase aus dem Sketch »Der neunzigste

Geburtstag« – er würde heute seinen Dienst tun. Vorsichtige Nachfrage ans Altenheim: »Wein habt ihr auch?« Na klar.

Somit hatten wir alles Notwendige beisammen. Das ging in wenigen Minuten. Da ist jedes Mal sofort einer losgespritzt, um zu besorgen, was fehlt. Brot und Wein. Den Kelch. Den Teller. Den kargen Aufenthaltsraum mit Teelichtern schön erleuchtet. Die passenden Stellen der Bibel, das Hochgebet – kenne ich auswendig. Gemeinschaft vermag sehr viel. Sag ich: »Na dann los!« Sie waren begeistert und unkompliziert wie Kinder am Heiligabend – die einen aus Freude, die anderen aus Demut, was kommen wird. Hätte ich etwa erst mal hinterfragen und diskutieren sollen, was den Vorschriften entspricht im sakralen Raum? Heiligkeit und Andacht entsteht im Herzen und ist nicht von Äußerlichkeiten abhängig. Sakramente musst du spüren. Die Wandlung musst du spüren. In dir. Denn das ist die Eucharistie. Und dann habe ich mit 50 Heimbewohnern einen Gottesdienst gefeiert, so unmittelbar und voller Andacht. Es war eine sehr, sehr schöne Messe. Die Alten haben sich gefreut und bedauert: »So etwas Schönes haben wir sonst nicht!« Vermutlich weiß niemand, dass hier ein echtes Bedürfnis nach einer hl. Messe da ist – weil die Alten nicht mehr ihre Stimme erheben, weil sie vielleicht denken, sie hätten keine Ansprüche mehr zu äußern, weil sie sich schwach fühlen, nicht mehr so gut zu Fuß sind, im Rollstuhl sitzen, nicht mehr gut sehen und hören – aber dennoch und gerade in diesem Lebensabschnitt Zuspruch suchen und gerne ihren Glauben zusammen mit anderen in einer Eucharistie erleben würden. Das meine ich mit dem Abriss der Verständigung und des Verstehens zwischen Gläubigen und Kirche – und den gegenseitigen Bedürfnissen, die man nur versteht, wenn man nicht zerrissen ist – sondern eine Gemeinschaft bleibt.

Mir geht es niemals darum, zu werten, was gut und was böse ist – sondern gerade im Gegenteil darum, es eben nicht zu tun, nicht zu werten, nicht zu richten – oder sogar Menschen auszuschließen, nur weil sie anders zusammenleben möchten.

Ich habe einmal gesagt, mir würden fünf Sätze eines Jesus von Nazareth genügen und das wäre für mich die Magna Charta einer Kirche. Wenn mir ein Jesus von Nazareth sagt: »Ihr wisst, wie es in der Welt zugeht, wie die Mächtigen sich über die Kleinen erhöhen, bei euch soll es anders sein«, da steckt schon alles drin. Auf die Kleinen, auf die Ohnmächtigen sollt ihr achtgeben, das ist die Botschaft, die Jesus uns schickt.

In meinem Gärtnerplatz-Viertel habe ich ständig mit homosexuellen Gläubigen zu tun – und die in meiner Gemeinde glauben nicht mehr und nicht weniger ernsthaft an Gott als andere Gläubige. Menschen, die sich entschieden haben, in einer gleichgeschlechtlichen Partnerschaft zu leben, und zu mir in die Kirche kommen, erlebe ich durchwegs als tiefreligiöse Gläubige. Als Menschen, die angesichts der Anfeindungen ihre Partnerschaft oft viel bewusster hinterfragen und zärtlicher gestalten als andere, für die das Zusammenleben zwischen Mann und Frau oft gedankenlos eine Selbstverständlichkeit ist.

Und dann geht ein anderer Pfarrer daher und predigt in aller Öffentlichkeit, dass der Samen hier auf schlechten Boden fällt, und ein Bischof behauptet, dass die Sünde nicht gesegnet werden darf, und stellt im selben Atemzug die Segnung gleichgeschlechtlicher Partnerschaften in den Sinnzusammenhang mit dem organisierten Verbrechen, der Mafia, Bordellen, der Sünde und Gurkengläsern. Damit wirst du von Priestern, welche der Botschaft der Liebe und der Barmherzigkeit verpflichtet sind, coram publico nicht nur aus der Dorfgemeinschaft, sondern aus der gesamten Kirchengemeinde ausgeschlossen. Urteil: schlechter Samen! Geht's noch? Ich werde mir doch nicht 25 Jahre Seelsorge mitten in einem Schwulenviertel durch solche Wutpredigten kleinreden lassen?

Das ist genau diese Rückwärtsgewandtheit mit einer mittelalterlichen Sexualmoral, welche vor allem die jungen Menschen aus der Kirche fliehen lässt, angesichts der Tatsache, dass diese Moral auch häufig eine Doppelmoral ist. Ich finde, wenn ich Homosexuelle oder gleichgeschlechtliche Partnerschaften selbst nie erlebe, wenn ich keine eigenen Erfahrungen in ihrem Miteinander oder selbst damit

Probleme habe und aus Abwehr aggressiv reagiere, dann darf ich erst recht nicht über sie urteilen und schon gar nicht in dieser abwertenden Weise über sie in aller Öffentlichkeit herziehen. Es ist und bleibt ein gnadenloser Fehltritt, Menschen pauschal als schlechten Samen zu bezeichnen, nur weil sie lieben und das gleichgeschlechtlich tun.

Ich habe Homosexuelle in meiner Gemeinde erlebt, die fühlten sich so dermaßen stigmatisiert und ins Unrecht gesetzt, dass sie Angst hatten, ihre Liebe offen zu leben, und als sie das erste Mal zu mir kamen, mich vorher fragten, ob sie überhaupt am Mahl teilnehmen dürften, ob sie aus dem Kelch trinken oder sie auch mal eine Lesung lesen dürften? Sie hatten Angst, irgendjemanden gegen sich aufzubringen. Erst später habe ich verstanden, wie groß ihre Sorge war, ich könnte sie abweisen. Kein Gedanke!

Da waren zum Beispiel Thomas und Cosimo, beide schon weit über 70 Jahre alt und so etwas wie ein Traumpaar einer perfekten Partnerschaft. Gläubig. Schwul. Seit 43 Jahren in einer festen Beziehung. Cosimo ist Italiener, eine Seele von Mensch, herzensgut. Auch Thomas, dasselbe – eine Seele von Mensch. Beide aufrichtige, gläubige Christen und täglich im Gottesdienst. Irgendwann haben sie mich vorsichtig gefragt, ob sie beim Gottesdienst mitwirken dürften, vorlesen und ministrieren. »Ja. Natürlich!«, habe ich zu ihnen gesagt, »Ihr seid willkommen, Hauptsache, ihr seid da!« Ich machte ihnen Mut, dass sie nicht nur dürfen, sondern genauso ein Recht haben an der Mitwirkung in der Eucharistiefeier wie alle anderen Menschen auch. Wir Priester sind für jeden Menschen da, der zu uns kommt.

Thomas und Cosimo waren zwei ältere Herren, die weder versteckt noch offen, sondern stilvoll ihre Liebesbeziehung gepflegt haben. Zwei einfache, liebe Männer, die irgendwann in ihrer Jugend gemerkt haben, dass es für sie eine körperliche Beziehung zu einer Frau niemals geben wird und dass sie jedoch auf Liebe füreinander gepolt sind, und so die folgenden 43 Jahre untrennbar wurden. Was man bei den beiden sah, war an Innigkeit und Ehrlichkeit, in dieser offenen und vertrauensvollen Weise, mit der sich die beiden gegenüberstanden, nicht zu überbieten. Wer die beiden auch nur einmal erlebt hat, würde nie wieder daran zweifeln, dass es auch bei homosexuellen Paaren genauso Liebe, Zärtlichkeit und Treue geben kann, ein Leben lang. Dies findet man so schnell kein zweites Mal. Und mag es auch noch so kitschig klingen: Das war eine der besten Ehen, die ich durch all die Jahre begleitet habe. Von so einer innigen Partnerschaft kann so manche andere heterosexuelle Ehe nur träumen. Ihre Homosexualität war nie ein Thema, über das wir gesprochen haben. Schräge Blicke, blöde Sprüche – das hat es nie gegeben. Jeder in unserer Gemeinde akzeptierte, das ist ein homosexuelles Ehe-Paar – und auch das ist ein Kennzeichen für den Geist meiner Gemeinde: Die zwei waren ganz selbstverständlich Teil unserer Gemeinschaft und beide haben sich hier sicher und geschützt gefühlt.

Ich habe Thomas und Cosimo begleitet – in den 25 Jahren seit ich in Sankt Max bin – und sie mich. Einerseits waren die beiden von ihrer Einstellung her gesehen zwei stockkonservativ-katholische Gläubige, wie mir zunächst schien. Und doch haben sie mich mit ihrer Offenheit immer wieder überrascht. Ich hatte zunächst angenommen, die beiden wären womöglich gegen die »Viecherlmesse«, wie ich es bei vielen konservativen Katholiken leider immer wieder erlebe, die von einer Entweihung der Kirche sprechen, nur weil Tiere mit ihren Frauchen und Herrchen einmal im Jahr alle auf einmal in den Gottesdienst dürfen. Bis mir Cosimo eines Tages kurz vor einer »Viecherlmesse« einen Zeitungsartikel aus einer italienischen Zeitung mitbrachte über einen Schäferhund, dessen Frauchen gestorben war. Jahrelang hatte der Hund sein Frauchen täglich in den Gottesdienst begleitet. Und jetzt, wo sein Frauchen tot war, erschien der Hund jeden Tag zur gewohnten Stunde und hat mit einem tiefen Hundeseufzer, wie ihn nur Hunde können, brav vorne vor der ersten Bank »Platz« gemacht. Dort, wo sein Frauchen immer ihren Stammplatz hatte. Und der Pfarrer hat ihn gelassen. Hat ihn nicht vor die Tür gescheucht und die Trauer des Hundes um den Verlust seines Frauchens geachtet – wohl wissend, das auch Tiere trauern können. Der Pfarrer hat den Hund später adoptiert und ihm ein neues Zuhause gegeben. Und diesen Artikel hatte Cosimo mir mitgebracht, weil ihn die Geschichte so berührt hatte. Wenn ich zurückdenke, muss das in der Zeit gewesen sein, in der Thomas sehr schwer erkrankte.

Einmal hat Thomas dann ganz vorsichtig angefragt, ob er auch mal eine Lesung lesen darf. »Natürlich!«, habe ich verwundert gesagt und Thomas war sichtlich erleichtert, dass ich ihm keine Hürden vorgesetzt – sondern ihn sogar bestärkt habe. Er hat sich dann so derart umfassend vorbereitet und mit einer Gewissenhaftigkeit wirklich bis auf das letzte i-Tüpfelchen geachtet, um ja nichts falsch zu machen – das hätte ich mit keinem Vorbereitungskurs erreichen können. Eine der größten Ehren war es für ihn, die Lesung lesen zu dürfen, und das hat er mit einer Inbrunst getan, wie ich es mir bei manchem Pfarrer wünschen würde, der als Priester vorne am Altar steht.

Ich lebe seit 25 Jahren in diesem Stadtviertel mit Menschen wie Thomas und Cosimo zusammen, Tür an Tür. Und ich möchte verdammt noch mal gefragt werden, was ich mit gleichgeschlechtlichen Partnerschaften, die zu mir in die Kirche kommen, erlebt habe. Das sind, es ist wirklich so, ohne Ausnahme menschlich erfüllende und bereichernde Begegnungen voller Ernsthaftigkeit, in der Menschen mit ihrem Glauben und den Verboten der Kirche ringen, und ich maße mir nicht an, in irgendeiner Weise über sie zu urteilen oder diese Menschen abzuwerten, und noch viel weniger werde ich sie aus unserer Gemeinschaft ausgrenzen.

Man muss sich das einfach mal vorstellen, mit welchem Stigma gleichgeschlechtliche Paare bei uns immer noch behaftet sind durch die Vorurteile, die man ihnen entgegenbringt. Wenn überhaupt ist das Vorurteil selbst der »schlechte Boden«, auf den hier das Samenkorn fällt. Weil diese Vorurteile das »Menschlich-Sein« vertrocknen lassen und wir Gläubige damit aus der Kirche ausschließen.

Ich möchte den Leuten, die sich homophob äußern, am liebsten zurufen: Kommt in meine Gemeinde und schaut euch an, wie wir hier zusammenleben, zusammenwohnen und zusammen beten und das Mahl feiern. Kommt und seht und überlegt euch gut, wen ihr herabwürdigt und beleidigt. Es steht doch nicht der Wesenskern des Glaubens zur Debatte? Der Wesenskern meines Glaubens würde zur

Disposition stehen, wenn ich nicht mehr den Menschen als Menschen in den Mittelpunkt stellen würde, seinen Charakter, wie er lebt, wie er mit anderen umgeht – sondern allein die Art seiner sexuellen Ausrichtung und seines Geschlechts.

Thomas und Cosimo sind nur ein Beispiel, warum ich mich für gleichgeschlechtliche Partnerschaften in meiner Kirche einsetze, weil ich selten zwei Menschen erlebt habe, die bis ins hohe Alter so treu füreinander da waren und sich umeinander gesorgt haben wie diese beiden. Das Gegenteil von Verfluchen ist Segnen. Und ich erlebe viele homosexuelle Partnerschaften, die für ihre Umgebung ein Segen sind und vorbildlich leben, weil sie es ernst mit sich meinen. Für die bin ich da!

Ich habe auch Silvia und Caro anlässlich ihrer standesamtlichen Trauung gesegnet, bin ihnen zur Seite gestanden, als sie sich wochenlang voller Ernsthaftigkeit auf ihre Ehe vorbereitet haben, und habe das in meiner Predigt entsprechend gewürdigt, wie selten ich das heute noch erlebe. Nach der Feier kam die Mutter von Silvia auf mich zu und hat sich bedankt, wie schön und würdig diese Feier gewesen sei: »Vor allem, dass Sie es vor allen Hochzeitsgästen noch einmal gesagt haben, diesen Satz, der uns alle stark macht, gegen jede Anfeindung, diesen einen Satz, den jede Mutter und jeder Vater immer und immer wieder sagen wird: Es ist schön, dass es euch gibt, in dieser Liebe und dass ihr auf der Welt seid!« Es war der Satz, der die ganze Vorgeschichte der Liebe dieser beiden jungen Frauen zusammengefasst hat: vom »Coming-out« der beiden über die ganzen Widerstände, die sie erfahren haben, auch Ablehnung – aber eben auch ein Höchstmaß an Freundschaft und Unterstützung durch alle, die bereit waren, für die beiden durch dick und dünn zu gehen. Und das waren zum Glück auch die Eltern der beiden, die eben nicht gerichtet, abgelehnt und ausgegrenzt haben. Und wenn es Menschen gibt, die es zu schätzen wissen, dass sie solche lieben Eltern haben, dann diese beiden lesbischen Mädels, die selbst auf natürlichem Weg nie Eltern werden können. Nicht einmal das Recht auf eine Adoption will man ihnen zugestehen, weil so viele Vorurteile immer noch im Umlauf sind, wie zum Beispiel, Kinder in gleichgeschlechtlichen Partnerschaften könnten selbst homosexuell werden. Wenn man weiß, wie viele Jungen und Mädchen nach dem 2. Weltkrieg ausschließlich von Frauen gemeinschaftlich großgezogen wurden, weil ihre Männer im Krieg gefallen waren – oder bis weit nach Kriegsende in russischer Kriegsgefangenschaft blieben, und wer sich vergegenwärtigt, wie wenig sich Väter damals wie heute um die Erziehung ihrer Kinder kümmern, der weiß, dass da etwas nicht stimmen kann mit diesem Vorurteil, Kinder in gleichgeschlechtlichen Partnerschaften müssten zwangsläufig homosexuell werden. Wenn das so wäre, müsste heute der überwiegende Teil unserer Gesellschaft homosexuell sein. Ich bin der festen Überzeugung, Kinder brauchen starke und authentische, ehrliche Bezugspersonen, die immer für sie da sind, und da spielt die sexuelle Orientierung der Eltern weitaus weniger eine Rolle, als vorgegeben wird. Gute Eltern müssen es sein. Verantwortungs- und liebevoll. Stark. Bereit, alles zu geben. Das sind dann genauso gute, aufblühende Ehegemeinschaften wie bei heterosexuellen Partnerschaften, in denen sich zwei Menschen wirklich achten und lieben. So wie ich es in vielen gleichgeschlechtlichen Partnerschaften erlebe, die Kinder haben und mit ihrer Elternschaft besonders verantwortungsvoll umgehen – weil sie es bewusst tun.

Warum also spricht man generell gleichgeschlechtlichen Paaren die Fähigkeit ab, den jeweiligen Partner genauso tief und innig zu lieben, wie es bei Mann und Frau der Fall sein kann? Und wenn sie die Fähigkeit verantwortungsvoll beweisen, warum sollte die Kirche ihnen dann die Segnung verweigern?

Meine Kirche ist nicht die eines Priesters, der nach dem Entscheid für die Homoehe aufspringt und zum Widerstand aufruft. Ich könnte niemals an solch einem Protest teilnehmen – denn damit hätte ich mich gegen solche Menschen gewandt wie Thomas und Cosimo, Silvia und Caro und viele andere in meiner Gemeinde, die sich brauchten und gefunden haben für ihr gemeinsames Leben, die zu uns kommen und Schutz suchen und niemals auch nur eine Spur daran gedacht hätten, Christus und dem Evangelium Schaden zuzufügen.

In dem Jahr, als Thomas so schwer erkrankt war, hat ihm Cosimo jeden Tag nach der Messe in einer »Bursa«, ein kleines Gefäß, in das man die geweihte Hostie hineinlegt, die Hauskrankenkommunion mitgebracht. Auf Bitten von Cosimo habe ich Thomas mehrfach die Krankensalbung gespendet, zur Stärkung und als Trost auf diesem so schweren Weg. Aber es war noch nicht so weit. Dann sprichst du mit dem Sterbenden. Automatisch nimmst du Verbindung auf. Mir kann keiner sagen, dass man mit einem Sterbenden nicht kommunizieren kann. Natürlich kann man das. Natürlich spürt der Sterbende unsere Nähe. Den Trost. Dass er nicht alleine ist. Und vermutlich wird er in vielen Fällen auch klar verstehen und aufnehmen können, was wir ihm noch zurufen. Diese Erfahrung aus vielen Sterbebegleitungen, die ich in meinem Leben als Priester hatte, würde für mich später noch von großer Bedeutung sein, bei der Nottaufe eines kleinen Mädchens, das mich beeindruckt hat, wie nichts je zuvor. Thomas ist erst nach einem sehr harten Kampf, in dem er sich zunächst gegen das Sterben gewehrt hat, am Ende doch friedlich eingeschlafen. Ich war noch bei ihm gewesen, hatte ihn und vor allem Cosimo getröstet. Kaum war ich gegangen und wieder im Pfarrbüro, rief mich Cosimo an, dass es Thomas endlich geschafft habe.

Natürlich habe ich danach Cosimos großer Liebe Thomas die Ehre des letzten Geleits erwiesen und die Beerdigung gehalten. Wir tun dies immer und bei jedem Menschen aus Dankbarkeit für all das Gute, das er uns in seinem Leben geschenkt hat. »Ich will dich lieben, achten und ehren.« Das gilt nicht nur in der Ehe – sondern ist Maßstab für die Beziehung zwischen zwei Liebenden und der ganzen Gemeinde untereinander. Sich gegenseitig die Ehre zu erweisen ist so wichtig wie nur irgendetwas. Und wenn es sich jemand verdient hat, dann sind das Thomas und Cosimo. Weil die beiden fast ein halbes Jahrhundert beispielhaft vorgelebt haben, was wir von heterosexuellen Ehen beim Sakrament der Ehe einfordern: das Gelöbnis, sich zu achten und zu lieben, füreinander zu sorgen, in guten wie in schlechten Zeiten. Allein schon wegen dieses Paares hätte ich mir so eindringlich gewünscht, dass in der Schrift von Papst Franziskus

»Amoris laetitia« (»die Freude der Liebe«), eine Zusammenfassung der Beratungen der Synode aus dem Jahr 2016 über die Liebe in der Familie, auch nur ein einziger Satz gestanden wäre, dass es natürlich auch in gleichgeschlechtlichen Partnerschaften Liebe, Treue, Zärtlichkeit und Partnerschaft gibt und dass es in meiner Kirche zukünftig auch ein solches Sakrament der Gemeinschaft geben würde, welches diese fast fünfzigjährige Treue dieser beiden Menschen in ihrer Verantwortung füreinander gesegnet hätte. Aber darauf werde ich wohl noch warten müssen.

Sicher gibt es auch Grenzen, die ich dann deutlich aufzeige, wenn sie übertreten werden. Ich kann und darf auch nicht die heterosexuelle Eheschließung, das Sakrament der Ehe einfach kopieren – weil es darum auch überhaupt nicht geht. Aber ich kann und will doch nicht zwei Menschen, die sich lieben, den Segen verweigern? Diese Menschen verschenken sich in ihrer Liebe genauso wie Heterosexuelle. In meiner Gemeinde wird das längst anerkannt. Meine Kritik an meiner Kirche ist, dass ich mit den Segnungen einer Partnerschaft faktisch Neuland betreten würde und ich von der Obrigkeit nichts an die Hand bekomme, das richtungsweisend ist, in welchem Rahmen das auch aus kirchlicher Sicht geschehen darf. Lieber schweigt man und schaut weg. Ich will aber nicht klammheimlich und versteckt, sondern offen und gerecht segnen. Mir geht es um mein Unterbewusstsein, mein – trotz allem Sträuben gegen Bevormundung – vorhandenes Pflichtbewusstsein, auch was meinen Gehorsam als Priester und meine Loyalität der Kirche gegenüber anbelangt.

Trotz allen Schweigens der Kirchenführung – die Frage steht im Raum. Und sie trennt Kirche und Gläubige und die Gläubigen trennt die fehlende Klarstellung auch untereinander, weil die entscheidende Frage der Segnung nicht eindeutig beantwortet wird: Warum sollte die Lebensgemeinschaft zwischen zwei gleichgeschlechtlichen Menschen nicht auch eine Wegweisung sein, wenn sie aufrichtig und aus ehrlicher Überzeugung und Liebe entstanden ist? Das Sakrament ist Wegweisung. Warum also sollte es nicht auch ein Sakrament der Gemeinschaft geben? Wo es nicht mehr um Mann und Frau alleine geht – sondern allein um den Schutz einer Gemeinschaft aus Liebe zwischen zwei Menschen – egal welchen Geschlechts sie sind? Das Heilige ist die Liebe und ihre Gemeinschaft. Nicht das Geschlecht. Ich wäre dafür – und ich weiß, wie weit ich mich damit aus dem Fenster lehne. Aber ich tue das aus einer inneren Not, weil es um die Menschen in meiner Gemeinde geht, deren Not ich jeden Tag erlebe.

Es gibt in der Liebe nichts Trennendes nur aufgrund des Geschlechts. Und deshalb ist das »Sakrament der Gemeinschaft« auch für gleichgeschlechtliche Paare nach all dem, was ich in meiner Gemeinde erfahre, ein sehr bedenkenswerter Schritt, der in die Zukunft führt – und nicht zurück.

❧

Man muss diese mit Schweigen nicht zu lösenden Konflikte auch mal aus einer ganz anderen Richtung betrachten und ihre Reichweite geraderücken, wenn schon immer vom »Untergang des Abendlandes« gepredigt wird. Wie viele katholisch gläubige Paare gibt es denn in Deutschland, die a) gleichgeschlechtlich lieben, b) ihren Glauben regelmäßig und ernsthaft ausüben, c) auch noch heiraten wollen und d) obendrein zusätzlich so tief gläubig sind, dass sie ihre Liebe zusätzlich zum Standesamt am liebsten mit einem Segen oder e) in der Endstufe gar mit dem Sakrament der Ehe vor Gott absegnen lassen würden, gleichgestellt wie heterosexuelle Paare? Das bewegt sich doch im Promille-Bereich der Gesamtbevölkerung! Die evangelische Kirche in Hessen und Nassau (EKHN) segnet zum Beispiel seit Jahren homosexuelle Paare. Und, im April 2018 vom evangelischen Kirchenparlament beschlossen, nun auch in der gesamten evangelischen Kirche. Nach eigenen Angaben segneten sie bisher gerade mal zehn bis 20 homosexuelle Paare im Jahr – bei insgesamt nur noch 3590 kirchlichen Trauungen »gemischter« Partnerschaften. Nur 0,5 Prozent aller Eheschließungen dort wären damit gleichgeschlechtliche Ehen! Und wegen dieser geringen Zahl wollen wir uns ernstlich derart aufregen, Trachtler aufhetzen, keine Toleranz zeigen, aus Honig Gurken machen – aus Angst vor der »Ehe für alle«?

Der EKD-Ratsvorsitzende Heinrich Bedford-Strohm hat in einem Interview Bemerkenswertes zu dem Hintergrund dieser auch für ihn persönlichen Entscheidung offenbart: Er habe bis zu dieser Entscheidung für den Segen gleichgeschlechtlicher Paare selbst einen weiten Weg zurücklegen müssen und sei dankbar dafür, dass nunmehr die Verletzungen, die bei solch emotionalen Fragen immer auch gegeben sind, auf ein Minimum begrenzt würden. Für ihn sei das ein »Highlight« synodaler Debattenkultur. Für ihn sei die Begegnung mit einem lesbischen Paar entscheidend gewesen, von dem er erfahren habe, wie es sich anfühlt, wenn die intimsten Gefühle permanent infrage gestellt werden. Deswegen habe er in den Diskussionen gesagt – und jetzt kommt es, was jeder zum Maßstab machen sollte, wenn er sich zu diesem Thema äußert: »Lasst uns bitte nur die Dinge sagen, die wir auch dann sagen würden, wenn unser eigener Sohn oder unsere eigene Tochter betroffen wäre.« Bedford-Strohm hat hier das Kreuz aufgenommen – statt es abzulegen. Und eine Regelung gefunden hat die EKD auch noch, die ich jederzeit auch in meiner Kirche, jeder Pfarrer könnte das, praktizieren könnte: Wer aus innerer Überzeugung ein gleichgeschlechtliches Paar nicht segnen möchte, so Bedford-Strohm, der wird auch nicht dazu gezwungen. Für mich ist das eine Selbstverständlichkeit. Denn es möchte ohnehin niemand von einem Menschen gesegnet werden, der das innerlich ablehnt. Insofern ist es eine sehr kluge, naheliegende Regelung, die Achtung und Respekt vor beiden Positionen zum Ausdruck bringt.

Warum tun wir uns also so schwer, mit solchen einfachen und klugen Reformen auf den Wandel der Gesellschaft zu reagieren? Warum finden wir nicht dieselben klugen Regeln auch für heterosexuelle Partnerschaften mit ihrem leider hohen Scheidungsrisiko. Dass sich das »Bollwerk Ehe« aufzulösen beginnt, wird doch ganz woanders sichtbar: nämlich bei den heterosexuellen Ehen. Und Ursache sind nicht die »Homo-Ehen« – sondern immer weniger Eheschließungen und noch mehr Scheidungen bei Heterosexuellen. So wenige kirchliche Trauungen bei heterosexuellen Paaren gab es seit der Wiedervereinigung zum Beispiel in Hessen-Nassau noch nie. 1992 waren es noch 36.000 gewesen, das Zehnfache, bei 3.590 in 2015. Der Untergang der Institution Ehe, kirchlich geschlossen vor Gott, droht doch eher, weil immer weniger heterosexuelle Paare, selbst Gläubige, den Segen der Kirche für notwendig erachten – oder überhaupt heiraten wollen. Laut statistischem Bundesamt wurden 2015 in den hessischen Standesämtern insgesamt 28.000 Ehen geschlossen – bei denen nur noch zwei Drittel der jeweiligen Ehepartner zum ersten Mal vor dem Standesbeamten standen. Bei dem restlichen Drittel war einer der Ehepartner bereits schon einmal geschieden. Bei 13 Prozent gleich beide und einige traten zum zweiten, sogar auch zum dritten Versuch an. Diesen 28.000 neuen Eheschließungen in Hessen im Jahr 2015 standen gleichzeitig jedoch 12.834 rechtmäßige Ehescheidungen gegenüber. Bundesweit liegen die Zahlen für 2015 annähernd gleich: 163.335 Scheidungen bei 400.000 Eheschließungen. Annähernd 41 % aller Ehen scheitern damit – dabei war 2015 die niedrigste Scheidungsquote seit 1994 zu verzeichnen, die in den Vorjahren im Schnitt bei ca. 50 % lag. Die Scheidungsrate bei katholisch geschlossenen Ehen liegt im Schnitt etwas niedriger im Gesamtvergleich – aber das bedeutet noch lange nicht, dass diese Ehen glücklicher sind – sondern die Hemmschwelle höher liegt, die Konsequenzen zu ziehen, was eben auch mit dem Sakrament der Ehe zu tun hat.

Und damit sind wir bei einem weiteren großen Thema der Ausgrenzung von katholischen Gläubigen: der Ausschluss der »Wiederverheiratet-Geschiedenen« – was für ein Unwort! – von der Eucharistie. Ebenfalls nach der Diktion eine Haltung, die angesichts der realen Scheidungsquoten aus der Zeit gefallen ist. Mal angenommen, die 163.000 Scheidungspaare wären alles gläubige Katholiken – dann müsste ich 326.000 Gläubige, wenn sie wieder heiraten, als Wiederverheiratet-Geschiedene von der Eucharistie ausschließen? Was wenn ein Paar aus einem Wiederverheiratet-Geschiedenen und einem Partner besteht, der zum ersten Mal heiratet? Dann bleibt der eine Partner stigmatisiert in der Bank und der andere geht nach vorne zur Kommunion, damit es jeder sieht, die haben ein Problem? Ich kenne katholische Gemeinden, wo jemand nach dem Kirchenaustritt oder wenn er geschieden ist, nicht mal mehr weiter im Kirchenchor mitsingen darf und aus der Chorgemeinschaft ausgeschlossen wird. Solche biblischen Strafen sind doch wirklichkeitsfremd wie Teufelsaustreibungen. Das ist noch der alte Geist, der davon ausgeht, das jemand, wenn er aus der Kirche austritt oder ein Sakrament bricht, des Teufels ist. 2015 gab es ein Schreiben der Deutschen Bischofskonferenz, dass wir jedem »hinterherwerfen« sollten, der ausgetreten ist. Der Passus, was diese Menschen nach dem Austritt alles nicht mehr dürfen, war ungefähr viermal so lang wie das Bedauern über den Austritt. Ich persönlich kenne aktuell niemanden mit Tafeln aus Stein in der Hand, der den Nachweis führen kann, Gott höchstpersönlich habe ihm befohlen, solche weltlichen Drohungen an die Gläubigen auszurichten. Kein Mensch, der aus der Kirche austritt oder sich scheiden lässt, muss sich vorwerfen lassen, er habe Gott oder seinen Bischof beleidigt. Ich habe mich seinerzeit geweigert, das zu verteilen – und Gott sei Dank mit so vielen anderen zugleich, dass dieser Brandbrief zurückgezogen wurde. Ich kann nur mutmaßen, dass die Verfasser derartiger Mahn-Schreiben den Kontakt zur täglichen Arbeit ihrer Seelsorger in den Gemeinden völlig verloren haben und nicht wissen, was an der Basis los ist. Das gilt auch für die Situation der Wiederverheiratet-Geschiedenen. Was ist denn gesellschaftliche Wirklichkeit, sosehr ich das beklagen mag, wenn es um die Beständigkeit der Ehen geht? Die absolute Sicherheit, dass eine Ehe hält, »bis dass der Tod euch scheidet«, ist angesichts einer Scheidungsrate von 50 % zu 100 % nur noch durch Ehegatten-Mord zu gewährleisten. Und noch etwas sollte uns zu denken geben: Aus den Ehen kommen immer weniger Kinder. Frauen und Männer heiraten immer später. Frauen im Schnitt mit 31 Jahren, Männer mit 34 Jahren. Und da kann mir doch keiner weismachen, dass es in diesem Alter – egal ob Mann oder Frau – üblich ist, unberührt in die Ehe zu gehen. Ich jedenfalls habe keinen einzigen Fall erlebt, wo ich meine Hand ins Feuer gehalten hätte, dass es so ist. Es gibt kein »Bollwerk Ehe« mehr. Es ist Roulette. Das sind keine Fake News, sondern Fakten.

Und damit muss ich umgehen in meiner täglichen Arbeit. Umgehen meint, dass ich mit den Scheidungsopfern in meiner Kirche täglich zu tun habe, Menschen, die gläubig sind, die ein Scheidungsdrama hinter sich haben und eigentlich Seelsorge benötigen – ausgerechnet die, welche die Hilfe der Gemeinschaft brauchen, soll ich von der Eucharistie ausschließen und in der Bank sitzen lassen? Das ist lebensfremd. Und vor allem ist es unmenschlich einem gläubigen Menschen gegenüber.

Ich habe in drei Jahrzehnten als Priester niemanden erlebt, der als gläubiger Katholik voller Leichtsinn geheiratet und das Sakrament der Ehe empfangen hätte, um sich später gedankenlos scheiden zu lassen. Ich habe nur schmerzhafte, jahrelange Trennungsprozesse erlebt, die alle Beteiligten als einen dramatischen Bruch in ihrem Leben empfunden haben und bei dem es sich keiner leicht gemacht hat. Manchmal dauert dieser Kampf durch alle Höhen und Tiefen ein ganzes Leben lang. Manchmal gab es auch Gewalt in der Ehe, Alkoholismus – wo die Scheidung die einzige Rettung war, weil das Leben unerträglich – ja lebensgefährlich geworden ist. Kein Mensch geht ohne Verletzungen aus einer gescheiterten Ehe. Und keiner, der gläubig ist, bricht ohne Not ein Sakrament.

Ich setze mich für diese Menschen, die so mit ihrem Glauben ringen und das Sakrament der Ehe ernst nehmen und an ihrem Scheitern leiden, bedingungslos ein. Allein schon, weil diese scheinbare Schwäche, von der sie berichten, ihre größte Stärke ist: weil sie in diesem Konflikt täglich bewusst um ihren Glauben kämpfen, beten, nach Lösungen und Antworten, nach Aufnahme und Erlösung suchen, sich nicht isolieren und sich nicht aus meiner Kirche zurückziehen oder ausgrenzen lassen – sondern nach Gemeinschaft suchen, weil sie gerade in einer Lebenskrise mehr Gemeinschaft brauchen denn je.

Scheidungsopfer sind Menschen in Not, die seelischen Zuspruch benötigen – ausgerechnet sie soll ich für die Eucharistie aus der

Gemeinschaft ausschließen? Ihnen die Kommunion verweigern? Das wäre ja wie eine Versicherung, die einem einen Regenschirm gibt, wenn die Sonne scheint – und ihn wieder wegzieht, wenn es regnet und man ihn braucht.

Auf die Dramen und Seelennöte, die sich auch in vielen Zuschriften und Begegnungen offenbaren, kann es nur eine Antwort meiner Kirche geben: Wer klopft, dem wird aufgetan. Es gibt Lebensumstände und Partnerschaften, die können nicht gewaltsam verlängert werden. Im Gegenteil: Es gibt auch respektvolle Trennungen, über denen auch ein gewisser Segen liegt. Dem anderen zugestehen, dass er ein anderer ist und nicht auf Knopfdruck ein veränderter Mensch werden kann. Ihn in seiner Andersartigkeit nicht zu verletzen, ist auch eine besondere Form der Achtsamkeit. Dieser Respekt vor dem Partner ist tätige Nächstenliebe und verdient daher nicht nur unsere ganze Hochachtung, sondern auch unsere aufrichtige Begleitung. Ich höre schon die Kritiker: Darf ein katholischer Priester so denken und empfinden? Er MUSS meines Erachtens, spätestens seit er einen Papst hat, um dessen Unterstützung er wissen darf, der ebenso denkt und es auch ausspricht.

Dass Papst Franziskus den Wiederverheiratet-Geschiedenen inzwischen ein Recht auf Kommunion zugebilligt hat, war doch schon mal ein erster Schritt und ein Zeichen dafür, dass die Kirche reagieren will. Und kaum ist die Folie mal etwas eingerissen, fangen einige Bischöfe wieder das Zukleben an, widersprechen, sagen: Nein, die Kommunion für Wiederverheiratet-Geschiedene bleibe – wenn überhaupt – eine absolute Ausnahme. Glaubt man etwa, wie vorgeschlagen, das Problem dadurch zu lösen, dass man sich für noch weniger Trauungen und stattdessen für mehr Segnungen ohne Sakrament einsetzt? Das Sakrament als etwas ganz Außergewöhnliches und nur in Ausnahmefällen. Wann denn und für wen sagt man nicht. Zusätzlich degradiert man den Segen zu einer Art Risikovoroptimierung, angesichts der hohen Scheidungsraten, ohne für ein »Fünferl« weiterzudenken, was er damit aus dem normalen Segen macht. Ihn herabwürdigen. Sakrament light. »Segen-to-go« zweiter Klasse mit

Soll-Bruchstelle für »Man-weiß-ja-nie«-Ehen? Wie geht denn, wer solche Forderungen in die Welt setzt, mit dem Begriff »Segen« um? Ausgerechnet mit dem Segen für den Hausgebrauch! Dieser Umgang tut mir weh, auch für meine Mutter, die mich jeden Morgen, bevor ich aus dem Haus gegangen bin, gesegnet und daran geglaubt hat, dass ein Segen das Stärkste ist, was sie zu meinem Schutz tun kann.

Ich sage: Nein, die Kommunion für die Wiederverheiratet-Geschiedenen darf nicht Ausnahme – sondern muss die Regel sein. Gläubige, die zu uns wiederkommen, Teil ihrer Gemeinde bleiben wollen, auch wenn sie geschieden sind, Paare, die sich gleichgeschlechtlich lieben und einen Segenswunsch erbitten oder aus der Kirche ausgetreten sind und eine Taufe für ihre Kinder anfragen, all denen antworte ich: »Natürlich! Wer klopft, dem wird aufgetan.«

Genauso antworte ich einer Mutter, die ausgetreten ist und trotzdem fragt, ob sie ihr Kind bei uns mit für die Erstkommunion vorbereiten darf, und mich verschämt fragt: »Kann ich das denn?« »Natürlich können Sie«, antworte ich, »denn Sie sind der Profi und wollen das Beste für Ihr Kind – weil Sie die Mutter sind. Ich bin kein Profi. Ich bin kinderlos.« Ich weise die Mutter nicht ab, erstens weil sie sich wieder einbringen will aus Fürsorge, ihr Kind christlich zu erziehen, und zweitens: was bitte kann das Kind dafür, wenn die Mutter aus der Kirche austritt? Und wenn diese Mutter zu mir kommt und bittet, dass ihr Kind in unsere Gemeinschaft aufgenommen wird – dann kann diese Mutter kein ungläubiger Mensch sein. Und meine Mission ist: vielleicht tritt sie wieder ein? Die Letzten werden die Ersten sein. Und so weise ich sie nicht zurück – so wie ich alle anderen auch nicht zurückweise. Menschen, die austreten und zurückkommen. Gläubige Menschen, die sich nach der Kommunion sehnen, bleiben Gläubige, auch wenn sie ihr Lebensweg in eine Scheidung geführt hat. Solche Krisen wie die Scheidung von seinem Partner, das darf keine Sackgasse werden – das Leben geht doch weiter! Menschen, die Hilfe und Trost brauchen, müssen Aufnahme finden in unserer Gemeinschaft. Dasselbe gilt für gleichgeschlechtlich liebende Gläubige. Und es gilt für jeden, der an unsere Tür klopft. Wir dürfen keinen Gläubigen an den Rand oder ganz hinausdrängen. Um die Menschen geht es. Darum, diesen Gläubigen die Kirche offen zu halten. Das ist meine Lebensaufgabe als Priester: Nächstenliebe.

Die Frage ist also, wie gehe ich – wie geht die Kirche mit gescheiterten Beziehungen um, wenn Menschen nach einer oft jahrelangen Prüfung keinen Ausweg finden und sich entschließen, sich trennen zu müssen? Diese Frage hat einen sehr umfassenden Hintergrund, den ich selbst mit vielen Zweifeln ausleuchten muss, ohne eine allgemeingültige Antwort finden zu können – sondern immer nur aus der individuellen Betrachtung eines Menschen von Angesicht zu Angesicht. Es geht um die Frage, welches Recht die Kirche hat, welches Recht ich habe, über Menschen zu richten und sie aus der Gemeinschaft der Gläubigen auszuschließen? Nur weil sie Lebenskrisen durchleiden, weil sie anders lieben, anders leben und anders leben müssen, als wir das für richtig halten mögen – weil sie aus Einsamkeit und einer inneren Sehnsucht nach Liebe nicht mehr anders können? Mich erreichen nach jeder Lesung unzählige Zuschriften von Gläubigen, die an dem Widerspruch zu zerbrechen drohen, dass sie tiefen Glauben fühlen, aber die Kirche sie in ihrer besonderen Lebenssituation nicht aufzunehmen weiß. Kaum einer macht sich eine Vorstellung davon, in welche oft lebenslangen Gewissenskonflikte die Kirche gläubige Menschen stößt mit ihren Vorschriften, Geboten, Verboten und den damit verbundenen Strafen ewiger Verdammnis – und welchen Schaden sie damit anrichtet. Wäre es nicht besser, ist es nicht die Uraufgabe der Kirche, Halt zu geben, Mut zuzusprechen – statt auszugrenzen? Wer bin ich, über diese Menschen zu richten? Diese Frage stellte sich mir ganz intensiv nach dem Lesen eines langen Briefes, den mir eine Frau zugeschickt hat, die ihr Leben lang einen Konflikt mit sich herumgetragen hat, den sie erst sehr spät und nur für sich lösen konnte. Ich möchte den Leser an dieser Stelle mitnehmen, sich selbst entscheiden und zu prüfen, ob er das Recht spürt, diesen Menschen zu verurteilen. Es ist nur eine von vielen ähnlichen Lebensgeschichten, wie ich sie in meiner täglichen Arbeit oft erfahre. Eine Lebensgeschichte, die deshalb für sich allein nicht weniger bedeutend ist – sondern nur das ganze Ausmaß des Leids zeigt, mit dem wir es in der Seelsorge täglich zu tun haben, und dass wir gut daran tun, wenn wir, statt zu urteilen und auszugrenzen, Demut vor dem Leben zeigen würden. Wenn Sie jetzt noch mögen, urteilen Sie selbst – aber verurteilen Sie nicht.

Es ist die Lebensbeichte einer Frau Ende mittleren Alters, die mich nach einer Lesung erreichte und mich besonders wegen der schonungslosen Ehrlichkeit mit sich selbst tief bewegt hat. Denn es geht um tiefen Glauben – und es geht um Abweisungen. Etwas, was gerade gläubige Frauen häufiger erleben. Ich habe sie gefragt, ob ich ihren Brief veröffentlichen darf. Sie bestärkte mich sogar darin, ihr Schicksal anderen Menschen zugänglich zu machen, mit der Bitte, unerkannt zu bleiben und Verständnis dafür aufzubringen, dass nichts leichtfertig geschah, und dass nicht vorschnell über sie gerichtet wird. Ihren Konflikt, den sie aus eigener Erfahrung mit vielen anderen, Männern wie Frauen, teile, wolle sie erfahrbar machen, um damit vielleicht andere Menschen in derselben Situation aus ihrer Verzweiflung zu befreien. Weil es schon manchmal hilft, zu wissen, dass man keineswegs alleine ist in seiner inneren Isolation. Ich weiß natürlich, dass die Schilderung der Lebensgeschichte dieser Frau Diskussionen und Konflikte auslösen könnte – aber das soll es auch, denn genauso weiß ich, dass jetzt die Zeit dafür ist, über solche Konflikte und Biografien katholischer Gläubiger offen zu sprechen. Denn es sind keine Einzelfälle. Es ist Alltag. Ich möchte, dass in meiner Kirche über all diese ungeklärten Konflikte offen gesprochen und auch mit unterschiedlicher Meinung gestritten werden kann, die dazu führen, dass immer mehr Menschen sich abwenden. Und ich will, dass Menschen in diesen Konflikten in der Gemeinschaft der Kirche den Halt und Zuspruch finden, der ihnen hilft, ihren Konflikt menschlich zu lösen.

Die Frau, um die es geht, ist aufgewachsen auf einem Bauernhof, die Eltern waren einfache, naturverbundene Bauern, die ihre Kinder streng katholisch erziehen: Aufgehen in der Gemeinschaft der

Gläubigen, von Familie und Dorf. Ein Leben im Rhythmus mit der Natur, mit den Tieren des Waldes und auf dem Hof. Barfuß durch blühende Wiesen laufen, baden im Bach in den Auenwäldern hinter dem Hof. Jeden Sonntag Gottesdienst, Rosenkranz beten, das prägende Erleben der Kirchenmusik, das Ritual der Eucharistie, Weihrauch, festliches Weihnachten, das Jahr in den geführten Zeiten des Glaubens. Nach Sonnenuntergang seliges Einschlafen nach einem erfüllten Tag. Unmittelbares, unverfälschtes Erwachen inmitten der Schöpfung. Idylle pur. So war ihre Kindheit, schreibt sie. Schon sehr früh entfaltet sich ein tiefer Glaube, der versucht, dieses Glück, das sie erfährt, aufzunehmen, fassbar zu machen. Sie geht oft allein in den Wald, baut sich auf einer Lichtung einen Altar, mit Tannenzapfen als Kerzen, umhüllt sich mit einem blauen Umhang aus Tüll und feiert ihren Dankgottesdienst inmitten der Natur. Sie tritt in eine Zwiesprache mit etwas, das sie ihr ganzes weiteres Leben begleiten wird. Eine tiefe Glaubensgewissheit entsteht aus dem Sich-eins-Fühlen mit der Schöpfung, so voller Ruhe und Vertrauen, dass sich ein Feuer in ihr entzündet. Jeder Mensch – ob getauft oder nicht – hat die Fähigkeit zu einem unmittelbaren Zugang zu Gott. Dieses Kind erlebt ihn intuitiv, intensiv und voller Glückseligkeit. Mit dem Heranwachsen vertieft sich diese Erfahrung dank ihrer in der Natur erlebten Spiritualität, wie sie schreibt, um überzugehen in das auch rationale Verstehen der Bibel, der ganzen Symbolik des Glaubens. Das Wissen bestätigt nur, was sie längst erfahren hat – das tiefe, existenzielle Fühlen und Erkennen der wahren Bedeutung der Eucharistie und der Sakramente bleibt ihr. Eine tief berührte Seele, im völligen Einklang mit sich und Gott und der Schöpfung, der Natur, die sich mehr und mehr der Gotteserfahrung öffnet. Ein Mensch, der unschuldiger, vertrauensvoller und gläubiger nicht sein kann. Und damit beginnt ihr Drama: der Kampf gegen Gebote der Kirche, die sie einschnüren statt befreien, ihr die Luft zum Leben nehmen und ihre natürlich angeeignete Gotteserfahrung wieder zu zerstören drohen.

Der erste große Schlag kommt von ihrem Pfarrer, der ihr den Wunsch abschlägt, Ministrantin zu werden, obwohl er ihr vorher

Hoffnung gemacht hat und bewundernd zugesteht, sie habe ein Charisma – die besondere Begabung, auf andere Menschen zu wirken. Ministrantin zu werden verbietet er ihr trotzdem, denn sie ist ja eine Frau. »Nur« eine Frau – wie sie bald erfahren muss. Die Botschaft, die sie fühlt, lautet: Du gehörst nicht zu uns, weil du ein Mädchen bist. Im Gottesdienst sieht sie die Knaben der Gemeinde vorne stehen, gelangweilt und froh, wenn es vorüber ist – während sie sich danach verzehrt, an ihrer Stelle dort zu dienen, neben dem Altar. Der Traum ihrer Kinderjahre, einmal im Leben einen Gottesdienst zu halten, wie damals an dem Moosaltar auf ihrer Waldlichtung, mit aller Konzentration und voller Hingabe zu Gott, so ernst und tief, wie es nur einem Kind möglich ist, bleibt für sie unerreichbar. Auch Pfarrerin zu werden ist ihr in der katholischen Kirche verwehrt. Sie studiert notgedrungen Kunsterziehung, weil sie angesichts ihrer innerlich drängenden Berufung wenigstens Kindern mittels schöpferischer Kunst etwas von ihrer Gotteserfahrung weitergeben will. Eines Tages trifft sie, kaum 20 Jahre alt, Zufälle gibt es nicht im Leben, auf einen doppelt so alten Mann. Sie ist fasziniert von seiner Bildung, seiner Reife, seiner Überlegenheit und merkt nicht, dass sie in Wirklichkeit Ersatz für den früh verstorbenen Vater sucht. Sie verliebt sich Hals über Kopf. Sie hatte unberührt in die Ehe gehen wollen. Die »Jungfräulichkeits-Olympiade«. Sich aufsparen. Das weiße Kleid. Das Ziel. Das Ideal. Das Versprechen auf Ewigkeit. Das heilige Sakrament. Ein Traum. Jetzt mit ihren zwanzig Jahren ist es so weit. Für sie ist alles neu. Ihr schon einmal geschiedener Mann erlebt alles ein zweites Mal. Ehe. Kinder. Hausbau. Den Apfelbaum pflanzen, für jedes ihrer fünf Kinder, die in den folgenden Jahren kurz nacheinander auf die Welt kommen. Während sich die Kinder prächtig entwickeln gerät die Ehe zu einer Bruchlandung. Das Paar tickt zwar in allem im Gleichklang, was den Alltag betrifft. Erziehung. Spirituell und kulturell. Doch aus Liebe ist eine sachliche Zweckgemeinschaft geworden. Was sie geopfert hat, erkennt sie nur langsam, erst mit den Jahren, dann immer mächtiger. Zunächst ist es nur ein unbestimmtes Gefühl, das dann jedoch immer stärker in den Vordergrund drängt. Bis sie erkennt: Ihr fehlt Liebe. Zärtlichkeit. Wärme in ihrer Beziehung. Auch Sexualität. Es ist der Verlust ihrer Weiblichkeit und das Gefühl, etwas sehr Wichtiges verpasst zu haben im Leben. Sie erkennt, dass sie nur aus Wertschätzung geheiratet hat. Nicht aus Liebe. Dass es vielleicht ein Fehler war, als Jungfrau in die Ehe mit einem so viel älteren Mann zu gehen. Dass sie für ihre Ehe die Erotik geopfert hat. Denn ihr Mann zeigt immer weniger Interesse an ihrer Nähe. Zuerst ist da nur eine Unzufriedenheit, die bald zu einer Sehnsucht wird, nach etwas, das sie zwar vermisst – aber nicht erkennt. Sie spürt ein Verlangen, das sie nicht stillen kann. Kämpft mit ihrer Unausgeglichenheit. Kann mit ihrem Mann jedoch nicht darüber reden, was sie quält, sie weiß es ja selbst nicht genau und verbietet sich das Nachdenken darüber. Doch Gefühle sind stärker als der Verstand und Verbote. Sie verliebt sich heimlich. In ihren Nachbarn. Unerfüllt versagt sie sich ihr Verlangen. Immer wieder. Unter großen Seelenqualen. Schweigt. Kann sich niemandem anvertrauen. Kann ihre Sehnsucht nicht leben. Weil es verboten ist. Über sieben Jahre geht das. Doch der Nachbar ist nur eine Projektion, die unerfüllt bleibt. Sie wird immer unglücklicher, bis ihr der Arzt schließlich eine Kur verordnet. Auf dem anschließenden Müttergenesungsurlaub sieht sie dann ihren Traummann. Einer der Therapeuten. Reif. Überlegen. Anziehend. Deutlich älter. Sie verknallt sich Hals über Kopf. Sie fürchtet, erneut Gefangene desselben Musters zu werden wie nach ihrer Heirat. Sie läuft weg, an den Strand – und mitten in seine Arme. Denn ihm geht es genauso wie ihr. Ist das Zufall? Schicksal? Sie versucht noch, sich ihr Begehren kleinzureden. Will es nicht wahrhaben. Aber es hat sich zu viel aufgestaut. Sie küssen sich. Nie vorher hat sie so gefühlt. »Es war wie in einem Kitschroman«, schreibt sie, als könne sie es immer noch nicht fassen. Am selben Abend, in völliger Auflösung, Stunden der größten Liebe, die sie jemals empfand. Endlich. Tage geht das. Es gibt kein Halten mehr. Sie kann nicht fassen, worauf sie all die Jahre verzichten musste. Es geht ihr nicht um die Turnübungen. Die Körperlichkeit. Sie will nur endlich grenzenlos lieben, sich in ihrer Liebe auflösen, verschmelzen, aus tiefster Seele, mit ganzem

Herzen, wie damals im Wald, in ihrer Andacht auf der Lichtung, wo sie Liebe nur geistig erfahren hat, und jetzt endlich auch mit der ganzen Weiblichkeit ihres Körpers Liebe schenken, der das feinste Instrument einer Frau sein kann. Wie nach einem Rausch ist die Kur plötzlich zu Ende. Beide wissen, es gibt keine Zukunft für sie. Auf der Rückfahrt panische Angst. Wie soll sie jetzt umgehen mit ihrem Mann, der nur noch ein Freund sein kann? Wie das Erlebte verheimlichen? Soll sie sich aussprechen? Sich trennen? Und da ist noch etwas ganz anderes, was ihr Angst macht: Sie holt nach Jahren zum ersten Mal wieder den Kalender raus: tatsächlich, die Zeit um den Eisprung, hormonell perfekt für eine Konsequenz. Sie zwingt sich zur Ruhe. Sie will schnell vergessen, was geschah, sie betet, verspricht, was sie alles tun wird, wenn nur alles gut geht. Und es geht alles gut. Nur ein Abenteuer. Sie schließt damit ab. Der Alltag holt sie ein. Doch er meldet sich. Wieder Verlangen. Sehnsucht nach dem Feuer. Eine Woche später. Schneesturm. Ehebruch in einem Hotel. Doch diesmal enttäuschend. Mechanisch. Gespielt. Ein flüchtiges Zitat all dessen, was sie vorher erlebt hatten. Beide fühlen sich zerrissen, gefangen in ihren Moralvorstellungen und wie es beide empfinden – gepeinigt von ihrem schlechten Gewissen wegen des Betrugs, den sie begehen. Denn auch der Mann ist verheiratet. Es ist existenziell. Es ist schrecklich. Und in seiner Intensität auch schrecklich schön. Doch eigentlich ist es genau das, was sie sucht, etwas, was sie entbindet, aufreißt und die Routinen und Langeweile ihres Lebens durchbricht. Etwas, was sie wieder so intensiv empfinden und durchatmen lässt wie in ihrer Kindheit und sie die große, grenzenlose Kraft wieder spürt, die Leben ist. Doch nach dem Treffen weiß sie, hier muss sie einen Schlusspunkt setzen. Es wird sie sonst zerstören. Und sie will einen Rest der Erinnerung behalten, an das erste Mal am Meer, ihre erste wahre erfüllte Liebe ihres Lebens als Frau. Sie will mit allem abschließen. Schwört sich, einen Neuanfang zu suchen für sich und ihren Mann. In ihrer Seelennot sucht sie Beistand und geht voller Vertrauen, wenigstens hier Hilfe und Klarheit zu finden, zur Beichte. Und wie damals als Mädchen, als sie Ministrantin werden wollte, wird ihr Zutrauen wieder enttäuscht, lässt sie wieder ein Priester im Stich. Ihr unsichtbares Gegenüber im Beichtstuhl versteht nichts von Frauen. Nichts von Gefühlen zwischen Mann und Frau. Er kann es nicht nachempfinden. Er hat es selbst nie erleben dürfen. Nur das Zölibat. Er müsste es auch nicht verstehen – nur verstehen wollen. Einfach zuhören – denn alles, was die Frau in diesem Moment ihrer Not bräuchte, wäre Mitgefühl. Zuspruch für einen innerlich zerrissenen Menschen, der dringend Hilfe sucht und hier, in diesem Beichtstuhl, die Hand danach ausstreckt und danach ruft. Doch was stattdessen folgt, ist eine einzigartige Beschimpfung. Die nächste Erschütterung. Ihr Gegenüber, der sich Beichtvater nennt, würdigt sie rüde herab – und setzt sie, die doch beichten will, vollends ins Unrecht. Denn sie ist nur eine Frau. Sie fühlt sich erniedrigt und leer. Nach diesem Schockmoment wird sie nie wieder zur Beichte gehen. Ihr Liebhaber, den sie nie wiedersehen will, schreibt ihr weiter Briefe. Es sind Paradieslandschaften, die er malt. Unerreichbar. Nur eine Erinnerung an eine schuldlose, sie überwältigende Liebe. Sie sucht sich Erklärungen, was da mit ihr geschehen ist. Dazu hört sie immer wieder als innere Stimme die Vorhaltungen des Priesters. Hält Zwiesprache mit der eigenen inneren Stimme, die jetzt ihr einziger Vertrauter ist, eine Stimme, die sie beruhigt und beschwichtigt, sie aufrichtig liebt. In einem Buch liest sie den Satz: »Das, was menschlich stimmt, ist richtig!« Und war es nicht genau so gewesen? Was aber, wenn Autoritäten ihrer Kindheit wie der Priester dich schuldig sprechen und sagen: Nein, Untreue ist Schande, verdammenswert, nur pure »Fleischeslust«, mangelnde Selbstbeherrschung – sie sagen, dass du die Sünde bist? Was, wenn diese Stimme einen jener Momente hässlich redet, der einer der ehrlichsten und unmittelbarsten in deinem Leben war? Wenn dir im Außen alles sagt, du bist falsch – in deinem Innersten aber, wo du nichts zu verbergen hast, trotz aller Prüfungen sagst: nein, es war wahrhaftig! Es hat menschlich gestimmt. Es war richtig genau für diesen Moment. Die Frau kann ihren Konflikt nicht auflösen. Das Gewissen brennt genauso wie ihre Sehnsucht. Sie zwingt sich zurück in ihre alte Eheroutine. Will sich ihrem Schicksal fügen.

Ihrem Mann verschweigt sie weiter ihr Geheimnis. Er mag etwas ahnen. Aber er fragt nicht. Er ist ein kluger Mann. Aber das hilft ihr in ihrer Situation nicht. Im Raum zwischen ihnen steht ein großer rosa Elefant. Steht einfach da. Und geht nicht mehr fort. Sie muss sich dem Leben und den in ihr tobenden Gefühlen stellen. Ihre ganze unerfüllte Sehnsucht nach Liebe widmet sie um und konzentriert sie in die Liebe zu ihren Kindern. Darin geht sie auf. Es geht nicht anders. Es ist der Ausgleich für fehlende Ehenähe.

Sie wird nur scheinbar ruhiger. Ihre Ehe wird ihr immer enger. Gesprochen wird nur noch darüber, was zur Organisation des familiären Tagesablaufs gehört. Zeit füreinander gibt es nicht. Der Mann geht völlig in seiner Arbeit auf, ist kaum zu Hause, geht früh zur Arbeit, kommt spätabends heim, besteht auf einem festen Tagesablauf, das Mittagessen nimmt er zu Hause schweigend ein, genau geregelt, nach Plan, pedantisch einzuhalten. Das Leben ist vorhersehbar. Ohne Überraschungen. Unerfüllt. Quälend langsam. Ihr fehlt die Weite, die Großzügigkeit. Ihr fehlt Liebe. In den Jahren nach dieser schamvollen Beichte, die ihre letzte war, bricht sie immer wieder aus, versucht dem zu entfliehen, was sie einerseits bindet, ihr Sicherheit schenkt und andererseits lähmt: ihre Ehe. Obwohl sie paradoxerweise – auch wegen der Kinder und der Achtung für ihren Mann – auf die Einehe vollkommen fixiert bleibt. Gleichzeitig aber will sie ihre Gefühle und ihre Lebensintensität zurück. Ihre Existenz mit allen Sinnen spüren. Das Erleben. Lieben.

In diesem Widerstreit sucht sie auf einem Partnerschaftsportal im Internet unter einer falschen Legende nach einem anderen Menschen, der ihren hohen Ansprüchen genügt und ihre Familie nicht gefährdet, verzweifelt, voller Angst entdeckt zu werden, oft tränenüberströmt vor Enttäuschung. Über sich. Über ihr Leben. Wegen ihres Zwiespalts, in den nicht nur ihr Glaube sie treibt. Sie spürt das Sakrament, die Verpflichtung ihres Versprechens, ihrem Mann treu sein zu müssen. Und sie spürt auch die enge Bindung zu ihm, dem Vater ihrer Kinder. Nie, so schreibt sie, habe sie tiefer und intensiver gebetet als auf den Wegen, die sie von ihrer Ehe weg zu anderen Männern führten. »Beschütze meinen Mann, den ich nicht verletzen will …!«, betet sie wie ein Mantra. Es soll die Worte löschen, die sich in ihre Gedanken brennen: Untreue, Lüge, Betrug, Schuld, Sünde. Doch es sind zu schneidende Worte. Das schlechte Gewissen bleibt.

In den folgenden Jahren hat sie zu mehreren Männern intime Beziehungen. Ihre Affären sind keineswegs wahllos – sondern aus vielen Gründen sorgsam ausgesucht. Die Liebe soll die Unabhängigkeit beider nicht verletzen. Jeder soll in seinen Raum zurückkehren dürfen. Der Schutz ihres Mannes, so widersprüchlich das klingt, und der Schutz ihrer Familie ist dabei bestimmend. Es sind verantwortungsvolle Beziehungen, die sie aufbaut. Sie sind selten kurz. Mit dem Tod ihrer Eltern geht gleichzeitig eine über zehn Jahre laufende Beziehung zu einem anderen Mann zu Ende. Es sind Lebensabschnitte. Begegnungen. Und Abschiede. Jeder neue Mann bringt neue Facetten in ihr Leben. Und nimmt das Alte mit. Mit ihren Liebhabern erlebt sie bisher unerreichbare Freiheit. Sie unternimmt kurze Ausflüge, spontane Reisen in Europa. Sie erlebt, was sie mit ihrem Mann nicht erleben kann. Es sind gestohlene Traumtage voller Dankbarkeit zu leben, schreibt sie. Draußen übernachten im Gebirge, in einer Wiese am See. Ein Bad bei Sonnenaufgang. Intensive Gespräche. Intensive Gefühle. Gepflegte Essen in teuren Restaurants. Opernaufführungen. Ausstellungen. Sie reift daran. Sie stürzt sich nie wieder so blind in ein Abenteuer wie beim ersten Mal. Denn nach jeder Trennung bleiben Erinnerungen. Berührungen. Verletzungen. Wunden. Narben. Weil ihre Beziehungen eben ernsthaft sind.

Ihre kleinen Fluchten bezeichnet sie als gestohlene Zeit. »Gestohlen« – so empfindet sie das. Sie dankt Gott dafür. Ist voller Dankbarkeit, dass sie all das erleben darf. Sie liebt Gott dafür mehr als jeden Menschen, schreibt sie. Was sie erlebe, kann doch nicht gegen seinen Willen sein? Denn ER musste doch mitbekommen, was sie tat? Und er müsste auch wissen, wie lebenserhaltend diese Begegnungen waren, da sie sonst eingegangen, schwermütig geworden und das Leben aus ihr geflohen wäre, wie aus ihrem zwanzig Jahre älteren Mann, der immer schneller altert und ihr körperlich immer fremder geworden sei. Erst sei die Liebe lautlos gegangen, dann sei der letzte Rest der Zuneigung zu ihrem Mann durch reine Freundschaft ersetzt worden und dem Pflichtgefühl für die Familie gewichen. Die Zeit vergeht schnell. Die Kinder gehen aus dem Haus. Nur der rosa Elefant ist geblieben. Der Kontakt zur Kirche, die sie abgewiesen hat, ist in all den Jahren nie abgerissen. Sie versieht ihren Dienst für die Gemeinde. Schmückt den Altar zum Erntedankfest. Die Krippe zum Weihnachtsfest. Gestaltet Osterkerzen. Geht regelmäßig in den Gottesdienst, immer und immer mit dem Gefühl, sie sei eine Sünderin, die eigentlich nicht hergehört in diese Kirche, die etwas gutzumachen habe für die Verbote, die sie bricht. Über den Witz, wer das 11. Gebot für Eheleute kenne, kann sie nicht lachen: »Du sollst dich nicht erwischen lassen.« In der Enge ihrer dörflichen Umgebung ist die soziale Kontrolle zu groß. Das Gebot: »Du sollst nicht ehebrechen«, schreibt sie, hätte sie fast zermalmt. Sie führt eine Art Doppelleben. Sie kommt sich vor wie in einem Westernfilm. Vorne heile Welt. Die Illusion einer perfekten Ehe. Hinten die Stützen, die mühsam die Fassade halten. Aber halten tut sie. Ja, sie hat Gott gedankt, in jedem ihrer Gebete: ja, gedankt für die Liebe, die sie außerhalb der Ehe erlebt. Für jeden Tag, an dem die Fassade nicht in sich zusammenbricht, die sie nur mühsam aufrechterhalten kann. Und vorne läuft trotzdem ein im Großen und Ganzen schöner Film. Vielleicht fragt sich jemand, warum sie nicht konsequent ihrem Mann alles offenlegt und aus ihrer scheinbar doch unerfüllten Ehe geht? Weil sie Kinder und Familie als ihre Lebensaufgabe empfindet und weil diese Gemeinschaft ihre Heimat ist. »Weil das Geld die Liebe hält« könnte man meinen – aber es ist viel mehr. Das Wohl der Familie und auch ihres Mannes sei immer der Wert für sie geblieben, der nicht verhandelbar ist. Die Ehe funktioniert zudem perfekt, solange es nur um die Abwicklung und Absicherung der gemeinsamen Existenz und des Lebensalltages geht. Einer steht für den anderen ein. Nur die Liebe ist fort. Trotzdem bleibt es für sie undenkbar, die Familie auseinanderzureißen. Auch fürchtet sie die Einsamkeit nach einer Trennung. Die Ächtung von Familie und sozialem Umfeld ihres Dorfes. Sie schätzt die Sicherheit. Die Gemeinschaft, in der sie sich aufgehoben fühlt. Sollte sie ihre Familie und alles, was sie aufgebaut hat, leichtsinnig aufgeben – für den nächsten Lebenspartner? Was, wenn der auch wieder nicht »der Richtige« wäre, mit dem die Anziehung und die Erotik mit der Zeit natürlicherweise auch wieder erlöschen würde? Und was, wenn sie für ihren neuen Partner nicht länger die Richtige wäre, zu alt – und er sich eine jüngere nähme? Was dann? Und schlimmer noch: Was, wenn ihre Familie, ihr Mann, die Kinder Schaden nähmen durch die Verletzungen, die Trennungen immer auslösen? Warum das alles gefährden, wenn man Menschen auf so unterschiedliche Art lieben kann? »Was menschlich stimmt, ist richtig!«, dieser Satz kommt ihr immer wieder als Trost in den Sinn. Davon lässt sie sich intuitiv leiten.

Sie selbst prüft sich intensiv: Was ist nur verkehrt mit mir? Ihre Mutter hat immer gesagt, es gäbe sie, diese ewig glücklichen Ehen. Ob ihre Mutter so eine Ehe erlebt hat, sagt sie ihrer Tochter nicht. Hinter die Fassade ihrer Eltern kann sie nicht schauen. Als ihr die beste Freundin erzählt, von der sie dachte, wenigstens sie hätte die perfekte Beziehung, dass auch sie ihre Ehe als gescheitert betrachte und wie sehr auch sie sich nach Liebe sehnen würde und wie oft sie schon daran gedacht hätte zu gehen, erkennt sie, dass sie nicht alleine ist. Sie erfährt mit den Jahren, dass es nur sehr selten eine Beständigkeit gibt, »bis dass der Tod euch scheidet«, dass es nur die Momente des kurzen Glücks sind, die wirklich zählen.

Sie entdeckt bald, wie vielen Menschen es genauso geht wie ihr. Frauen wie Männern gleichermaßen. Ihr Resümee: Kaum eine Beziehung läuft ein Leben lang harmonisch und reibungslos – das sei ein Trugbild, an dem sie sich jahrzehntelang gemessen und als Versagerin gefühlt habe. Treue sei nicht die Regel – sondern die Ausnahme. Und darüber zu reden der eigentliche Tabubruch. Natürlich würde sie Treue niemals grundsätzlich infrage stellen. Auf ihre Weise stand sie ja treu zu ihrer Familie und ihrem Mann. Wenn das Gebot der Treue in seiner Rigorosität ihr Leben zerstören würde, wäre sie jedoch entschlossen, es nach ihrer eigenen, freien Entscheidung dem anzupassen, was sie in Wirklichkeit sah, und sich nicht länger ein schlechtes Gewissen einreden zu lassen von Menschen, die sie beschimpfen und nicht verstehen würden, dass das Leben einer modernen, gebildeten und selbstbewussten Frau deutlich selbstständiger ist, als es vor zweitausend Jahren war. Wenn sie ihren Liebhabern sagt, dass sie sich trotzdem wie eine Sünderin fühle, hört sie von den Männern dieselben Geschichten unerfüllter Sehnsucht nach Liebe, ihrem schlechten Gewissen Frau und Familie gegenüber, der Unerträglichkeit des Seins, in dieser Zerrissenheit nicht leben zu können. Es sind Geschichten, die ihr zu Herzen gehen, weil sie denselben Kampf schildern, den sie durchmacht. Überall entdeckt sie unerfüllte Ehen, die nur noch funktionieren, aber ohne Liebe sind, erfährt sie von Flucht und Betrug von Männern wie Frauen. Es ist die Geschichte des Scheiterns, den Eros in Langzeitbeziehungen zu erhalten, das Erkalten der Liebe aufzuhalten oder überhaupt, die perfekte Liebe zu finden. Sie findet bei ihren Liebhabern dieselben Geschichten über Fassaden und erodierte Ehen vor, in denen etwas Elementares abhandengekommen ist: Zärtlichkeit, Interesse füreinander und körperliche Innigkeit. Sie blickt hinter Fassaden, die, obwohl sie faulen, immer wieder neu übertüncht werden. Oft sind es Dramen, die sich da abspielen in den Schlafzimmern. Auch zutiefst menschliche Geschichten, die inmitten angeblichen Betrugs von großer Liebe und Opferbereitschaft zeugen. Da ist ein Freund, der jahrelang seine demente Frau pflegt und mit seinem innerlichen Leben abgeschlossen hat, dann aber durch Zufall eine neue Liebe findet und plötzlich eine ungeheure Befreiung erlebt. Diese Liebe ist sie. Und über Jahre sind die beiden füreinander bestimmt. Er hatte nie gedacht, dass er noch einmal so lieben und geliebt werden könnte. Und trotzdem plagt ihn sein schlechtes Gewissen. Seine Frau pflegt er all die Jahre weiter. Gibt sie nicht ins Heim. Bis sie eines Tages stirbt. Man ertappt sich dabei, sich zu fragen, ob das, was er tut, noch ein Ehebruch sein kann?

Und wenn es keiner sei, ist es keine Sünde, eine andere, verheiratete Frau zu verführen und damit ihren Ehebruch anzustiften? Wer sind wir, über die sehr intimen Beweggründe dieser Menschen zu richten? Was gibt uns das Recht dazu? Sind wir besser? Ein anderer Mann erzählt ihr von seiner Eingeschlossenheit in einer Ehe mit einer völlig phlegmatischen, desinteressierten Frau, die kaum mit ihm spricht, bald zu rauchen und zu trinken beginnt. Er sucht sich Fluchten, findet sie – seine Frau verlässt er nicht, sondern begleitet sie zu einer Therapie.

Sie kennt auch Geschichten von Frauen, in denen Männer Gewalt ausüben, sie schlagen und vergewaltigen – nach außen aber die perfekte Ehe führen. Trotzdem findet die Frau nicht den Mut, das Sakrament der Ehe zu brechen, und setzt ihr Martyrium fort. Keine leichtfertigen Menschen sind das, keine Sünder, sondern Verzweifelte wie sie selbst, die sie da erlebt.

Manche Männer lassen gleich beim ersten Treffen ihren Frust ab und stülpen ihr die Geschichten einer gefühlt seit Jahrzehnten nicht gelebten Sexualität wie einen Kübel Wurstsuppe über den Kopf, anstatt sich für sie zu interessieren. Dann steht sie bald auf und geht. Die Männer, bei denen sie bleibt, suchen wie sie fließende Nähe, neue Erfahrungen, die einen wieder öffnen – ja, auch Spannung und Abenteuer. Verführt werden und selbst verführen. Das ewige Spiel der Anziehung.

Sie erlebt viele Menschen, fast in jeder Beziehung, getrieben von ihren Sehnsüchten und durch Gebote und Verbote aufgehalten davon, sie zu verwirklichen, gequält von Gewissenskonflikten hervorgerufen von einer Moral, die uralte Tabus am Leben erhält und Konflikte auslöst, statt jedem Menschen Freiheit in der Entscheidung zu geben und damit auch in der modernen Zeit lebenstauglich zu bleiben. Es sind Menschen wie sie, die suchen und sich finden: gewissenhafte, verantwortungsvolle Menschen, gläubige Menschen – und alle sind gepeinigt durch ihr schlechtes Gewissen.

Sie fragt sich, warum niemand diesen unglaublichen Missstand der Doppelmoral und den Schaden, den sie in den Menschen anrichtet, zur öffentlichen Debatte macht. Nicht mal die Paartherapeuten, an die sie sich hilfesuchend wendet, so schreibt sie sarkastisch, würden sich laut zu Wort melden, was in ihren Praxen los sei, vermutlich weil ihnen dann bald die Patienten fehlen würden: Weil Menschen dank einer befreiten, öffentlich anerkannten freieren Sexualmoral weniger Selbstzweifel hätten, weil es weniger Skandale und weniger Suizide aus Einsamkeit gäbe, weil sie weniger Drogen, Alkohol, Medikamente und Beruhigungsmittel bräuchten, um ihre herumirrenden Seelen zu betäuben. Weil diese ganze Doppelmoral endlich ein Ende hätte. Wie viel Lebensenergie, so fragt sie weiter, könnten die Menschen in ihrem anstrengenden Daseinskampf schöpfen aus erfüllteren Liebesbeziehungen und der Nähe zu einem anderen Menschen? Warum findet die Kirche nicht die Stärke und sagt den Menschen endlich, dass du niemandem etwas schuldest außer der Liebe? Sie möchte ehrlich zu sich sein, warum sie so lebt, denn sie liebt die Wahrheit. Aber was ist die Wahrheit? Wer ist sie selbst, dass sie gegen ihre eigenen Werte und Gebote der Bibel verstößt, wo es heißt: »Ihr habt gehört, es ist gesagt worden: Du sollst nicht die Ehe brechen. Ich aber sage euch, wer eine Frau auch nur lüstern ansieht, hat im Herzen schon Ehebruch mit ihr begangen.«

Müsste man solche Gebote nicht aus einer archaischen Zeit heraus verstehen, in der Frauen nicht alleine das Zelt verlassen durften? Weil Frauen gefährdeter waren als heute? Weil es keine Verhütungsmittel gab und Männer mit der Haremshaltung die eigene Erbfolge abzusichern gedachten – ohne sich die eigene Lust zu versagen? Weil man Geschlechtskrankheiten eindämmen wollte? Oder – weil die Stämme ohne Eifersucht, Ehrenmorde aus verletzten Gefühlen und Rachefeldzügen trojanischen Ausmaßes wegen einer genommenen Jungfernhaut friedlicher leben konnten? Gäben die vor über zweitausend Jahren gefassten Normen dem Priester im Beichtstuhl heute das Recht, sie zu beschimpfen und der Fleischeslust und viel Schlimmeren zu bezichtigen? Seien die zweitausend Jahre alten Moralvorstellungen der Kirche bis auf ihren Kern überhaupt noch zeitgemäß? Wie halte es die Kirche jetzt im modernen Zeitalter mit der Eigenständigkeit und der Gleichberechtigung der Frau? Sei es nicht auch die Wahrheit, dass sich jeder Mensch, gleich Mann oder Frau, nicht wenigstens einmal im Leben zu einem anderen Menschen hingezogen fühlt – als zu dem, mit dem er verheiratet ist? Ist es wahrhaftig, eine Liebe zu verdammen, gegen die man wehrlos ist? Und warum spielt sich die Kirche, die selbst so unvollkommen ist, zum Richter auf und lässt den Menschen nicht die Freiheit, selbst zu entscheiden, wie sie lieben wollen?

Warum dürfen sich Menschen, die erkennen, dass sie nicht füreinander passen, nicht trennen und einen anderen Partner suchen? Warum werden sie verstoßen, wenn sie es tun, stigmatisiert, von der Eucharistie ausgeschlossen? Mit welchem Recht geschieht das? Gott muss doch alle Menschen segnen? Auch uns, die im Verborgenen Liebenden, die genauso eine Segensberechtigung hätten wie jeder andere Mensch auch? Sie sei doch deswegen kein schlechter Mensch, nur weil sie anders liebe und anders Erfüllung suchen würde? Sie sei doch eine gute Mutter und ihrem Mann ansonsten eine perfekte Partnerin gewesen, eine treue Kirchgängerin und habe ein gerechtes Leben geführt – bis eben auf den einen Punkt, der ihr ganzes Sein und ihre Gläubigkeit nun infrage stellen sollte? Sie habe ihr ganzes Leben an die Lichtung im Wald aus ihren Kindertagen gedacht. An ihre Glaubensgewissheit, immer aufgehoben zu sein, egal was geschieht. Und sie habe auch an die vielen Nächte gedacht, in denen sie aus Angst um ihre Familie und ihr Seelenheil um eine Lösung gebetet und Gewissheit für die Richtigkeit ihres Handelns erfleht habe. Irgendwann einmal, an einem Tag am Meer, habe sie es plötzlich erkannt, dass niemand die Wahrheit wissen will. Die Gesellschaft und auch die Kirche liebt diese Fassaden der heilen Welt und pflegt sie. Und das aus gutem Grund. Das Arrangement hilft am Ende allen. Warum, liebe Kirche, denkt sie schließlich, befreien wir nicht endlich die Liebe? Geben wir sie zurück in die Selbstverantwortung der Menschen? Wann befreit sich die Kirche endlich selbst von der Last, andere Menschen zu verurteilen? Die Kirche müsse aufhören, zu richten – sich endlich lösen von Schuldzuweisungen, die Angst auslösen und nur beherrschen wollen. Sich trennen von all den Verboten, Geboten, die mit der Androhung ewiger Strafen das Ende des Seelenheils beschwören, wenn dagegen verstoßen wird.

Was solle daran Sünde sein, wenn es wahrhaftige Liebe ist? Denn Liebe sei nicht allein die körperliche Begierde, zu der sie immer herabgewürdigt werde, sondern auch tiefe Zuneigung zu einem anderen Menschen, die sich in so vielen verschiedenen Formen äußern könne. Die Liebe zwischen Mann und Frau. Die Liebe der Eltern zu ihren Kindern. Die Nächstenliebe für andere Menschen. Liebe sei die stärkste und natürlichste Sehnsucht, die einen Menschen erfassen könne – die Sehnsucht nach Einheit und Gemeinsamkeit – und darüber dürfe niemand anders richten als Gott.

Ihren Glauben an Gott und ihr Vertrauen zu ihm wollte sie sich nicht länger nehmen lassen und ihr Ziel wäre es, in die harmonische Einheit zurückzufinden, die sie als Mädchen erlebt hatte, als auf einer Waldlichtung alles für sie begonnen hat: dieses Gefühl innerer Verbundenheit mit der Natur, mit der Schöpfung, mit Gott, ihrem Glauben an ihn, der das alles geschaffen habe, und mit sich selbst.

Die Freiheit, die sie für sich erkannt hätte, läge fortan in der Selbstverantwortung, ihren Glauben auszuüben und ihn sich nie wieder von Institutionen angreifen zu lassen, die sie oft als frauenfeindlich, archaisch und lebensfern erlebt habe. Sie wollte nicht länger Gewissensqualen erleiden, sondern voller Selbstbewusstsein und Gottvertrauen leben – das sei ihr letztes großes Lebensziel.

Als sie die Sätze zum ersten Mal denkt, nach all den Jahren dieses alle Kräfte auszehrenden Gewissenskonfliktes, schreibt sie, sei sie aufgesprungen und hätte jubelnd vor Freude geweint. Aus diesem Glück der Befreiung heraus hätte sie mir ihre Lebensgeschichte gebeichtet und auf Aufnahme gehofft, weil sie alle Menschen, die das lesen, umarmen und einladen wolle, sich für die Freiheit zu entscheiden – statt für ein ungelebtes Leben –, weil sie sicher sei, dass sich sehr viele Menschen in Teilen ihrer Geschichte wiederfinden könnten. Zum Schluss hat sie noch – mit einer Spur Sarkasmus, aber den habe ich richtig verstanden – geschrieben: »Sie haben Glück mit Ihrer zölibatären Lebensweise, Sie schauen nur nach oben, in den Himmel. Frauen hingegen, die spirituell leben wollen, dürfen nicht Priesterinnen werden. Und müssen zusätzlich auf spirituelle Männer verzichten, weil die Priester werden.« Da führen zwei Züge in hoher Geschwindigkeit aneinander vorbei. Falls sich »Spiritualität« nur durch gemeinsame Kinder vererben würde, schaffen sich spirituell begabte Menschen in der katholischen Kirche mit der Zeit selbst ab. So endet dieser Brief einer Frau, die ihr Leben lange gesucht hat und erst so spät wiedergefunden hat, was sie seit ihrer Kindheit verloren hatte: ihre Glaubensgewissheit und ihre Einheit mit Gott – und ihr Recht auf Selbstbestimmung, sich nicht von Dritten richten zu lassen, weil man sich nichts schuldet außer die Liebe, und auch als Frau frei zu leben und selbst zu entscheiden, was menschlich gut für sie ist. Und jetzt ist es an uns, welche Haltung wir einnehmen wollen. Ob uns das zusteht? Ob wir selbst den Ansprüchen genügen, mit denen wir Maß bei anderen Menschen nehmen? War diese Frau, die Jahre ihres Lebens so mit sich und ihrem Glauben gerungen hat, etwa wirklich die Sünderin, als die sie sich so oft empfunden hat?

ﷺ

Ich beschloss aufzubrechen. Der Bauer unten im Feld hatte seine Arbeit vollbracht. Und wieder würde die nächste Generation Getreide wachsen. Er würde düngen und irgendwann Glyphosat ausbringen. Für Glyphosat ist alles Unkraut, was nicht Getreide ist. Auch die roten Mohn- und die blauen Kornblumen meiner Jugend, die so schön leuchten im Feld. »Es sind noch vier Monate bis zur Ernte«, dieser Satz aus dem Gleichnis von der Frau aus Samarien am Jakobsbrunnen fiel mir plötzlich wieder ein. Die Frau, zu der Jesus sagt, dass sie bereits fünf Männer hatte in ihrem Leben und der, den sie jetzt hat, nicht ihr Mann sei. Als sie sich wundert, dass Jesus gerade sie bittet, ihm das Wasser zu reichen, antwortet Jesus mit einer Gegenfrage:

»Wenn du wüsstest, worin die Gabe Gottes besteht und wer es ist, der zu dir sagt: Gib mir zu trinken!, dann hättest du ihn gebeten und er hätte dir lebendiges Wasser gegeben. Sie sagte zu ihm: Herr, du hast kein Schöpfgefäß und der Brunnen ist tief; woher hast du also das lebendige Wasser? Bist du etwa größer als unser Vater Jakob, der uns den Brunnen gegeben und selbst daraus getrunken hat, wie seine Söhne und seine Herden? Jesus antwortete ihr: Wer von diesem

Wasser trinkt, wird wieder Durst bekommen; wer aber von dem Wasser trinkt, das ich ihm geben werde, wird niemals mehr Durst haben; vielmehr wird das Wasser, das ich ihm gebe, in ihm zu einer Quelle werden, deren Wasser ins ewige Leben fließt. Da sagte die Frau zu ihm: Herr, gib mir dieses Wasser, damit ich keinen Durst mehr habe und nicht mehr hierherkommen muss, um Wasser zu schöpfen!« (Joh 4,10–15).

Vielleicht hatte auch die Frau, die mir ihre Lebensbeichte geschickt hat, bereits dieses Wasser erhalten und konnte sich so am Ende ihres Konfliktes selbst wiederfinden? War jetzt tatsächlich die Zeit gekommen, wie im Gleichnis beschrieben, wo die Menschen Gott überall finden und anbeten könnten, wenn sie von seinem Geist und seiner Wahrheit erfüllt wären? In jedem Fall hatte sie mir erlaubt, ihre Geschichte zu erzählen: »Kommt und seht«, hatte sie mir damit sagen wollen.

Ich verstaute meine Sachen im Auto und spürte aufkommenden Unwillen darüber, was uns Menschen das Recht geben soll, über andere Menschen zu richten, etwa über diese Frau, die ihr Lebtag nie etwas Ungesetzliches getan oder einem anderen Menschen Leid zugefügt hat. Die ihr Leben lang mit ihrem Glauben, ihrem Pflichtgefühl und ihrer Sehnsucht so derart gekämpft hat, um ihre Liebe zu befreien und endlich einen Weg zu finden für ihre Art zu glauben? Wo es kriminell wird, gibt es bereits Gesetze und weltliche Richter, die zu entscheiden haben und das auch tun. Und wo Unrecht und Gewalt geschieht, darf und muss ich auch als Seelsorger begleiten, einschreiten, um Leben zu schützen. »Gott ist Geist, und die ihn anbeten, die müssen in Geist und in der Wahrheit anbeten.« Was anderes hatte sie getan? Mit welchem Recht also sollte ich ausgerechnet diese so vehement nach Gott suchende Frau verurteilen, ihr einen anderen, für sie fremden Weg vorschreiben und sie mit Drohungen zwingen, diesen zu gehen? Wer allein außer Gott könnte gerecht entscheiden, was am Ende gleichnishaft wirklich Unkraut ist – und was vielleicht zu unser aller Nutzen blüht? Wir sollten besser nicht voreilig ausreißen, was wir für Unkraut halten, um nicht auch das Nützliche zu zerstören, sondern warten, bis der Tag der Ernte kommt und Gott das Gute vom

Bösen scheidet und das Böse verbrennt, wie im übertragenen Sinne die Botschaft im Gleichnis vom Unkraut lautet (Mt 13,24–30).

Die Verantwortung für unser eigenes Seelenheil dürfen wir an niemanden delegieren oder uns von irgendjemandem abnehmen oder vorschreiben lassen – denn es gibt nichts, was intimer ist, als das Verhältnis jedes Menschen zu Gott. Diese Freiheit der Entscheidung, welche die Frau für sich als lebensnotwendig erkannt hatte, bedeutet die Selbstverantwortung, unseren Glauben auszuüben. Das zu erkennen im Wissen, dass sie all die Jahre auf ihrem Pilgerweg trotziger Verzweiflung nie alleine gewesen war, seit sie ihre Gottesgewissheit auf ihrer Waldlichtung so intensiv erfuhr, hatte sie zurück in ihren Glauben gebracht. Und genau deshalb sehe ich meine Aufgabe nicht darin, andere zu richten, zu strafen und auszugrenzen – sondern im Gegenteil, es nicht zu tun und jeden Menschen auf seinem Weg zu begleiten und vorzuleben, was Christsein ist: nämlich Nächstenliebe und Barmherzigkeit, die Achtung vor dem Leben und der Schöpfung. Denn das ist meine Bestimmung. »Hat dich keiner verurteilt?«, fragt Jesus im Johannesevangelium die Ehebrecherin, die man zu ihm brachte. »Nein, keiner«, antwortete sie ihm und Jesus sagt: »Auch ich verurteile dich nicht!« Das also ist mein Auftrag, um den Menschen zu helfen. »Geh und sündige nicht mehr!«, sagt Jesus noch weiter. Das ist Aufgabe eines jeden Einzelnen, in seinem Leben eins zu werden mit sich, Gott und dem Nächsten. Wir begleiten ihn dabei, aber wir haben kein Recht zu verurteilen!

Selbst nach einem sehr früh beginnenden langen Arbeitstag freue ich mich auf die Menschen, denen ich begegnen werde, weil ich ihnen sagen darf, ja, wir haben eine Botschaft. Tragt sie hinaus in eure Gemeinden, zu euch nach Hause, in eure Familien, zu euren Freunden: »Fürchtet euch nicht!«

Der Tag war jetzt weit fortgeschritten. Ich würde mich jetzt beeilen müssen, um rechtzeitig zur Lesung zu kommen. Ich muss immer wieder feststellen, wie tiefgreifend sich mein Leben seit Aschermittwoch 2016 verändert hat. Unterwegs zu den Menschen. Was ich zu ihnen hintrage, braucht keine Koffer. Eine kleine Tasche mit dem

Notwendigsten reicht, ein paar Bücher zum Verschenken. Die Bibel habe ich im Kopf. Ich schaute diesen Ort noch einmal an, der so kurz meine Schlafstatt war und den ich vermutlich nie wiedersehen würde. Wenn du unterwegs bist, gibt es viele solcher Orte, deren Erinnerung bald verblasst. Als ich den Motor meines 20 Jahre alten Golfs startete, rumorte er ähnlich wie der Traktor des Bauern. Vermutlich der Rost, der ein Loch in den Auspuff gefressen hat. Ich fuhr zurück auf die Autobahn, meinem Ziel entgegen und dachte weiter über das Schicksal der Frau nach, über Thomas und Cosimo, über Silvia und Caro und diese ganzen wunderbaren Menschen, über Hassprediger, die richten und ausgrenzen, statt christlichen Glauben vorzuleben, und keine Barmherzigkeit walten lassen, über die vielen Briefe und Wortmeldungen auf meinen Lesungen, die genau das beklagen, die Ferne der Kirche von ihrem täglichen Leben, das verlorene Vertrauen, und teils sehr emotional schildern, warum sie uns den Rücken kehren. Ich dachte an die alte Bäuerin in ihrem schönen Garten Eden gleich hinter Dachau und an die Handläufe, die ihre Söhne für sie angebracht hatten – und wie sehr mir solche liebevollen Handläufe der Bischöfe und Kardinäle fehlen in meiner täglichen Arbeit, wie sehr sich meine Kardinäle bei der Beantwortung all der drängenden Fragen, die die Menschen beschäftigen, unsichtbar machen und uns Priester mit den Gläubigen alleinelassen. Ich dachte darüber nach, wie schnell meine Kirche inzwischen überaltert, weil die Jungen uns als etwas Altes, aus der Zeit gefallenes Kuriosum, sogar als etwas Lebensfeindliches wahrnehmen, mit dem sie nichts mehr anzufangen wissen und fernbleiben. Und wie sehr sich die Kirche als Antwort auf den gesellschaftlichen Wandel abkapselt, indem sie moralisiert, aburteilt, ausgrenzt, abschreckt – anstatt zu begreifen, dass unsere Gesellschaft nicht mehr homogen christlich ist, sondern inzwischen vielen verschiedenen Lebensentwürfen zur Heimat werden muss. Dass sich dieser Wandel auch in den jungen Familien widerspiegelt, wie sie leben, denken und zusammenfinden und neue Familien gründen – dass wir vereinen und uns öffnen müssen für die Tatsache, dass es nicht nur den einen Weg zu Gott gibt – sondern viele. Und dass unser Haus ein großes, gastfreundliches Haus sein sollte, das vielen verschiedenen Menschen und Ideen Zuflucht und Heimat bietet und viele dieser Wege zu öffnen vermag. Weil Frohe Botschaft eine Botschaft ist, so einfach, so zutiefst menschlich ist und so hoffnungsfroh macht, dass sie jeder versteht und annehmen kann. Die Frohe Botschaft ist das kleinste gemeinsame Vielfache, hinter der wir uns alle versammeln können, die menschlich denken und friedfertig sind. Denn jeder Mensch, auch wenn er es leugnen mag, ist in seinem Wesen ein Suchender, ein Fragender, ein Gläubiger, ein Religiöser, ein an Gott gebundenes Wesen und jeder Suchende kommt zu Gott. Es gibt diesen schönen Satz: Gott wird dich nicht fragen, auf welchem Pilgerweg du zu ihm gekommen bist. Du bist da. Angekommen bei ihm – und das ist das Einzige, was zählt. Um zu Gott zu finden, darf es auch andere Wege geben, wenn wir von seinem Geist erfüllt sind – ich gehe meinen Weg. Wenn jemand einen anderen Pilgerweg geht, der zu Gott führt, dann ist es nicht meine Aufgabe, das zu verurteilen – solange er mich auch meinen Weg gehen lässt. Das bedeutet den Respekt für andere Religionen – und verlangt genauso den Respekt der anderen Religionen für unseren Glauben. Glyphosatfrei. Biologisch und für Menschen unbedenklich. Und da bin ich ganz nahe beim Ex-Präsidenten der USA, Barak Obama, dessen Tweet eines Zitats von Nelson Mandela sich millionenfach in der Welt verbreitet hat: »Kein Mensch wird mit Hass im Herzen geboren, ganz egal welche Hautfarbe, welche Herkunft oder Religion er hat!«

Mandelas Zitat habe ich im Angesicht eines unschuldigen Neugeborenen bei einer Taufe aufgegriffen, nachdem der eigentlich zuständige Pfarrer (wie es leider nicht selten in unseren Gemeinden geschieht!) sich geweigert hatte, ein Kind zu taufen, nur weil einer der Partner nicht katholischen Glaubens, sondern freikirchlich gewesen ist und der bestellte Pate überhaupt keiner der beiden Kirchen angehörte, sondern ausgetreten war. Die Ablehnung mag vielleicht kirchenrechtlichen Vorschriften entsprechen – aber was kann ein neugeborenes Kind dafür, dass die Eltern nicht den Normvorschriften und dem Idealbild des Kirchengesetzes entsprechen? Soll ich deswegen etwa ein Kind ungetauft lassen? Ich taufe nicht, damit ich mir an die Brust klopfen kann, dass ein Kind mehr katholisch geworden ist und später Kirchensteuer zahlt. Ich taufe, weil ich an das Sakrament glaube und daran, was es in einem Menschen Gutes bewirken kann! Der ganze Taufritus ist eine einzige Revolution. Es ist die Rede vom Leben. Ich übergieße das Kind mit Wasser. Das ist Reinheit. Dann salbe ich es. Die Salbung zum Christen, zum Priester, zum König, zum Propheten – ganz unabhängig vom Geschlecht übrigens – mit dem festlichen Gewand als Botschaft: das Leben ist ein Fest. Es ist ein Geschenk. Licht. Und diese Botschaft wird das Kind dank des Sakramentes ein Leben lang in sich tragen: »Fürchte dich nicht!« – das steht auf seinem Taufschein, egal, ob es später aus der Kirche austritt: Es bleibt ein Kind Gottes. Und dieses Geschenk soll ich einem Kind versagen?

Mein Primizspruch lautet: »Und das ist die Verkündigung, die wir von ihm gehört haben – und euch verkündigen: Gott ist Licht und keine Finsternis ist in ihm« (1 Joh 1,5). Eindeutiger geht es doch wohl nicht? Und was bitte hat es mit »christlich« sein zu tun, wenn ich Menschen abweise, die sogar christlich leben und die Taufe ihres Kindes wünschen? Wie hoch wollen wir die Absperrungen noch machen? Es wird doch niemand zur »Selbstbespaßung« sein Kind taufen lassen? Sondern doch wohl aus Überzeugung, weil sie eben gläubig sind und ihr Kind christlich erziehen wollen. Solche religiösen Patchwork-Familien, wie in diesem Fall, sind heute gesellschaftliche Wirklichkeit. Hochzeiten sind eine Wundertüte, da muss ich erst mal selber schauen, wer da alles kommt, bevor ich zu predigen anfange. Die Gäste erscheinen heute nicht mehr nur in Dirndl und Trachtenjanker, sondern tragen manchmal auch Kimono oder Turban, und was bitte sollte uns hindern, die Verwandten des Hochzeitspaares aus anderen Kulturkreisen genauso willkommen zu heißen? Umso besser! Dann leben wir ihnen vor, was christliche Nächstenliebe und Gemeinschaft bedeutet. Die Zeit lässt sich nicht zurückdrehen – also gehen wir besser einen Schritt voraus, Richtung Zukunft, und öffnen uns – bevor die anderen es tun und uns abhängen, weil wir nicht mehr Schritt halten mit der Zeit. Und so habe ich den Eltern, als sie nach mehreren Anläufen schließlich bei mir anfragten, ob ich vielleicht bereit sei, ihr Kind zu taufen, gesagt: »Na klar. Her mit euch!« Denn das sind genau die Fälle, in denen ich wieder geradebiegen möchte, was meine Kirche bei gläubigen Menschen falsch macht, indem sie gläubige Menschen abweist, die anklopfen und um Einlass bitten. Und dann kommt der Tag der Taufe und da steht dieser abgewiesene Pate neben mir, ein junger Mann, der selbst keiner Kirche angehört, der mit dem Christentum vorher nie tiefer in Kontakt gekommen ist, sportlich, taff, technisch versiert, modern, ein äußerst erfolgreicher Start-upper aus der IT-Branche, ein Mensch wie vom Laufband meiner Konkurrenz, der Bodystreetläden, und ich sehe schon, während ich taufe, wie stark ihn die Feierlichkeit dieses Sakraments berührt, mit dem wir das Kind in die Gemeinschaft mit Gott aufnehmen. Als das Kind getauft ist und alle selig schauen, stellt er sich hin, räuspert sich und fragt, ob er auch etwas sagen darf? Natürlich. Er beginnt, stockt, dann wird seine Stimme brüchig und in seiner ganzen Rührung, die ihn völlig überwältigt, haut er es mit einem Schluchzen doch raus, sein Versprechen, diesem Kind, dem er bei der Taufe zur Seite gestanden ist, auch für den Rest seines Lebens zur Seite zu stehen, immer als ein guter Pate für es da zu sein, wenn es ihn braucht, es zu begleiten und zu beschützen, wo immer es hingeht. Das war wie ein Schwur. Und das sagt er mit einer Intensität, dass allen die Augen feucht wurden. Er sagt weiter, er hätte nie geglaubt, dass er einmal in einer Kirche stehen würde, vor einem Taufbecken und einem Kind aus voller Überzeugung ein so bedeutendes Versprechen abgeben darf. Und dass es jetzt für ihn die höchste Erfüllung sei, nach all den Widerständen, die es vorher gab. Und am Schluss hat er das Kind angeschaut und es mit fester Stimme noch einmal ausgesprochen: »Ab jetzt wird uns nichts mehr trennen!« Okay, dachte ich, da hat einer wirklich begriffen, was es heißen soll, ein guter Pate zu sein, wer sonst, wenn nicht dieser Mann, wird seine Patenschaft für das Kind mit Leben und Liebe erfüllen. Und auch bei dem jungen

Mann hat das Sakrament der Taufe etwas ausgelöst, etwas sehr Tiefes im Inneren anklingen lassen, das er so gar nicht gekannt hat. Und vielleicht wird sich auch sein Leben ändern? Vielleicht wird er erkennen, dass das Leben nicht nur aus Bits und Bites, Technik, Funktionieren und Rationalität besteht – sondern wie sein Patenkind auch ein Geschenk, ein Wunder ist. Weil er vielleicht selbst einen »Paten« gefunden hat, der ihn behüten und begleiten wird für den Rest seines Lebens. Einen Paten, der immer schon da war, aber den er nicht wahrgenommen hat. Und diesen Menschen, ausgetreten, aufgewacht und christlich in seiner Nächstenliebe wie er im Buche steht, ausgerechnet den hätte ich abweisen sollen? Weil er nicht ins Formular passt? Die Vorschriften stört? Aus der Reihe tanzt? Weil die Verwaltungskirche seine Befähigung als Pate für dieses Kind an Kürzeln festmacht, ob da »rk« oder »ev« oder gar »konfessionslos« auf der Lohnsteuerkarte steht? Ja, der eine Pate ist konfessionslos und der andere ist freikirchlich. Aber das heißt doch nicht »unkirchlich«? Und schon gar nicht »unchristlich«! Die Mutter wird dieses Kind selbstverständlich nach christlichen Werten erziehen, weil sie an Gott glaubt, in ihrer Kirche engagiert ist. Genau wie der Vater, und ihr getauftes Kind wird einen wundervollen engagierten Paten haben. Was will Taufe denn mehr? Will irgendjemand ernsthaft von mir verlangen, dass ich gerade in dieser Zeit eine ganze Familie gläubiger Christen abweise und aus dem Haus treibe? Nicht mit mir! Wer klopft, dem wird aufgetan. Schließlich kommt es doch auf das Menschliche an. Auf die Liebe zu diesem Kind. Ich muss doch nicht alles inquisitorisch nachfragen, prüfen, beurteilen, verurteilen, abstempeln und ausgrenzen. Verwaltungstechnisches Glyphosat ausbringen. Ich bin auch keine Detektei zur Gewissenserforschung der Eltern. Ich soll ihr Kind christlich taufen. Und das ist doch wunderbar. Und ein Sakrament braucht keine Formulare, sondern Geist. Nichts anderes hat Christus uns hinterlassen, als er unsere Welt zum Vater im Himmel verließ: keine Orden, keine Titel, keine Vorschriften und Auszeichnungen und keine Gesetze außer die Liebe, die über dem Gesetz steht.

Das Kind war getauft. Fall gelöst. Dachte ich. Mission completed.

Nicht in Afrika. Sondern Mission hier. Vor meiner Tür. Doch nein! Meine Verwaltungskirche sieht das anders. Einige Zeit nach der Taufe – kommt ein offizielles Formschreiben aus dem Ordinariat: »Sie konnten das Kind nicht taufen, da der Pate nicht in voller Einheit mit der katholischen Kirche steht.« Steht da. Wörtlich. Funktionsdeutsch mit Aktenzeichen. »Wieso ›konnte ich das Kind nicht taufen‹?«, frage ich nach und erläutere: »Ich war da. Das Kind war da. Familie war da. Absolut motivierter Pate, wie man es sich nur wünschen kann, war da. Ich konnte. Gut ist es gegangen. Kind getauft. Alles bestens. Woher die Sorge?« Da kann ich so einen Zorn kriegen, wenn dieser ganze Formalismus beginnt, der das Evangelium und jede Mitmenschlichkeit zu ersticken droht. Ich bin Priester. Seelsorger. Kein Schreibtischhengst.

Ich taufe das Kind aus meinem Glauben heraus, weil ich überzeugt bin, dass eine Taufe wichtig ist, ich glaube an dieses Sakrament und seine Wirkung. Genauso übe ich mich in Demut, ob das Kind, wenn es zu einem Erwachsenen herangereift ist, meinen Glauben teilt – oder ob es aus der Kirche austreten wird. Für mich ist entscheidend: das Kind wurde christlich getauft – aus der Liebe Gottes kannst du nicht austreten.

Ich will diese allgemeine Verunsicherung ersten Grades nicht. Ich dachte eigentlich, wir hätten sie als Vergangenheit in unserer Kirche überwunden. Dem ist vielerorts nicht so, leider. Sie feiert teilweise intensive Wiederbelebung. Die Betroffenen aber wollen sie nicht. Sie leiden. Und die Mehrheit der Gläubigen versteht nicht, warum das so sein muss. Was jetzt läuft, ist an Widersprüchlichkeit bis hin zur Absurdität nicht zu überbieten. Die Menschen merken sich solche Ungleichheiten, Widersprüche und – wie viele meinen: Ungerechtigkeiten sehr wohl.

Es fehlt die entschiedene Konsequenz aus der Kirchenführung. Es darf keine Trennung mehr unter uns Christen, gerade in solchen Momenten wie bei einer Taufe geben. Keine Trennung geben, kein Einteilen, Verurteilen, Strafen und Ausgrenzen, wenn es um unseren Glauben geht. Das Recht also, diesen Glauben in der Gemeinschaft mit anderen Gleichgesinnten zu leben und zu erleben. Erst recht muss es Aufnahme und Güte geben, wenn es um Menschen in Seelennot geht. Diese Menschen, die zu mir kommen, sehnen sich aber nach genau dieser Güte, nach Verständnis und Aufnahme. Ich darf sie nicht wegschicken. Und ich will sie nicht wegschicken. Und ich werde das auch nicht tun. Im Gegenteil werde ich immer laut sagen: Ihr gehört zu uns und nichts soll uns und euch von den anderen trennen, denn im Glauben sind wir die Kirche, die Gemeinschaft Jesu Christi.

Ich bin bei den Menschen. Natürlich kann ich das Kind taufen, das überlässt die Verwaltung doch bitte mir, dem Seelsorger – dafür bin ich doch ein geweihter Priester und ordentlich installierter Pfarrer, damit ich wenigstens das in meiner Kirche selbst entscheiden kann, ob diese Eltern dieses Kind tatsächlich christlich erziehen werden? Da brauche ich keine Paragrafen – sondern Mitgefühl und Menschenkenntnis. Und meine Menschenkenntnis habe ich mir nicht einfach im Priesterseminar angelesen, sondern draußen in der Welt – auch mit dem Taxischein – erworben und in dreißig langen, erfüllten Jahren meiner Seelsorge.

ﻟ

Als Taxifahrer war ich jahrelang vorzugsweise nachts in München unterwegs. Da bekommst du ein Gespür für Menschen, ihre Ängste, achtest auf kleinste Reaktionen und stellst dich entsprechend ein. Grundsatzregel Nummer eins: Die Nervosität und Unsicherheit, die du selbst ausstrahlst, kommt als Echo zehnfach verstärkt zurück. Wenn du deinen Fahrgast nicht richtig ansprichst, seinen guten Ton nicht triffst oder du seine Sprache nicht verstehst und er nicht deine, weil du nicht eindeutig bist, nicht präsent, und dein Gast durch all dein Fehlverhalten sein Vertrauen verliert und schließlich an deiner Kompetenz zweifelt, hast du verloren. Das wird dann nie eine gute Fahrt: Die Nörgelei deines Beifahrers nimmt zu mit der Zahl der Schweißperlen auf deiner Stirn. Du bist heilfroh, wenn das Ziel erreicht ist und dein Gast mit Gesten der Verachtung aus deinem Taxi springt. Trinkgeld gibt es dann erst recht nicht. Also strahlst du Ruhe aus, Zuversicht, selbst wenn du auf den Felgen fährst, sodass die Funken sprühen und nur noch vier Milliliter Diesel im Tank sind. »Passt scho!«, sagen wir in Bayern. Und so habe ich als Taxifahrer – sogar unter guter Bezahlung, mit üppigen Trinkgeldern, weil ich extrem lernfähig bin – die Grundregeln der Seelsorge gelehrt bekommen:

1. Du bist wie ein Gefäß, offen, aufnahmebereit und stellst dich ohne jedes Vorurteil freundlich und auf dein Gegenüber ein, reißt ihm die Türen auf und heißt es willkommen.

2. Du urteilst nicht. Du verurteilst nicht. Sondern nimmst jedes seiner Signale auf, ohne es gleich in deine eigenen Schubladen einzuordnen und damit zu missdeuten. Du hörst einfach zu, nimmst auf, was dein Fahrgast will, wozu, wohin er will und wie eilig er es hat und – wie nervös er ist

3. Du strahlst unerschütterliche Ruhe aus, also »Passt scho!-Zuversicht« , egal, wie wüst das Verkehrs-Getümmel wird.

4. Wenn du meinst, schauspielern zu müssen: Zuversicht kannst du nicht spielen, auf Dauer schon gar nicht – die Fahrzeiten können sehr lang werden, im Stau, an roten Ampeln, wenn du dich verfahren hast.

5. Zuversicht muss von innen leuchten. Aus deinem Herzen. Du musst also zunächst selbst überzeugt sein, dass sich die Knoten lösen und alles Fügen wird ehrlich und tief verwurzelt. Von dieser Überzeugung so völlig erfüllt sein, dass daraus die Kraft und der Gleichmut entsteht, unerschütterlich zu bleiben, egal was kommt, dass du immer eine Lösung finden wirst.

6. Du bist erfüllt von der Gewissheit, dass du nie alleine bist, dass dich und dein Taxi irgendeine große Macht beschützt und dich am Ende immer durch jede Gefahr und jeden Stau heil, hindurchführen wird.

Und hier, genau hier beginnt mein Glaube. Dass ich nie alleine bin. Dass er immer bei mir ist. Dass mir nichts, aber auch rein gar nichts geschehen kann. Denn egal durch welche Höllen des Münchener

Großstadtverkehrs ich fahre – am Ende werde ich immer mein Ziel heil erreichen. Dass da jemand ist, der für ein gutes Ende sorgt. Das ist die Glaubensgewissheit der Taxifahrer, die Profis sind und später Priester werden.

Ich habe noch alle Tricks von damals drauf. Wenn der zugestiegene Fahrgast mir zuruft, sein Flieger ginge in 30 Minuten, was sportlich ist für eine Fahrt aus der Innenstadt zum Flughafen, damals noch zum alten Flughafen Riem. Wenn ich konzentriert fahre, dann ist das wie bei Hollywood-Blockbuster Matrix, wenn die Kugeln fliegen. Der Verkehr scheint für mich stillzustehen, während ich mich durch die zeitlupenhaft dahinzuckelnden Feierabendfahrer hindurchschlängle, jeden Vorteil nutzend, wie im Fußball den Gegner umdribbelnd – manchmal unter strafbewehrter Umgehung der STVO, unter Ausnutzung der rechten Abbiegespur in die Poleposition vor einer roten Ampel gleitend, um dann bei Grün aus der Bewegung heraus wieder links einscherend mich an die Spitze der Blechlawine zu setzen und ein paar Meter gutzumachen. Zeit ist Geld. Damals war es das Trinkgeld, das ich als Student bekam, wenn der Geschäftsmann wider Erwarten seinen Flieger doch noch pünktlich erwischte. Ich bin ein sehr guter Autofahrer, sagte auch neulich wieder ein guter, alter Bekannter zu mir, der seinerseits ein sehr guter Motorradfahrer ist, aber wiederum einen wahnsinnig schlechten Beifahrer hergibt. Wenn er bei anderen aussteigt, sieht man normalerweise die Abdrücke seiner Füße im Bodenteppich, wo er ständig mit durchgedrückten Beinen und beiden Füßen gebremst hat, sieht die Spuren seiner Fingernägel in der Armatur und den Sitzen, in die er sich in Angstschweiß gebadet gekrallt hat. Nur eben bei mir nicht. Und so wie beim Taxifahren möchte ich auch für die Gläubigen da sein, die Vertrauen haben in das, was ich tue, die mir ihren Glauben schenken und eine Kirche suchen, die keine Angst verbreitet. Eine Kirche, die mich willkommen heißt und nicht aburteilt und ausgrenzt. Eine Kirche, der ich vertrauen kann.

Auf dem Weg durch die Holledau hatte ich in den Hügeln entlang der Autobahn überall die Zwiebeltürmchen zahlloser Kirchen über die Kuppen spitzen sehen, die mit ihrem Geläut am Sonntag zu den Gottesdiensten rufen und ein Netzwerk des Klanges über das Land legen. Es gibt keinen Ort in Bayern – wer Ohren hat zu hören –, an dem man sonntags kein Geläut hören wird. Unsere Kirchen sind wie akustische Funktürme des Glaubens, die Zeugen einer zwei Jahrtausende alten Kultur im Zeichen der Nächstenliebe. Unsere Kirchen sind oft das letzte sichtbare Zeichen früher noch funktionierender Gemeinden, die zu ihren Hoch-Zeiten ihre Lebendigkeit durch den Bau von Gotteshäusern manifestiert haben. Die Gemeinden sind die Grundlage der Kirche, der Fels, auf dem sie gebaut ist, und sind die Grundlage für das Band unserer christlichen Werte, mit dem sie alle – auch durch den Klang der Glocken – über alle Leiden und Freuden der Geschichte miteinander verwoben sind. Gemeinden aber sind nur so vital wie die Menschen, die sich darin vereinen. Was wird aus diesen Kirchen, diesem kulturellen Netzwerk meines Glaubens, der – wenn auch rapide schwindend – immer noch Grundlage für den Werte-Zusammenhalt unserer Gesellschaft ist, wenn die Menschen eines Tages ganz wegbleiben? Wer sperrt dann auf und schaltet das Geläut an? Wer wird die morschen Dächer richten, unter denen dann nur noch die Tauben nisten? Die Zeiten sind im Wandel. Der Zement ist aus! Das bisher alle Bindende und Verbindende schwindet. Wer nicht mit der Zeit geht, der geht eben mit der Zeit.

Ich verstehe daher diese Blockadehaltung der Kirche gegen gleichgeschlechtliche Beziehungen von Gläubigen, gegen die Kommunion für Wiederverheiratet-Geschiedene und den ganzen Formalismus einer Verwaltungskirche gegen Menschen, die christlich denken, aber vielleicht etwas aus der Norm fallen, in der heutigen Zeit nicht mehr, in der das moderne Leben den Moralvorstellungen der Kirche weit vorausgeeilt ist. Eine Blockadehaltung, die inzwischen so viele Menschen abschreckt und ausgrenzt. Abweisung aber führt zu Abkehr. Zumal die Gläubigen, die wir ausgrenzen, doch die Ungerechtigkeit darin sehen, wie bei uns in der Kirche das Thema Homosexualität und wie wir damit umgehen wollen auch in den eigenen Reihen keineswegs problemlösend verarbeitet und besprochen worden ist. Schon gar nicht in der Ausbildung des Nachwuchses im Priesteramt, junge Männer, die mit ihren sexuellen Problemen im Zölibat letztlich doch alleingelassen werden und die kaum wissen, was da auf sie zukommt, weil Sexualität und der verantwortungsvolle Umgang damit generell als Sünde tabuisiert wird. Über sämtliche Fragen der Sexualmoral müssen wir uns endlich ehrlich hermachen, ob sie für die heutige Zeit sinnvoll beantwortet sind. Aber nicht in großen Kongregationen, welche die Umsetzung klarer Erkenntnisse wie Bleigießen betreiben und man nachher nur noch rätseln kann, was genau gemeint ist – sondern in unserer täglichen Arbeit in den Gemeinden. Glaube soll Leben fördern, nicht Leben abwürgen und ersticken.

Wir haben genügend abgewiesen – wir müssen nicht zusätzlich noch mehr Gläubige vertreiben, die Menschen kommen von alleine nicht mehr zu uns in die Kirchen. Sie haben genug davon, sich von einer Kirche Vorschriften machen zu lassen – die selbst fehlbar ist und gegen ihre eigenen Moralvorstellungen immer wieder verstoßen hat. Eine moderne Kirche muss weg von Verboten und Stigmatisierungen von Menschen, die ihre Entscheidung getroffen haben, verantwortungsvoll anders zu leben und zu lieben – und trotzdem ihren Glauben erfüllend ausüben wollen.

Wir haben kein Recht, diese Menschen wegzuschicken. Und noch weniger haben wir ein Recht, über diese Menschen zu richten. Ich jedenfalls richte nicht und schicke niemanden weg, setze niemanden zurück und niemand in meiner Gemeinde tut das, selbst wenn mal ein Mann – auch das hatten wir schon in Sankt Max – in Frauenkleidern kommt. Solche Auftritte ignorieren meine Leute nicht mal, so wenig Aufsehen erregt das. Diese Unaufgeregtheit tut allen gut. Ich behandle alle Menschen, die in meine Kirche kommen, so wie es ihnen zusteht, und zwar als das, was sie sind: als suchende, gläubige Menschen und es bedeutet für mich einen Quantensprung an Gerechtigkeit, sie nicht abzuweisen, sondern sie genauso zu behandeln wie alle anderen Gläubigen auch. Wir sollten unsere Lehre, Ideen und

Ideale besser immer an der Wirklichkeit messen. Dazu müssen wir unsere Regeln nicht über Bord werfen – aber barmherzig müssen wir sein in ihrer Anwendung. Ich bin sicher, Jesus würde sich heute genauso für gleichgeschlechtliche Paare einsetzen, wenn sie dauerhaft zusammenbleiben wollen und dafür Verantwortung übernehmen, so wie er sich in seiner Zeit für alle eingesetzt hat, die an den Rand der Gesellschaft gedrängt wurden. Wir müssen hin auch zu den Rändern, uns auch verbeulen lassen, wie es Papst Franziskus uns so ungeschminkt ins Stammbuch schreibt, statt immer stolz, ewig, schön und unberührbar dazustehen.

Meine Gemeinde sehe ich dahingehend sinnbildlich als den Stall von Bethlehem, der sich öffnet und Unterschlupf bietet für die vielen einsam Reisenden draußen, die Schutz und Zuspruch und eine Heimat suchen – und mich als eine Art spirituellen Taxifahrer, der sie sicher dorthin bringt. Der Sakralbau Kirche aber ist eben nur der Stall. Mit Geist und Leben erfüllen müssen wir Menschen ihn.

Und aus alldem denke ich, muss die Kirche lernen, sich nicht nur der modernen Zeit anzupassen – sondern sich an die Spitze der gesellschaftlichen Veränderungen zu setzen und sie in ihrem, einem menschlich-christlichen Sinn zu gestalten – aber zukunftsweisend. Und nicht zurück ins Mittelalter. Und das bedeutet, den Menschen in bewusste Selbstverantwortung führen. Denn am Ende aller Tage wird es genauso sein. Das Richten, ob etwas tatsächlich »Unkraut« ist oder Vielfalt der Schöpfung, sollten wir einem anderen überlassen, wenn die Zeit der Ernte gekommen ist – in einem Reich, das nicht von dieser Welt ist. Das ist die tiefere Botschaft des Gleichnisses vom Unkraut im Weizen. So fühle ich mich auch in voller Übereinstimmung mit meinem Papst, der meine Kirche 2013 mit der rhetorischen Frage – die eigentlich schon die Antwort ist – aufgeschreckt hat: »Warum soll ich einen Gay, einen Homosexuellen verurteilen, wenn er Gott sucht und guten Willens ist? Wer bin ich, über ihn zu richten?«

Ich möchte eine Kirche verteidigen, welche die Kirche Jesu ist, und das ist die Kirche, wie sie Jesus selbst verkündet hat. Und die Kirche, wie sie Jesus von Nazareth verkündet hat, geht aus jeder Zeile des Evangeliums hervor. Die gesamte Schöpfung in ihrer ungeheuren Vielfalt und ihren Widersprüchlichkeiten formt sich am Ende aller Tage immer zu diesem großen und einzigartigen Wunder der permanenten Wandlung, das wir Leben nennen. Und in diesem Rätsel Leben finden wir genügend Raum, in dem sich unterschiedliche Antworten auf die Kernfragen unseres Glaubens verbergen: woher wir kommen, warum wir hier sind und wohin wir gehen und auf welchem Weg wir unterwegs sind. Diesen Raum müssen wir gegen alle Anfeindungen offen halten. Hass auf das jeweils andere vergiftet uns auf Dauer gegenseitig. Vor allem, wenn wir pauschalisieren und Vorurteile pflegen oder ausbilden gegen Menschen anderer Hautfarbe, Religionen, Kulturkreise, einer abweichenden politischen Meinung oder einer anderen Sexualität – anstatt dem einzelnen Menschen als Individuum ins Gesicht zu schauen, wie er denkt, handelt und wie er selbst mit anderen Menschen umgeht. Es geht um Toleranz des jeweils anderen, um unser gesamtes Miteinander, die Achtung unserer Unterschiedlichkeiten und auch darum: standfest zu bleiben, wenn es um die Bewahrung unserer eigenen christlichen Grundwerte und Menschenrechte geht, die nicht verhandelbar sind.

Denn wenn wir uns gegenseitig immer nur bezichtigen, der jeweils andere sei Unkraut, das man ausreißen müsse, und der jeweils andere sei der Weizen, der zu retten ist, dann wird uns am Ende eine spirituelle oder eine atomare Glyphosat-Keule treffen, die uns alle und unsere Unterschiede – das dann aber gemeinsam – auslöschen wird. Das sind alles lauter Unkrautgeschichten, denen wir uns im Alltag stellen müssen.

Wie oft haben sich die Kirchen gegenseitig zu Unkraut erklärt, Bannbullen gegeneinander verfasst, sich gegenseitig aus- und abgestoßen und Kriege entfesselt, sich »magdeburgmäßig« massakriert? Die Reformation von vor über 500 Jahren wirkt bis heute nach, obgleich die politischen und wirtschaftlichen Machtansprüche, die damals nachweislich die Hauptauslöser waren für den bisher nie da gewesenen Gewaltausbruch, den Aufstand der Bauern und den Dreißigjährigen Krieg, längst entfallen sind. Und trotzdem habe ich als Kind noch Verbote erlebt, da durften Kinder nicht mal eine evangelische Kirche betreten, weil dort angeblich der Unglauben die Kinderseelen anfiele. So ein Unsinn! Und ich selbst habe erlebt, wie darüber gestritten wird, bis in höchste Kirchenkreise, wer zum Requiem eines prominenten Verstorbenen die Predigt halten darf, ob das ein Protestant oder ein Katholik ist. Der Verstorbene, der sein Leben lang für Toleranz eingetreten ist, würde sich im Grab umgedreht haben, wäre er schon vorher beerdigt worden. Aber der Streit der Lebenden zog sich eine Weile hin. 2017 ist das lange Jubiläumsjahr »500 Jahre Reformation« zu Ende gegangen. Ein halbes Jahrtausend vergangen seit Luthers Thesenanschlag. Und trotzdem ist die Geschichte der Trennung der Christen in evangelisch und katholisch heute immer noch brandaktuell. Weil die Trennung immer noch nicht überwunden ist. Bei 30 Millionen Euro Kosten und diesem flächendeckenden Gigantismus – sogar ein Playmobil-Luther wurde auf den Markt geworfen – muss sich das Lutherjahr doch ausgezahlt haben? Aber war es tatsächlich der lang ersehnte Aufbruch? Wurde wirklich die Wende eingeleitet? Zur Wiedervereinigung? Dass zusammenfindet, was zusammengehört, »wie im Himmel so auf Erden«? Haben wir Gewissheit, dass die Kirchenführungen jetzt Ökumene so betreiben, dass am Ende Einheit entsteht, auf die wir in großen Schritten konsequent zustreben? Für mich ist bisher nirgendwo sichtbar, dass es weitergegangen ist. Die Frage der Wiedervereinigung wenigstens im Geiste, vielleicht in der Caritas oder sogar beim gemeinsamen Abendmahl – wurde ebenso wenig beantwortet wie die Frage, wie beide Kirchen sich in einer zunehmend kirchenfernen und multireligiösen Gesellschaft behaupten können und wie sie gemeinsam glaubhaft vermitteln, welchen Nutzen Glaube, Gebet und Gottesdienst in diesen Zeiten des Umbruchs für die Menschen bringen könnten, die nach Orientierung suchen. Wir Christen werden in der Welt weniger – sollten wir da nicht besser zusammenstehen?

Doch wie bei den Lösungen für die vielen anstehenden Unkraut-Probleme der Ausgrenzung kommt die Kirche auch in der Ökumene zu spät, ist zu langsam, zu langweilig und zu einfallslos. In keinem Fall wirkt das Bild, das wir abgeben, aufgeschlossen, dynamisch, gestaltend und modern. Das Bild, das sich nach außen vermittelt: Es herrscht geistliche Ratlosigkeit bei beiden Kirchenführungen, selbst wenn sie demonstrativ auftreten wie Zwillinge. Was wir erleben, ist die zweite Spaltung, dieses Mal nicht vertikal zwischen den Konfessionen – sondern innerhalb der Konfessionen waagerecht, in »oben« und »unten«, die im Leben stehenden Alltagschristen mit ihren ganz normalen Lebensentwürfen, für die Ökumene längst außerfrage steht, und darüber die Würdenträger in ihren Amtsstrukturen, die sich selbst beschäftigen mit ihrer Kirchenpolitik der Abgrenzung. Im oberen Teil der Hierarchie, in der es oft um Karrieren geht, wird weiterhin viel von Ökumene geredet – aber peinlich genau darauf geachtet, dass die gezogenen Grenzen nicht überschritten werden. Daher drängt sich für viele die alles bestimmende Frage in den Vordergrund: Können wir nicht oder wollen wir nicht eins sein?

Ich habe diese Frage für mich bereits beantwortet. Wie gesagt, ich missioniere vor meiner eigenen Tür, beginne in meiner Gemeinde, meinem Stadtviertel und wenn die Kraft reicht, weiter darüber hinaus. Für mich privat ist die kirchliche Trennung überwunden und gelöst. Ich lebe seit Jahren die Ökumene im Kleinen, unter einem Dach im dritten Stock unseres Pfarrhauses, Tür an Tür mit Steffen Welz, evangelischer Pfarrer im Ruhestand, und seiner Frau Marie-Louise. Steffen ist nicht nur einer meiner besten Freunde – sondern auch ein ebenbürtiger Kontrahent, wenn es um Glaubensfragen geht. Steffen habe ich bei einem seiner legendären Motorradfahrergottesdienste in St. Matthäus am Sendlinger-Tor-Platz kennengelernt, die er als Pfarrer 28 Jahre lang gefeiert hat. Irgendwann bin ich mal durch Zufall – obwohl es ja keine Zufälle gibt – auf meiner BMW zu diesem Motorradgottesdienst hingefahren, schließlich bin ich selbst begeisterter Motorradpfarrer und -fahrer. Zumal es sich bis zu mir herumgesprochen hatte, dass dieser Steffen Welz super predigen kann und die richtigen Worte findet. Außerdem, dachte ich, kann es ja nie schaden, wenn man ab und zu mal schaut, was die Konkurrenz so draufhat. Ich war erstaunt, dass sich da einige Hundert Biker einfanden, weil ich unter Bikern längst nicht so viele Gläubige erwartet hätte – wobei es eigentlich naheliegt, denn jeder Motorradfahrer, der sich bei Tempo hundert waagerecht in die Kurven legt, sucht nicht nur die Nähe der besten Kurvenlage – sondern auch die zu seinem Schöpfer. Ich war der Meinung, dass es eventuell auch katholische Biker unter den Gottesdienstbesuchern geben würde, und so ging ich auf Steffen zu und bat ihn im Sinne der Ökumene bei dieser evangelischen Veranstaltung auch ein Grußwort sprechen zu dürfen. Dass beide Kirchen miteinander konkurrieren – damit bin ich im Priesterseminar groß geworden. Es wurde nicht nur das Gemeinsame – sondern immer auch leider das Trennende in den Vordergrund gestellt. Ich hatte daher wirklich nicht damit gerechnet, dass Steffen einwilligen würde, es war ja irgendwie seine Veranstaltung – aber er stimmte sofort begeistert zu. Denn es sei eben nicht »seine« Veranstaltung, wie er sagte – es sei »unser« gemeinsamer christlicher Glaube und das Seelenheil der Biker, egal welcher Konfession, worum es ihm ging. Steffen betonte von Anfang an das Gemeinsame, nie das Trennende – und das hatte seinen Grund, wie ich aber erst viel später erfahren sollte. Die Stimmung und das Miteinander in diesem Gottesdienst – man muss sich da harte Kerle in Lederklamotten, mit Bärten, Tattoos, verspiegelten Sonnenbrillen und auch Kutten vorstellen – haben mich völlig eingefangen. Es geschah das, was eigentlich bei jeder Predigt geschehen soll: Ich fühlte mich von Steffens Worten berührt. Wie alle anderen auch. Gemeinde entstand, wie Gemeinde immer entsteht, wenn es einer schafft, anzusprechen, was alle Anwesenden denken und fühlen – wo der Schuh drückt, wo man innehalten sollte und auf welchen Strecken des Pilgerweges man wieder spirituell Gas geben darf. Dieser Tag war der Beginn einer wundervollen Freundschaft und so haben wir dann gemeinsam Jahr für Jahr diesen ungewöhnlichen Biker-Gottesdienst gerockt – mit der Heavy-Metal-Band »Forgotten Heroes« und einem Motorrad im Altarraum. Seither leben wir »Ökumene im Kleinen«. Steffen beschreibt das in einem Artikel für unser Gemeindeblatt so: »Wir sehen uns öfter in der Woche: vor den Wohnungstüren, im Treppenhaus, im Hof, im Pfarramtsbüro oder beim Radeln durchs Glockenbachviertel. Und sofort fangen wir ein Gespräch an. Wir reden wirklich über Gott und die Welt. Und jeder von uns bringt seine Sicht ein. Und Sie können mir glauben: Uns wird nie langweilig, wir haben immer etwas zu bereden. Und da ich ein eifriger Zeitungsleser bin, lege ich meinem katholischen Wohnungsnachbarn die herausgerissenen Artikel vor die Tür, Artikel, welche die Kirche oder ihre Vertreter bzw. Würdenträger, also das Bodenpersonal des lieben Gottes, betreffen. Und manchmal, wenn ich ihm meine Sicht darlege und er mir zustimmt, denke ich: Da ist es doch – das fröhliche Pfarrhaus: beten, nachdenken, sich austauschen und diskutieren über unseren Glauben – Martin Luther hätte an ihm seine Freude. Klar, dass ich in den sechs Jahren, in denen wir hier sind, fast jeden Gottesdienst von Pfarrer Schießler besucht habe. Nicht, weil ich muss, sondern weil ich gern hingehe. Und dann tauschen wir uns aus. Entweder schon vorher, wenn es ein schwieriger Predigttext ist, oder hinterher, wenn ich ihn beglückwünsche zur Predigt und zu seiner liebevollen Gottesdienstgestaltung. Eine Dame aus meiner früheren Heimatgemeinde argwöhnte, weil ich fast nur noch in katholischen Gottesdiensten anzutreffen bin: »Nun sagen Sie bloß, Sie werden letzten Endes doch nicht etwa katholisch?« »Nein. Bestimmt nicht. Aber ich nehme die Schönheiten des katholischen Glaubens meines Nachbarn wahr und feiere mit der katholischen Gemeinde, was es zu feiern gilt: Feste, Fronleichnamsprozession, Patrozinium, Maiandachten, Geburtstage. Und Sie glauben gar nicht, wie wohl wir uns hier fühlen!« Gelebte Ökumene.

In unserer Ökumene pflegen wir einen intensiven Gedankenaustausch, oft eine heftige Diskussion, die aber nie in Streit ausartet, weil wir uns bei Streitthemen neugierig aufeinander zuarbeiten. Ich liebe diese Dispute, denn bei jeder Predigt ist es unabdingbar, immer wieder mal den Blickwinkel der Gegenmeinung einzunehmen und abzuprüfen, ob Bestand hat, was man selbst für das Richtige hält.

Irgendwann sind wir dann mal auf die Idee gekommen, auch andere an unserem hitzigen Meinungswettstreit über unseren Glauben teilhaben zu lassen. Wenn ich mich richtig erinnere, begann es bei einer Hochzeit mit gemischten Konfessionen, wo wir beide eingeladen wurden und dann aus dem Stegreif eine Dialogpredigt gehalten haben – das war zum Niederknien schön. Mal ernst, mal heiter, auch kontrovers, immer spannend – vor allem spontan und so unmittelbar nahe am Leben, dass wir danach von der gesamten Hochzeitsgesellschaft »Standing Ovations« bekommen haben. Aus einer spontanen Eingebung heraus hatten wir die Menschen berührt – und uns selber auch.

»Was trennt uns eigentlich?«, fragte mich Steffen Welz bei einem unserer Treppenhausdebatten im Lutherjahr. »Nichts!«, habe ich geantwortet. Menschlich schon gar nichts – und auch was den Glauben anbelangt, finde ich da nichts Trennendes. Nur Vielfalt. Das war der Ausgangspunkt zahlreicher neuer Diskussionen. Dann kam der dritte Fastensonntag nach Aschermittwoch mit der Vorgabe, zur Rechtfertigungslehre zu predigen mit dem Satz aus dem Römerbrief: »Wir sind gerecht gemacht aus Glauben.«

Ich hatte die ganze Woche herumgeknobelt, was sagst du da? Mir fehlten die Worte und nicht nur das: eine zündende Idee. Ich habe nach mehreren Versuchen keine Chance gesehen, an diesem dritten Fastensonntag mit knurrendem Magen etwas über diese Rechtfertigungslehre zu predigen, von dem ich innerlich wirklich überzeugt gewesen wäre. Und da läuft mir der Steffen im Treppenhaus über den Weg, wir kommen ins Gespräch: »Wie siehst du das?« Und schon stehen wir eine Stunde auf dem Treppenabsatz, unsere Tüten mit den Besorgungen in der Hand, drücken immer wieder das Licht an, diskutieren, Argumente, Gedanken, Ideen, Widerworte – und vergessen die Zeit! Und dann habe ich gesagt: »Weißt du was, wir müssen das gemeinsam machen. Wir führen das im Gottesdienst weiter, wie auf der Hochzeit, lass uns eine Dialogpredigt versuchen und schauen, ob das für die anderen auch so erbaulich und spannend ist, über Glauben zu diskutieren.« Ich weiß, dass auch bei uns jetzt viele wieder sagen werden – in der Messe darf nur der geweihte Priester predigen. Aber ich kann mit solchen Geboten nichts anfangen. Besonders an den Stellen, wenn es der Gemeinde hilft, etwas zu verstehen. Glauben bedeutet Öffnung und nicht Abschottung, Abgrenzung, Obergrenze oder Untergrenze, Ausgrenzung, sondern Entgrenzung. Ich teste daher keine Grenzen aus – weil aus meiner Begeisterung für meinen Glauben heraus keine da sind. Ich fürchte mich auch nicht. Ich schaue nicht nach »oben«, wenn ich predige – höchstens nach ganz oben, und lausche vor allem in mein Herz und achte auf meine Gemeinde. Dienen. Hühneraugenhöhe! In kritischen Situationen erforsche ich natürlich mein Gewissen, aber fast immer entscheide ich mich für das Wagnis, Problemzonen an- und auszusprechen, welche die Menschen beschäftigen. Das ist es doch, was eine gute Predigt ausmacht! Ruhig auch ein bisschen aufwühlen, vor allem nachdenklich machen soll sie. Eine Dialogpredigt ist wie ein sehr gutes Tennisturnier, in das auch die Gemeinde eingebunden ist – die gegensätzlichen Impulse reißen dich aus deinen eingefahrenen Denkbahnen, du bist gezwungen, spontan zu reagieren und aus dem üblichen Monolog wird ein Dialog, ein Ballwechsel, bei dem man sich strecken muss, durch dessen Dramatik alle, die daran teilhaben, bereichert werden. Am folgenden Sonntag habe ich mit Steffen Welz eine Dialogpredigt vom Feinsten »hingelatzt«. Ich habe Steffen zu mir nach vorne gebeten, habe ihn vorgestellt, unsere Treppenhaus-Ökumene geschildert und gesagt, er sei der Profi aus der evangelischen Kirche, er solle uns jetzt mal erklären, was ihr Protestanten darunter versteht, wenn es heißt: »Wir sind gerecht gemacht aus Glauben.«

Wir hatten uns vorher nicht abgesprochen. Kein weiteres Flurgespräch. »Dialog-Fasten«, um vorher ja nichts zu verpulvern. Wir wollten diese Energien in den Gottesdienst hineintragen. Wir wussten nicht, ob das Experiment gelingt – aber wir haben einfach losgelegt, haben uns feuerzangenbowlenmäßig vor die Gemeinde gestellt und gefragt: »Wat is' ne Reformation? Da stellen wir uns mal ganz dumm. Die Reformation ist ein großer, runder, schwarzer Raum mit zwei Löchern drin …« Wir verstünden nicht, wie Reformation wirkt und warum sie die Konfessionen spaltet. Wir versuchten jetzt im Frage-Antwort-Spiel zu rechtfertigen, was uns trennt. Wir haben zunächst die Person von Martin Luther und seinen geschichtlichen Hintergrund etwas entblättert. Dass er kein Revoluzzer war, der die Kirchenspaltung, Kriege gar und die Zerstörung der katholischen Kirche zum Ziel hatte. Dass Luther die erste Zeit sogar überzeugt davon war, die im Vatikan müssten ihn lieben, weil er so gottesfürchtig war und nur das Beste für seine Kirche im Sinn hatte, wenn er die Missstände anprangerte. An dieser Stelle konnte ich gut einhaken, weil mir das irgendwie vertraut schien – zumal auch mein Vater immer gesagt hatte: »Sohn, wann immer ich dich kritisiere, dann geschieht das mit Güte und aus Liebe – damit du dich messen kannst, dich weiterentwickelst und besser wirst! Und deshalb werde ich damit nie aufhören, solange ich lebe.«

Wir redeten über Luthers Gewissenskonflikt, dem Gebot, gehorsam zu sein, und am Ende doch nur der Wahrhaftigkeit dienen zu müssen. Dass er ein Suchender war, der sich in seiner Kirche aufgrund der vielen Zumutungen nicht mehr wiedergefunden hat und dann feststellen musste, dass es vielen anderen jener Zeit genauso ging und er einen Erdrutsch losgetreten hat, was nie sein Ziel gewesen ist. Dass er Angst hatte, angesichts der Ansprüche, die er an sich selbst stellte, nicht fest genug zu glauben. Dass er daran fast zerbrochen ist und gebetet hat: »Wer rettet mich vor dem Versagen?« Bis er eines Tages den Geistesblitz hatte: »Es gibt ja keinen Grund zur Angst – ich bin ja schon gerettet!« Denn allein aus dem Glauben an die Gnade Gottes komme die Erlösung. »Fürchtet euch nicht!« Luther berief sich auf die Römerbriefe, wenn er die These aufstellte, jeder einzelne Mensch habe von Geburt an einen direkten Draht zu Gott – auch ohne die Sakralinstitution Kirche. Anders gesagt: Es braucht den Apparat der Kirche nicht, wenn es um Erlösung geht. So etwas sagt man nicht, ohne dass es Folgen hat. Dieser Ansatz war damals genauso revolutionär wie das zur selben Zeit entstandene Bild Michelangelos, das dieser von Adam in der Sixtinischen Kapelle gemalt hatte – wo Adam direkt den Fingerzeig Gottes erhält, den jedem

Menschen möglichen und zuteilwerdenden Zuspruch Gottes. Fazit: Es gibt nichts Trennendes, was den Menschen an der Gotteserfahrung und Glaubensgewissheit hindert – außer dem Menschen selbst. Für mich der Aufruf, für sich selbst Verantwortung zu übernehmen, den Geist zu erkennen, wie die Samariterin aus dem Gleichnis.

Unsere Dialogpredigt war lebendig, es war ernst und es war heiter. Ein Wort gab das andere, wir haben uns die Bälle zugespielt und haben uns nicht geschont. Ein Duell! Ein Wettkampf um den schöneren Gedanken, das bessere Argument. Wir sind dann immer hitziger geworden, weil wir immer mehr Belege entdeckt haben, wie unsinnig diese Trennung der Christen eigentlich immer schon war, allein weil sie schon damals durch Reformunwillen ausgelöst worden ist und ebenso heute durch Reformunwillen das Trennende nicht aufgehoben wird. Wir haben im Verlauf der Predigt immer mehr Widersprüche gegen – statt Argumente für die Trennung entdeckt, was ja das eigentliche Ziel gewesen war, die Rechtfertigungslehre verständlich zu machen, sodass unsere Dialogpredigt ganz schnell in die gegensätzliche Richtung gekippt ist. Es wurde kein Disput, sondern endete in Verbrüderung. Am Ende haben wir dauernd lachen müssen, weil sich ein Argument nach dem anderen als Scheinargument herausgestellt hat und plötzlich nur noch das Verbindende im Raum stand. Mit der einzig logischen Konsequenz, die unsinnige Trennung aller Christen endlich aufzuheben. An diesem Punkt sind wir völlig sprachlos dagestanden, wie einfach sich dieser Knoten doch lösen ließe, beide in vollem Ornat, Hand in Hand. So ähnlich wie François Mitterrand und Helmut Kohl an dem Beinhaus von Douaumont, an den Gräbern der Gefallenen des Ersten Weltkrieges, angesichts dieser Mahnung der Millionen Toten die Freundschaft beider Nationen beschwörend, und haben zum Schluss der Predigt gesagt: »Und jetzt sagen wir euch aus tiefer Überzeugung: Wir beide haben keine Ahnung, warum es noch eine Trennung gibt.« Die Gemeinde hat sich im selben Moment spontan von den Bänken erhoben und begeistert Beifall geklatscht. Und ich glaube, ich darf sagen, alle Anwesenden waren von diesem Bekenntnis zur Einheit tief berührt. Es geht eben nur um diese Einheit, niemals um unterschiedslose Gleichheit. Richtig verstandene Ökumene strebt keine Uniformität, dafür aber eine in allem lebendige Gemeinschaft an.

Die Kirchenspaltung und die damit einhergehenden Trennungsgebote und die Auseinandersetzung damit haben im Leben von Steffen Welz und seiner Frau Marie-Louise eine ganz tiefe Bedeutung. Es ist ein Thema, das die beiden beschäftigt, weil sie davon überzeugt sind, dass allein ihr christlicher Glaube eint, was die Amtskirchen immer noch zu trennen versuchen. Sie selbst leben eine kleine Ökumene, seit sie sich vor über vierzig Jahren kennengelernt haben. Die Frau, die er liebt und die er vor über vierzig Jahren geheiratet hat, ist katholisch. In welche Nöte und Gewissenskonflikte die weltliche Amtskirche ihre Gläubigen beider Konfessionen mit ihren Abgrenzungsbemühungen in einen katholischen und einen evangelischen Gott bringt, zeigt die Lebens- und Liebesgeschichte der beiden. Das Ehepaar Welz hat Zeiten hinter sich, wo sich ihre kleine Ökumene nicht immer so konfliktfrei leben ließ. Ja, sie waren sogar gezwungen, ihre Konfession abzugeben. Als die beiden vor vier Jahrzehnten heirateten, war eine gemischtkonfessionelle Ehe, zumal bei Amtsträgern der evangelischen Kirche, noch äußerst problematisch. Als Steffen seinen Dienst als Pastor in der Bayerischen Landeskirche antreten wollte, wurde beiden mehr oder minder unverblümt zu verstehen gegeben, Marie-Louise müsse konvertieren, aus der römisch-katholischen Kirche aus- und in die evangelische Kirche eintreten, da sie als Katholikin bei den Gläubigen in der zukünftigen evangelischen Gemeinde ein Ärgernis darstellen könnte. Das war eine reine Annahme. Die Gemeinde wurde gar nicht erst gefragt, es ging um Trennschärfe zwischen zwei gegensätzlichen, miteinander konkurrierenden Lagern, obwohl sie beide Christen sind.

Schon mit der Wortwahl »konfessionsverschieden« statt »konfessionsverbindend«, wie es auch heute noch generell heißt, spürt man, dass das Trennende im Vordergrund steht. So aber zu denken, verhindert Zukunft und Ökumene erst recht! Die in enger ehelicher Verbundenheit lebenden Partner praktizieren doch bereits ökumenische

Gemeinschaft und sind für die Kirchen vielmehr ein Modell zukünftigen Miteinanders. Die Kirchen sollten und könnten von ihnen, von allen gemischtkonfessionellen Partnerschaften, das lernen, was sie selbst nicht zuwege bringen: eine sich liebende und sich gegenseitig in ihrer Verschiedenheit achtende Gemeinschaft und Einheit im Glauben! Aber damals wie heute: Unsere Kirchen sind noch lange nicht so weit!

»Wäre meine Frau nicht konvertiert, ich hätte mir meinen Wunsch, Gemeindepfarrer zu werden, abschminken können und mir einen anderen Beruf suchen müssen«, sagt Steffen Welz heute. Nun kann man natürlich den Helden spielen, seinen Traumberuf aufgeben. Leicht gemacht haben es sich die beiden nicht. Nach nächtelangen Gesprächen, schließlich ging es beiden um Glauben und um ihre inneren Überzeugungen, und einer intensiven Prüfung ihres Gewissens ist Marie-Louise schließlich konvertiert. Als gläubige Katholikin erzogen und nun die eigene Glaubenszugehörigkeit abgeben zu müssen, mit allem, was an Strafen für das Seelenheil dranhängt – ein damals sehr mutiger, schwerer Schritt.

Aber beide waren am Ende zu dem Ergebnis gekommen, dass Gott unmöglich an Verwaltung interessiert sein kann und gläubige Christen in Katholisch oder Evangelisch, in Gut und in Böse, teilt. Denn sein Reich ist nicht von dieser Welt.

Wenn die Konversion von der Kirchenverwaltung vorausgesetzt werde, dann würden sie dieser Forderung eben entsprechen und als reinen Verwaltungsakt einer weltlichen Kirchenbürokratie vollziehen – jedoch nicht aus innerer Überzeugung. Für beide Ehepartner war entscheidend, dass sie, komme was wolle, gemeinsam glücklich werden und Christen bleiben könnten, aber jeder nach seiner Façon glauben darf, egal welche weltliche Macht Einfluss beanspruchen würde.

Bei ihrer Hochzeit gaben sie sich gegenseitig das Versprechen, dass Marie-Louise, wenn Steffen pensioniert sein würde, entscheidet, ob sie evangelisch bleiben – oder wiederum in einem reinen Verwaltungsakt – erneut »katholisch« wird. So gingen erst Jahre, dann

Jahrzehnte ins Land. Im Herzen blieb Marie-Louise eine Katholikin. Als sich Steffen nach einem erfüllten Berufsleben der Pensionierung näherte, knapp 40 Jahre später, folgte dieser Teil ihrer damaligen Abmachung und er hat ihr gesagt: »Marie-Louise, jetzt kann mir beruflich nichts mehr passieren. Entscheide, jetzt kannst du auch offiziell wieder katholisch werden.« Doch diesen Schritt tat sie erst einen Tag nach Steffens Verabschiedung in den Ruhestand. Was Recht ist, muss Recht bleiben. Bei mir, dem katholischen Gemeindpfarrer von St. Maximilian, Rainer Maria Schießler, wurde Marie-Louise wieder »katholisch gemacht«. Seitdem leben die zwei – wie ihr ganzes bisheriges Leben auch – in »ökumenischer« Liebe. Diesmal aber auch »verwaltungstechnisch« auf sicherem Boden. Und wir drei in ökumenischer Freundschaft.

Wenn man sich die ganze Absurdität vor Augen führt, wo der Ehepartner eines Pfarrers nur auf der Verwaltungsebene konvertiert, damit der andere nicht so einer Art religiösen Extremistenerlass zum Opfer fällt und seiner Berufung als Pfarrer nicht nachgehen kann, fragt man sich, welchen Sinn diese Trennung in unserer heutigen Zeit noch macht? Warum wir diesen Ballast aus den vergangenen fünf Jahrhunderten Krieg zwischen Christen, mit Pest und Cholera nicht endlich abwerfen und endlich vollziehen, was wir bisher nur behaupten: Wir gehören zusammen!

Der offensichtlichste Unterschied zwischen beiden Kirchen kommt nicht von Gott – sondern ist menschengemacht: dass sie uns von oben unten an der Basis, welche die Trennung längst überwunden hat, immer noch verbieten, gemeinsam den Leib des Herrn zu empfangen. Diese Freigabe könnte sofort entschieden werden, da das gemeinsame Mahl möglich ist, wenn die Gemeinden das mehrheitlich wünschen. Angeblich seien wir noch nicht so weit, sagen Kirchenführer und Amtsträger beider Konfessionen, als wären wir unmündige Kinder. Dabei werden sie von der Macht des Faktischen rechts und links überholt. Die Basis hat ihre Entscheidung längst hinter den Doppelpunkt gesetzt. Ökumene bedeutet, überall Gemeinschaft zu suchen, statt 500 Jahre Trennung fortzuschreiben.

Die Realität hat jedoch noch ihre Tücken. Bei mir sind Sonntag für Sonntag sehr viele evangelische Christen, die auch zur Kommunion kommen. Evangelische Christen schauen nicht anders aus und ich frage auch nicht jeden danach. Es gibt bei mir nicht erst Inquisition, dann Kommunion.

Wenn ich bei der Kommunion allerdings zu meinem Freund Steffen komme, von dem ich ja weiß, dass er Protestant ist, dann muss ich laut Vorschrift weitergehen, darf ihm nicht die Kommunion austeilen, weil ich doch in »Amtskleidung« bin. Ich sage damit meinem Freund, der regelmäßig meinen Gottesdienst besucht: »Du gehörst nicht hierher.« Du hast doch, wenn man der Kirchendoktrin folgt, einen ›Defectus Ordinis‹, denn die evangelische Kirche ist ja angeblich keine Kirche, sondern sie hat einen Defekt, wie es ein hoher katholischer Geistlicher ausgedrückt haben soll.

Was machst du in einer solchen Situation? Soll ich meinen Freund verraten, ihn ausschließen? Als Priester bin ich zu Gehorsam verpflichtet, selbst wenn sich mir innerlich alles aufstellt. In so einem Fall empfängt Steffen die Kommunion von einem meiner Mitstreiter und ich geh weiter. Vorschrift eingehalten. Kein Verstoß. Aber komplett lächerlich. Das ist Tricksen wie bei Don Camillo und Peppone, nur damit wenigstens vordergründig die Kleiderordnung gewahrt bleibt. Das ist doch Irrsinn. Unsere christliche Welt ist doch nicht am 31. Oktober 1517 stehen geblieben? Wenn du ökumenische Diskussionen über die konfessionelle Trennung führst, frage ich mich manchmal, ob die Kirchenoberen mitbekommen, was die Menschen in den Gemeinden wirklich bewegt? In meinem Umfeld stelle ich fest, dass die Kirchenspaltung die Leute überhaupt nicht mehr interessiert und sie sogar grantig werden, wenn wir die Unterschiede hervorkehren und sie auffordern, dass sie Abstand halten sollen – statt das uns Christen Verbindende zu betonen. Warum sollen wir weiter die Eltern und ihre Kinder, die noch in den Kommunionunterricht zu uns kommen, mit dem Trennenden belasten, statt sie durch das Verbindende zu versöhnen? Warum bei Kindern Gräben aufreißen, die vorher gar nicht da sind? Was haben die Kinder mit dem Streit der Verantwortlichen zu tun, der jetzt seit 500 Jahren andauert? Kinder erleben diesen Streit als irritierend, trennend und unfriedlich. In meiner Zeit in Rosenheim hatte ich noch Religionsunterricht an Schulen gegeben. Zu Beginn der Stunde ging die Klassenlehrerin mit den evangelischen Kindern in einen anderen Raum. Die Klassengemeinschaft wurde getrennt. Irgendwann stand mal ein kleines Mädchen vor mir und sagte: »So böse bist du doch gar nicht!« Und ich erstaunt: »Wieso sollte ich böse sein – wie kommst denn darauf?« »Na, jedes Mal, wenn du kommst, verlässt die Hälfte der Klasse den Raum.«

Die Menschen verstehen die Trennung genauso wenig wie das kleine Kind damals. Sie belächeln die Amtsträger, die sich dagegen stemmen wegen ihrer abgehobenen Theoriediskussionen und ich fürchte, wenn wir weiter immerzu das Trennende betonen, anstatt das alle Christen Verbindende in den Vordergrund zu stellen, nimmt uns auch in der Konkurrenz zu anderen Religionen und spirituellen Strömungen, die zunehmend an Bedeutung gewinnen, irgendwann gar keiner mehr ernst.

Am liebsten wäre doch allen, wir gestehen uns endlich ein: Die letzten 500 Jahre Trennung waren ein längst zu korrigierender Irrtum. Ob man im Himmel noch versteht, wie wir die Trennung bei uns pfleglich hüten und bewahren? Ob uns ein Jesus von Nazareth versteht, der so eindringlich um unsere Einheit gebetet hat in seinem hohepriesterlichen Gebet in Joh 17,21: »Alle sollen eins sein.« In den Köpfen der Menschen, in den Gemeinden untereinander ist die Trennung längst überwunden, die Wiedervereinigung gelungen und das Zusammenleben fast schon Alltag. Bei jeder Begegnung spüre ich den Geist der Offenheit und der Herzlichkeit. Wir sind alle Christen. Wir sollen Weg-weisend – und nicht wegweisend sein. Wir spüren keine Unterschiede und keine Feindschaft und keine Konkurrenz.

Die wollen nur eines wissen: Wann hört dieser Unsinn endlich auf? Wie lange braucht ihr da oben denn noch, um uns nachzufolgen? Wann bilden wir auch eine christliche Mahlgemeinschaft beider Konfessionen?

Im November 2015 besuchte Papst Franziskus eine evangelische Kirche in Rom. Eine gebürtige deutsche Protestantin bekam die Gelegenheit, ihn offiziell anzusprechen, und erzählte ihm von ihrer Ehe mit einem katholischen Römer, ihren mittlerweile erwachsenen Kindern und wie sie und ihr Mann alles im ehelichen Leben gemeinsam bestritten hätten, die Kinder katholisch getauft und erzogen hätten und als Familie eine perfekte ökumenische Gemeinschaft seien, die dem Druck der konfessionellen Spaltung ihre Liebe zueinander entgegengehalten haben. »Nie wurde ich von meiner Familie wegen meiner evangelischen Konfession ausgeschlossen«, sagte sie. »Die Kirche aber tut es!« Alles hätten sie gemeinsam erreicht, nur sonntags gemeinsam Eucharistie zu feiern, das verwehre ihr die Kirche. »Bitte tun Sie etwas dagegen!«, endete sie ihre kurze und sehr freundliche Ansprache. Papst Franziskus antwortete, ohne zu zögern – wohlweislich nach einem kurzen Kontrollblick hinüber zu den mit anwesenden Kardinälen: »Ich bin nur der Papst. Ich kann das nicht entscheiden. Aber ihr müsst das tun. Prüft daher euer Herz und dann entscheidet ihr!«

Das ist der Weg dieses Papstes: die Kirche mündig machen. Ein Papst ist nicht dazu da, einfach nur Entscheidungen für andere zu treffen. Wir sind diese Kirche. Wir leben unser Christsein in vielen einzelnen Ortskirchen. Alle haben ihre je eigenen Herausforderungen, Anfragen, Probleme, Möglichkeiten und vor allem ihre eigene Geschichte. Dementsprechend haben wir uns mit all diesen notwendigen Entscheidungen zuerst selber zu befassen. Wir sind eine mündige Kirche. Selbstständig im Denken und Handeln und kein Spielgerät eines Papstes. »Machen Sie mir konkrete Vorschläge!«, antwortete er daher dem österreichischen Indiobischof Erwin Kräutler, der in der Heimat des Papstes in Südamerika wirkt, einmal auf seine dringende Anfrage hin, ob denn nicht doch verheiratete Priester in Brasilien eingesetzt werden können, um den ungeheuren Seelsorgebedarf abzudecken und nicht so viele Menschen an die sehr aktiven Freikirchen zu verlieren.

Wir sollen also Vorschläge machen und nicht ewig auf Bewegung von oben warten. Eine »verbeulte« Kirche, sagt Papst Franziskus, »braucht diese Welt«. Eine Kirche, die sich bewegt, was ausprobiert, auch mal Umwege oder Falschfahrten riskiert. Eine glänzende Kirche, die schön poliert am Straßenrand steht und sich nie fortbewegt, nützt doch niemandem!

Die deutsche Protestantin hat es getan und wurde nicht abgewiesen. Im Gegenteil: Sie wurde bestätigt. Über die eucharistische Fähigkeit zur Teilnahme am Abendmahl bzw. an der Eucharistie entscheidet letztlich kein Papst, sondern der einzelne Christ selbst. Im Leben der Gemeinden und Familien ist es schon längst so Realität. Im Alltag treffe ich nur noch sehr wenige aktive Christen, die jeden Sonntag in die Kirche gehen und sich noch von einem Abendmahlsverbot beeindrucken oder einschüchtern lassen. Sie sind eine Minderheit geworden. Gott sei Dank. Der Weg zur Mahlgemeinschaft – auch über die konfessionelle Ehe hinaus – ist unumkehrbar eingeschlagen. Ob sie nun Ausdruck einer vollen Kirchengemeinschaft ist oder nur Wegmarke dorthin, ist den Gläubigen letztlich völlig egal. Dass man nicht miteinander im Tun Jesu, in seiner Hingabe, seinem Liebesgeschenk vereint sein darf, ist einfach nicht mehr vermittelbar. »Anachronistisch« nennt es der frühere Bundestagspräsident Norbert Lammert – ein absolut überzeugter und bodenständiger Katholik – und ruft die Vorsitzenden beider deutschen Kirchen Kardinal Marx und Landesbischof Bedford-Strohm zu: »Liebe Leute, Kirchen- und Amtsverständnis, nicht Glaubensunterschiede – in welcher Welt leben wir eigentlich?« Er könne keinen »einzigen relevanten Glaubensunterschied« erkennen, der gegen die eucharistische Einheit spreche. Das unterschiedliche Amts- und Kirchenverständnis dürfe diese Trennung nicht länger begründen. Viele Menschen teilen die Werte der Kirchen. Weil aber die Konfessionen immer noch nach Macht streben, wachse so die Distanz zu den Kirchen als Institutionen bei den Menschen. Ökumene »kann nicht nur von den Leitungen der Kirchen erwartet werden, sie kommt zuerst und immer von unten«.

Vor dem Hintergrund all dieser Ereignisse und Positionen erscheint der im Frühjahr 2018 verfasste Brief der bayerischen Bischöfe (außer Kardinal Marx) und der Bischöfe von Köln und Görlitz an Papst Franziskus mit der Bitte um Hilfe gegen die Zulassung konfessionsverschiedener Ehepaare zur Eucharistie schon irgendwie hilflos. Was soll er denn jetzt entscheiden? Soll er wirklich Verbote aussprechen, wenn er zuvor bereits an die Kraft des je eigenen Gewissens appelliert hat?

Von Ausnahmefällen bei konfessionsverschiedenen Ehen ist immer wieder zu hören. Und wie sollen diese Ausnahmefälle dann aussehen? Wer legt die fest? Manchmal möchte man es den Oberhirten zurufen: Wozu habt ihr eigentlich uns Pfarrer? Wenn jemand beurteilen kann, ob ein ehrliches und aufrichtiges Interesse von Nichtkatholiken und Katholiken an der Eucharistie vorliegt, dann sind das doch wir, die wir tagtäglich ganz vorne an der »Front« unterwegs sind und unsere Leute sehr gut kennen, die (noch) zu uns kommen. Die Menschen, um die es hier geht, sind keine Kirchenrechtsartikel, es sind mündige Christen. Ob die volle Kircheneinheit vorliegt oder nicht, wenn jemand an der Eucharistie teilnimmt, entscheidet doch nicht die konfessionelle Abkürzung. Die allermeisten von uns sind (ungefragt) in diese ihre Konfession hineingeboren worden. Dann tun wir doch bitte nicht so, als hätte derjenige etwas verbrochen oder sich falsch entschieden, der beispielsweise nicht katholisch, sondern evangelisch ist. Über diese innere Fähigkeit zur Teilnahme an der Eucharistie kann kein Kirchenrechtsartikel bestimmen.

Viele positive Aussagen unserer Kirchenoberen Marx und Bedford-Strohm im vergangenen ökumenischen »Christus-Jahr 500 Jahre Reformation« haben uns doch in dieser Einstellung bestärkt. Der Brief besagter Bischöfe an den Papst ist vollkommen überflüssig. Die Deutsche Bischofskonferenz hat nach intensiven Beratungen mehrheitlich diesen Beschluss der Zulassung konfessionsverschiedener Ehepaare zur Eucharistie ausgesprochen. Kein Papst sollte daran etwas ändern wollen. Eher hat man den Eindruck, hier wird so etwas wie eine Palastrevolution gegen den Vorsitzenden der Deutschen Bischofskonferenz Kardinal Marx ausprobiert. Sie wird aber nicht gelingen. Die Gläubigen sind schon längst vorausgegangen. So mancher Oberhirte hechelt zwar gehetzt in vollem Ornat hinterher, wie es eine Karikatur einmal eindrücklich gezeigt hat, er wird die Herde aber kaum zurückpfeifen können. Sie hat ihre eigene Autorität zurückgewonnen. Dass nur das obere kirchliche Lehramt die Gabe der Unterscheidung besäße, wie einmal ein römischer Kardinal meinte, empfinden die Gläubigen heute eher als Unsinn und Hohn zugleich. Es waren unsere Eltern, einfache Christen und alles andere als Mitglieder des Lehramtes, die uns den Glauben und die Gabe der Unterscheidung von Richtig und Falsch bzw. Gut und Böse von klein auf beigebracht haben. Dazu hat es damals keinen Kardinal gebraucht und die Eltern heute können das genauso gut. Auf dem Hintergrund all dieser Diskussionen empfinde ich manchmal große Scham darüber, über was wir angesichts des ungeheuren Leids und der schier überwältigenden Probleme, die uns auf der ganzen Welt regelrecht entgegenspringen – wie Hunger, Flucht, Vertreibung, Krieg, Terror und Gewalt – in unserer Kirche meinen, immer noch diskutieren zu müssen. Wir hätten so viel in dieser Welt zu bewältigen und über was diskutieren unsere Oberhirten? Eines meiner Gemeindemitglieder brachte es jüngst auf den Punkt angesichts des Finanzskandals mit 60 Millionen Verlust von Kirchensteuergeldern in der Diözese Eichstätt, als es sagte: »Wenn ihnen (den Bischöfen) so viel daran liegt, dass Recht und Gesetz eingehalten werden, dann sollen sie mal zuerst darauf achten, dass unsere Kirchensteuermittel nicht irgendwo auf der Welt verschlampt werden! Da hätten sie genug zu tun und Verantwortung zu zeigen.«

Nein, wir brauchen überhaupt keine ökumenische Nachhilfe mehr. Dass katholische und evangelische Christen miteinander beten, Feste feiern, basteln, stricken, diskutieren – das steht doch heute schon völlig außerfrage. Dass wir keine Gegner, gar gegeneinander konkurrierende Christen mehr sind, die jeder im Namen desselben Gottes Kriege gegeneinander führen, ebenso. Vielmehr tragen wir gemeinsam Verantwortung für diese Welt – das sollte jedem selbstredend einleuchten. Veränderungen, die unten längst angekommen sind, werden sich nach oben durchsetzen.

Wir müssen langsam auch mal darüber nachdenken, ob wir in einem Zeitalter, wo alles über Synergie und Effizienz redet, noch zwei Kirchen mit parallelen Doppelstrukturen in Verwaltung und Caritas brauchen? Warum legen wir nicht die Caritas, Altenbetreuung, Kindergärten und alles, was an Verwaltung dranhängt, einfach zusammen – eine Art christliche Kooperative? Dem Pflegebedürftigen ist doch egal, ob der Pfleger, der heute aus Rumänien kommt, von der katholischen oder der evangelischen Kirche geschickt wird. Kinder werden im konfessionellen Kindergarten nach christlichen Werten erzogen. Und die richten sich unstrittig und unabhängig von der Konfession nach denselben Zehn Geboten.

Die Macht des Faktischen sorgt für Beschleunigung. In der Menschwerdung Jesu wurde ein Versprechen eingelöst. Er ist da und wird mit uns alles durchtragen und aushalten, damit wir stark bleiben im Glauben. So macht er aus einem großen ein ganz alltägliches Versprechen, das nur durch uns Wirklichkeit werden kann, wenn wir in den Gemeinden das leben, was Jesus wollte: dass wir eins werden.

Für mich ist Jesus schon deswegen das größte Vorbild, weil er irgendwie der »religionsloseste« Mensch überhaupt ist, in dem Sinne, dass er vorurteilsfrei seinen Glauben nicht zu einer Ideologie macht, mit der er über andere richtet, ausgrenzt und abweist, sondern auf jeden einzelnen Menschen schaut. Das ist das aktuelle Grundübel, wenn ein Glaube mit Geboten und Verboten und Strafen verengt und reduziert und am Ende eine Behördenreligion wird. Jesus ging es allein um Liebe und Barmherzigkeit und er hat sich nicht vorher den Ausweis zeigen und ein Formblatt ausfüllen und einen Antrag abstempeln lassen und nach der Religionszugehörigkeit gefragt, bevor er das Brot geteilt hat. Er hat das Brot mit jedem geteilt. Und keinen Siechen, Sünder, Aussätzigen oder Zöllner hat er stehen lassen. Er hat die Arme immer weit aufgemacht und dafür hat er keine Verwaltung benötigt. Die wäre ihm lästig gewesen. Denn er war unterwegs.

Mein Wunsch ist: Macht aus dem Abendmahl nicht länger eine Theologie der Trennung – sondern macht es zu einem Zeichen der

Vereinigung, denn über allem steht der gemeinsame Glaube. Lasst uns gemeinsam Abendmahl halten. Wir sollten nicht länger warten, bis die »da oben« sich irgendwann mal herablassen, den Gemeinden zu folgen. Schluss mit dem Karneval! Steffen sitzt bei mir heute fast jeden Sonntag im Gottesdienst und zitiert als Protestant ausgesprochen gerne meinen Papst Franziskus, der ihn gerade wegen seines Blechkreuzes, seiner Bescheidenheit und seinen modernen Reformbestrebungen in vielen Glaubensfragen begeistert. Besonders gerne erzählt er die Anekdote, die sich bei der Papstaudienz einer Delegation aus der Lutherstadt Wittenberg im Jubiläumsjahr zugetragen haben soll. Die jungen Besucher durften zunächst dem Papst Fragen stellen. Vermutlich: »Sind Sie gut angekommen? Haben Sie gut hergefunden?« und ähnlichen Verlegenheits-Smalltalk. Zum Schluss der Audienz stellte Papst Franziskus eine Gegenfrage an die Wittenberger: »Wer ist besser: Katholiken oder Protestanten?« Schüchternes Tuscheln. Was sollen sie antworten? Die Antwort gibt der Papst gleich selbst, auf Deutsch, lachend: »Besser sind alle zusammen.«

Konfession darf kein ausgrenzendes Thema mehr sein zwischen Christen. Die Art und Weise, wie wir Gott erfahren und anbeten, das entscheidet doch jeder Mensch für sich selbst, weil es nichts Intimeres gibt als meine Gottesbeziehung. Da schreibt mir niemand etwas vor und darf auch niemand etwas von mir verlangen. Ich darf andere einladen in diese Beziehung. Ich darf mich anderen anschließen. Aber ich darf niemanden zwingen. Und mich selbst lasse ich auch nicht zwingen. Denn eines muss doch klar sein: Religiöse Glaubensgewissheit entsteht niemals durch Zwang – sondern allein in mir, in meinem Herzen, durch Selbsterkenntnis, Zustimmung, Begeisterung, Öffnung und absolutes Vertrauen. Ihr seid euch nichts schuldig außer die Liebe. Das ist das Wort des Paulus, der gesagt hat: Fragt andere Menschen nicht nach ihrem Glauben und richtet nicht – lebt so, dass die Menschen nach eurem Glauben fragen. Das funktioniert. Und wie das funktioniert.

Ich habe im vergangenen Jahr so ein junges Paar kennenlernen dürfen: Lisa und Hans. Beide hatten sich in einem Club beim Tanzen ineinander verliebt. Hans, weltlich und materiell auf Karriere gepolt, staunte nicht schlecht, als er plötzlich damit konfrontiert wird, dass Lisa abends vor dem Schlafengehen betet. Sinkt auf die Knie – und betet. Hans kann erst nicht fassen, was er da sieht. Sie betet, wie man beten soll: In sich gekehrt, den Tag passieren lassen, für alles dankbar sein, was gut war, sich Gutes wünschen für alle, die man liebt, und das Schlechte verzeihen und nicht mit in den Schlaf nehmen, sich anvertrauen in voller Glaubensgewissheit. Fremde Welten für Hans. In Hans' Elternhaus ging die Familie höchstens zu den Feiertagen wie Weihnachten oder Ostern in die Kirche. Zu Hause gebetet wurde gar nicht. Hans sollte sich später selbst frei entscheiden können, ob und wenn ja, woran er glauben will – daher hatten seine Eltern ihn auch nicht taufen lassen. Lisas Familie dagegen ist streng katholisch. Als er zum ersten Mal Lisas Eltern besucht und dort mit ihren fünf Geschwistern vor dem Mittagessen gebetet wird, weiß er nicht, wie er sich verhalten soll. Mitbeten? So tun als ob? Wie betet man richtig? Hans weiß es nicht. Er senkt den Kopf. Faltet beklommen die Hände. Und dann versucht er es jeden Tag. Und er versteht Lisa immer besser: Beten tut mir gut – wenn du nur richtig beten lernst. Das ist der Beginn. Die beiden diskutieren viel über Gott und gehen manchmal zusammen in die Kirche. Der Pfarrer in ihrem Stadtteil wirkt jedoch abweisend streng, predigt laut, als »würde er mich anschreien«, sagt Hans, und in einer Diktion, die er nicht versteht und die ihn zunehmend befremdet.

Irgendwann stehen sie dann vor mir in der Kirche. Sie wären beide schon häufiger hier gewesen, erzählen sie mir ihre Geschichte. Fast jeden Sonntag. Zusammen. Hans besucht bald darauf einen »Taufkurs« für alle, die zum katholischen Glauben übertreten wollen. »Meine Oma hat sich gefreut, dass ich mich taufen lasse«, berichtet er einer Zeitung und was er nicht erwartet hätte – seine Kumpels auch. Am meisten, so Hans, freue sich natürlich Lisa, obwohl sie auch zusammengeblieben wären, wenn er kein Christ geworden wäre, wie sie sagt. Wenige Monate später habe ich dann tatsächlich Hans getauft und gefirmt. Das sind die Momente, wo ich weiß, es geht, die Botschaft wird überleben. Sie wird so lange überleben, solange Menschen da sind, die sie weitertragen. Solange Glaube durch Liebe geschieht, durch Zuwendung und eigene Überzeugung – und nicht durch Zwang.

Dass junge Menschen mit dem christlichen Glauben nicht mehr in Berührung kommen, weil er in den Elternhäusern nicht mehr vorhanden und in der Öffentlichkeit noch weniger vorgelebt wird und im Alltagsleben somit kaum noch existent ist – leider ist das auch eine Realität, mit der wir umgehen müssen. Und wir werden noch mehr an Boden verlieren, wenn wir keine Konzepte finden, wie wir vor allem junge Menschen wieder erreichen.

⸙

Das Navi meldet, dass ich mein Ziel in zehn Kilometern und Minuten erreicht haben werde. Als Taxifahrer war ich noch mit einem Falk-Stadtplan aus Papier durch München gefahren. Auch so ein Wandel. Jetzt sprach eine engelsgleiche Frauenstimme die Informationen zu mir. Aber sollte ich – führe uns nicht in Versuchung – besser eine Männerstimme auswählen? Sollte ich überhaupt über Google-Maps mein Ziel ansteuern, wäre das erlaubt – schließlich hatte Jesus auch nur einen inneren Kompass und es gab auch keine Handys im Heiligen Land. War ein Handy vielleicht ebensolches Teufelswerk, wie angeblich Yoga und Harry Potter, dem abzuschwören war? Mit so ähnlichen Argumenten, dachte ich, verschließt sich meine Kirche immer wieder der Moderne und dem Wandel der Zeit. Und sie verschließt damit auch ihre Türen. Ich bin mir sicher, Jesus hätte heute ein Smartphone und wäre Blogger im Internet. »In fünfhundert Metern links abbiegen!«, säuselte der Navi-Engel. Bei meinen Lesungen fragen mich viele, wann ich das erste Mal begonnen habe zu glauben. Bei mir gab es nichts »Martin-Luther-Mäßiges« mit Unwetter und Starkregen. Mich hat kein Blitz gestreift. Kein Donner zu Boden geworfen. Ich habe keine Tintenfässer nach jemand anderem geworfen. Gar

157

nichts. Kann ich nicht bieten. Das Entscheidende aber war: Ich hatte das große Glück, dass ich mit Menschen aufgewachsen bin, die mir Glauben so Paulus-mäßig vorgelebt haben, dass ich sie gefragt habe und mehr wissen wollte, was das ist mit Gott.

Ich bin als Kind selbst gar nicht so gerne in die »Kirch« gegangen, wie es Kinder halt so gar nicht gerne tun. Ich erzähle die folgende Geschichte immer wieder, auch meinen Ministranten, als pädagogischen Wink mit Weihrauchkübel, um ihnen zu zeigen, wie gut es ihnen bei mir geht. Als ich noch ein kleiner Bub von zehn Jahren war, lautete meine erste Frage jeden Sonntagmorgen, wenn meine Mama mich und meinen Bruder für den Gottesdienst aufgeweckt hat: »Miass ma heit in d' Kirch gehn?« Antwort meiner Mutter: »Ja wir müssen!« Also nicht dieses drohende: »Wenn du nicht gehst, passiert was!«, sondern vielmehr die sanfte Variante: »Wir gehen; du gehst!« Und das war wirklich »alternativlos«. Um es anders zu formulieren, »freie Verbindlichkeit« war ein Erziehungsprinzip meiner Mama. Regeln sind einzuhalten. Regeln werden nicht diskutiert. Also bin ich mitgegangen. Hinterher war es immer gut so und wir sind gern gegangen, denn in der Kirche waren sie alle da, meine Freunde aus der Siedlung, wo ich aufgewachsen bin, deren Eltern und deren Nachbarn und Freunde, unsere Verwandten – das war Gemeinschaft, das gehörte zusammen, der Sonntag und der Gang in die Kirche, dorthin, wo deine Leute sind. Das war einfach toll. Damals hatte unsere Gemeinde einen eigenen Kaplan, ein Original für sich, so eine Art pastoraler Krampus, der immer im Mittelgang auf und ab gegangen ist, wie auf einer Galeere. So mit scharfem Blick auf die Bänke ganz vorne, wo sich die Jugend mehr oder minder anwesend durch den Gottesdienst lümmelte und durch lautes Kichern und Köpfe-Zusammenstecken oft kundtat, dass sie mit allem – nur nicht mit Gotteswort und den Darbietungen des Pfarrers beschäftigt war. Den lautesten Störer hat er dann an den Ohren aus der Bank gewunken und dann durftest du – wirklich ausgesetzt, für alle sichtbar – neben der Bank die ganze Messe über »strammstehen«. Mich hat es auch einmal erwischt – ausgerechnet da, wo ich ausnahmsweise mal nicht geschwätzt hatte, sondern mein Bruder der Schuldige war. Und mich holt der »Krampus« heraus. Niemals könnten wir so etwas heute noch machen in unseren Kirchen, wenn überhaupt noch so viele Kinder regelmäßig in den Gottesdienst kommen, dass eine Bank voll wäre. Manchmal frage ich mich – und unsere Kinder von heute würden das ganz sicher tun: Was wäre, wenn wir damals nicht brav und gedemütigt neben der Kirchenbank stehen geblieben wären, sondern einfach die Kirche verlassen hätten? Mich reut es heute, es nicht getan zu haben!

Später wollte ich dann trotzdem selbst Ministrant werden, was meine Mutter zunächst immer verhindert hat mit der Begründung – die Diagnose ADHS gab es damals noch nicht –, ich könne mich nicht ruhig halten. Ich hätte doch schon oft genug neben der Bank gestanden. Bis ich so lange hingequengelt habe, dass sie ihre Einwilligung gab und ich wirklich alles gegeben habe. Und da war jener Zwischenfall, der in seiner Wirkung so stark und nachhaltig war, dass er zu meinem Berufungserlebnis wurde. Ich kann, was damals geschah, wirklich heute noch wie auf Knopfdruck abrufen: das erste Mal erfahren, was Gnade, bedingungslose Liebe und Barmherzigkeit in einem Menschen auszulösen vermögen. Es war, als wäre mir Jesus Christus selbst begegnet, in Gestalt meines Pfarrers Elmar Gruber.

Und seit ich mich erinnern kann, hat mich das Grundvertrauen nie wieder verlassen, dass ich nicht alleine durchs Leben gehe, sondern begleitet bin. Das ist meine Glaubensgewissheit. Das ist mir seit Kindesbeinen in Fleisch und Blut übergegangen, wie später im Priesterseminar das Taxifahren und meine daraus erwachsene Menschenkenntnis. Wie mit dem Taxifahren, so ging es mir auch mit dem Beten. Auch das Gebet geht dir irgendwann in Fleisch und Blut über, wenn du es ernsthaft betreibst, weil du seinen Nutzen für dich erkennst, so wie ihn Hans durch Lisa erfahren hat. Automatisch hältst du Zwiesprache, denn du weißt, du bist und wirst nie alleine sein. Im Gottesdienst beten wir gemeinsam, weil wir daran glauben, dass uns das Gebet Kraft gibt und all jenen, für die wir beten, und sich mit dem Gebet eine gute Wirkung entfaltet. Der Glaube an das Gebet ist uralt. Die Tibeter hängen Fahnen mit Gebeten in den Wind, im Zisterzienser-Kloster Heiligenkreuz bei Wien singen die Mönche seit tausend Jahren in nicht unterbrochener Folge am selben Ort jeden Morgen dieselben Choräle, deren Klang die Mauern förmlich mit Spiritualität durchtränkt hat. Von solchen sakralen Orten geht eine ungeheure Kraft aus, die man spüren kann, und dennoch wissen heute die wenigsten, wie man richtig betet. Das Herunterleiern des Vaterunsers ist kein Beten, sondern Ahnungslosigkeit. Im richtigen Gebet kommst du in einen Dialog, mit dir, mit Gott, mit dem, was dich erwartet, was du erwartest, mit deinen Sorgen, Ängsten und auch mit der Vorfreude, auf das, was geschehen kann. Diese Vorfreude kommt aus meiner Glaubensgewissheit, weil ich angstfrei bin. Denn mir kann nichts geschehen. Am Ende werde ich immer dort ankommen, wohin alles Leben mehr oder minder schnell treibt, und dann wird da etwas sein, was mich erwartet und annimmt. Ich bin nie alleine, so einsam und verzweifelt ich mich auch in Momenten fühlen mag. Da ist jemand, der immer zu mir hält und mich auffangen wird. Das ist meine Glaubensgewissheit. Und das erfüllt mich mit Dankbarkeit. Diese Glaubensgewissheit ist mein Zustand, in dem ich heute noch jeden Morgen aufwache. Meine Laudes, mein Gebet am Morgen, wenn der Tag beginnt und es hell wird, und abends, wenn der Schlaf nicht kommen will, weil noch der Film mit den Alltagssorgen läuft, auch meine Komplet. Mein Gebet der Nacht. Das Entscheidende: Ich habe keine Furcht. Ich gehe furchtlos in die Nacht. Ich bin offen für den Tag wie ein Gefäß, in freudiger Erwartung auf dass, was kommt. In völliger Zuversicht, dass mir nichts geschehen kann, egal, was mir zustößt. Denn ich fühle mich aufgenommen. Begleitet und beschützt. Was du in deiner Jugend lange und intensiv tust, verankert Routinen in dir, die du dein ganzes Leben, selbst im Halbschlaf wieder abrufen kannst. Und so geht es mir heute wie seit meiner Kindheit, wo ich mich von den Eltern beschützt und behütet fühlte, auch weil wir zusammen gebetet haben und meine Mutter mich jeden Morgen, bevor ich zur Schule ging, gesegnet hat. Glauben, Segen und wie man betet, haben mir meine Eltern vorgelebt.

Wie viele Kinder haben heute noch solche Eltern? Menschen, die ihnen Glauben glaubhaft vorleben?

Wenn ich heute Auto fahre, falle ich stets in meinen alten Taxifahrermodus, den ich mir auf Hunderttausenden Kilometern Taxifahrten durch München angeeignet habe. Beten wie Autofahren – und noch mehr das Motorradfahren – bringen mich in den schönsten Momenten in einen Flow, in dem alles auf dich zuzulaufen scheint, wo jedes Hindernis gar keine Chance hat, eines zu werden – sondern als Gelegenheit begriffen wird, deine Lebenstauglichkeit zu beweisen, und aus der Fülle des Lebens willkommen geheißen wird. »Passt scho – es lafft.« Der Großstadtverkehr erscheint mir als Sinnbild des Lebens. Beides stellt dich jeden Morgen mit dem Erwachen vor neue Herausforderungen. Du weißt genauso wenig, was da im Laufe des Tages auf dich zukommt, welche Hindernisse und Bremser den Lauf der Dinge nicht in deinem Sinn gestalten. Du wirst dich in Gefahr begeben. Du wirst spüren, wenn es knapp war. Du wirst schimpfen, ja, und auch mal heftig ausrufen: »Jessas, Maria und Josef!«, und am Ende wirst du doch wieder dein Ziel erreicht haben. Was nicht gelang, verschiebst du getrost auf morgen. Jeder Tag ist ein guter Tag. Feierabend. Du wirst noch nachdenken, wo du hättest besser sein können. Du wirst dich an bestimmten Stellen der Rückschau ärgern, über dich, deine Mitmenschen, diese ganzen Irren im Verkehr und wo immer sie überall unerwartet auftauchen und mit ihren Albernheiten stören. Aber du weißt, du kannst nichts ungeschehen machen. Sondern am nächsten Tag wirst du neu ansetzen und nach vorne gehen. Diese Erkenntnis erfordert Demut. Und die findest du im Gebet, in dem du dich an jemanden oder etwas wendest, das dich den ganzen Tag begleitet hat und dich immer begleiten wird, deine Geschichte kennt, weiß, was du erlebt hast. Und mit dieser Kraft zusammen betest du und wirst am Ende zufrieden sein, wenn das Kleine sich im Großen und Ganzen der Ärgernisse, Freuden, pittoresken Lächerlichkeiten, des Boshaften und des Schönen zu deinem Tag zusammengefügt hat. Dein Tag, der dich durch seinen erfahrenen Reichtum und seine Vielfalt und Fülle in Frieden entlässt und dich mit allem versöhnt, aus der Einsicht, dass es keine Zufälle gibt und alles, so wie es geschehen ist, irgendwie schon seinen Sinn macht, selbst wenn du ihn am selben Abend noch nicht erkennen wirst. Am Ende aber steht die Erfahrung des Lebens und die Vertiefung meines Glaubens – es fügt sich alles. »Passt scho!« Das Leben stellt Fragen und du musst sie beantworten. Denn über allem steht: Jeder Tag, egal wie er verlaufen ist, das Leben wird immer wie eine Herausforderung für dich sein, die dich prägen wird, mal mehr, mal weniger. Eine Herausforderung, an der du dich prüfen kannst. An der du wächst oder auch scheiterst.

Du musst damit umgehen, was im Leben auf dich zukommt, und du kannst damit umgehen. Wenn du bereit bist zu verstehen, dass es einen Sinn gibt, der hinter all dem Sinnlosen verborgen ist, und dass du beschützt bist, so wie ein Kind beschützt und behütet ist. Und wenn du auf dieses Behütetsein vertrauen kannst, so ist jeder Tag ein guter Tag. Das ist meine Überzeugung. Mein Glaube. Mein Abendgebet, bei dem ich nochmal alles abrufe, was geschehen ist am Tag. Ohne mich allein auf das Negative zu konzentrieren, sondern um mich vor dem Schlaf mit dem Tag zu versöhnen, mich immer auf das Gute, das Gelungene und das Lustige zu fokussieren. Erst die Komplet vor dem Schlafengehen macht mit komplett. Am Morgen dann öffne ich mich mit dem Morgengebet dem neuen Tag. Und meine Lebenserfahrung ist, dass ich umso zuversichtlicher und freudiger dem Kommenden entgegengehe, je intensiver ich das tue – und wie viel kraftloser bin ich, wenn ich mein Gebet verschlafe und mir diese wenigen, wichtigen Minuten des Tages für mein Gebet verloren gehen.

Was mich manchmal regelrecht fassungslos macht und mutlos werden lässt ist, warum dieses jahrtausendealte Wissen der wohltuenden Wirkung des Stundengebets, des Betens und des christlichen Glaubens überhaupt so unmodern geworden ist? Wie kann es sein, dass meine Kirche immer weniger die Kraft aufbringt, die Menschen mit dieser Weisheit in Verbindung zu bringen, und sie nicht mehr vermitteln kann – ihr Wissen anderen Strömungen überlassen muss, weil alles so verstaubt, erstarrt und mumifiziert wirkt wie das Innere eines Heiligenschreines? Die Anbetung der Jugend, der Kult um den eigenen Körper – der elektrisierende Marathonlauf auf den Bändern des Fitnesscenters, Meditation, Achtsamkeitsübungen, Zen-Buddhismus, die fünf rituellen Pflichtgebete der Moslems, all das, was hier praktiziert wird, ist seit zwei Jahrtausenden einer der Grundpfeiler des Christentums mit seinen Stundengebeten: das Sich-auf-sich-selbst-Besinnen im Gebet, mehrmals täglich, und das Sich-öffnen-Können für das Größere, Höhere, Weitere, jenes Etwas, das weit über uns hinaus einen Hinweis gibt auf das Gefüge, das alles zusammenfasst, was wir Leben und was wir die Schöpfung – was wir Gott nennen.

In wenigen Minuten würde ich wieder vor vielen Menschen Rede und Antwort stehen. Zum Glück gibt es diese Menschen noch, die fragen und nach Antworten suchen, weil sie den Verlust spüren, was es bedeutet, wenn Kirche immer weniger wird und aus unserem Alltag als bestimmendes Moment für unser Handeln entschwindet.

Wenn ich auf meinen Lesungen diesen vielen, vielen Menschen begegne, wenn ich sehe, wie sie mit ihrem Glauben ringen, oft lebenslang, und wie viele gute Gedanken sie haben, dann frage ich mich jedes Mal, warum unsere Kirchen so leer sind? Dass sie so leer sind, kann ich gar nicht glauben, wenn ich solche Abende erlebe. Meine Lesungen sind höchst unterschiedlich. Die Orte der Lesungen als auch die Zuschauerzahl. Manchmal habe ich mit einigem Unwohlsein aber auch schon in völlig überfüllten Turnhallen vor ein paar Hundert Zuhörern gesprochen – und einmal in Linz in einer Halle sogar vor fast 5.000 Zuschauern. Diese Menschen kommen doch nicht, weil man sie zwingt oder weil ihnen jemand Geld zahlt. Sie kommen freiwillig. Die Menschen kommen auch nicht wegen mir. Sie kommen allein aus der Hoffnung, ihrer Einsamkeit im Glauben entfliehen zu können und sich wiederzufinden in einer Gemeinschaft mit anderen Gläubigen und Gleichgesinnten, die sich genauso stark nach demselben sehnen wie sie. Was fast alle Lesungen als Konstante auszeichnet, ist die große Zugewandtheit, Freundlichkeit, Offenheit und das ehrliche Interesse, das ich bei diesen Menschen untereinander erleben darf. Ich staune immer, es ist doch alles an Begeisterung da, was es braucht, damit wieder Einheit statt Einsamkeit entsteht. So brauche ich eigentlich nicht länger glauben, dass unsere Kirche keine Zukunft mehr haben soll. Die Sehnsucht nach einer solchen Heimat ist in jeder Lesung mit Händen zu greifen. So stark, dass ich mich frage, was da schiefläuft? Was machen wir Priester und Pastoren beider christlichen Konfessionen falsch? Was passiert da in unseren Gemeinden? Oder besser: Was passiert nicht? Was machen wir verkehrt, dass wir diese Menschen mit ihrer offensichtlich immer noch vorhandenen Begeisterung immer weniger und immer seltener erreichen? Bemühen wir uns nicht mehr? Nehmen wir ihre Bedürfnisse nicht mehr wahr? Wann und wo begann der Riss – und wie vor allem lässt er sich wieder schließen? Um dem auf die Spur zu kommen, müssen wir vermutlich ganz oben und ganz unten gleichzeitig anfangen mit der Suche. Ganz unten bedeutet: bei uns selbst. Ganz unten bin ich Experte. Kann es klar benennen. Jeder kann es klar benennen. Denn viele erleben, dass sie Kirche nicht mehr erleben. Viele fürchten die Leere, die sich da in den Bänken auftut. Es ist die Katerstimmung wie nach einem misslungenen Fest, das nicht so war, wie es hätte sein müssen. Das nicht den Erwartungen entsprach, von dem man sich immer noch nicht zu lösen bereit ist. Es kommt nichts Besseres mehr nach. Was bleibt, ist die Erkenntnis, dass es am folgenden Sonntag wieder genauso sein wird. Kein Fest. Keine Feier. Keine Gemeinsamkeit. Eine bloße Pflichtübung, die man noch absolviert, weil es immer so war – von der man sich innerlich jedoch immer weiter abwendet, weil man die Zeit dort als Verschwendung erlebt. Zuerst bleiben immer die Jugendlichen fort. Und so beginnt das eigentliche Sterben der Gemeinden, die einen langsamer und lautlos, während die anderen einen eher qualvollen Tod sterben. Doch dem ist nicht so: Die Menschen, die ich in meinen Lesungen erlebe, leiden unter diesem Dahinsiechen ihrer Gemeinden, wünschten sich, dass es anders wäre, suchen nach Wegen, wie es wieder werden kann, dass Gemeinschaft entsteht.

Die Kirche von heute kann deshalb schon nicht ohne Beteiligung von Frauen an der Liturgie auskommen – und die Kirche von morgen wird es noch weniger verhindern können –, weil sich kaum noch junge Männer bereitfinden, als zölibatäre Priester zu leben. Dabei klingt es doch so schön:

»Wer Priester wird, schlägt einen langen und spannenden Weg ein. Er setzt ein deutliches und sehr mutiges Zeichen. Die Herausforderung ist groß, setzt der Priester doch mit seinem Auftrag Lebenszeichen für andere. Er leitet und begleitet die Gemeinde, er ermutigt, hört zu, inspiriert und gibt Rat. Er ist der Brückenbauer und Übersetzer, an dem sich das Wunderbare des göttlichen Wirkens in der Welt ablesen lässt.« – So der Werbe-Originalton eines großen deutschen Bistums. Und ich stimme dem ganz offen und ohne irgendwelche Abstriche zu: Für mich hat sich das alles erfüllt. An sich kann ich meine Freude darüber, dass ich diesen Weg gehen durfte, ein so vielfältiges, abwechslungsreiches und dichtes Leben als Priester führen darf, gar nicht in Worte fassen. Für mich ganz persönlich ist dieses Leben als Priester einer der schönsten Berufe der Welt, den ich gewählt habe. Dennoch ist es mit dem Nachwuchs Jahr für Jahr immer schlechter bestellt und das bereits seit einem halben Jahrhundert! Gerade mal fünf Priester werden im Schnitt jährlich für unser Bistum mit fast 900.000 Katholiken geweiht. Fünf für 900.000. Das ist eigentlich schon unter der Wahrnehmungsschwelle. Der Bedarf läge mindestens beim Fünffachen. Die Seelsorge muss trotzdem irgendwie gemacht, die heiligen Messen sollen gefeiert werden – sonntags wie werktags – und dann kommen noch die Casualien hinzu: Hochzeiten, Taufen und Beerdigungen. Auf etliche andere Spielarten seelsorglichen Tuns wie Religionsunterricht und speziellen Seelsorgsformen in der Gemeinde wie Familienbetreuung oder Arbeiterseelsorge mussten wir ohnehin bereits verzichten.

Wie soll das in Zukunft noch möglich sein ohne eine ausreichende Anzahl von Priestern? Der Pfarrer ist doch kein quantenmechanisches Phänomen, kein wandelnder Geist, der an zwei Orten gleichzeitig erscheinen kann? Der Schwund an Priestern schlägt gnadenlos durch. Trotz Priesterdonnerstagen und intensiver Gebete um geistliche Berufe, trotz vieler kreativer Methoden der Berufswerbung bzw. der Berufungserweckung bei jungen Menschen und trotz der Möglichkeit, auch über andere Wege als dem Abitur über einen dritten oder vierten Bildungsweg und sogar ohne die Hochschulreife zum Priesteramt zu gelangen. Der Trend des unaufhaltsamen Desinteresses an diesem Beruf scheint nicht umkehrbar zu sein.

Ein Pfarrer, den ich entfernt kenne, hat jetzt seinen zweiten Pfarrverband »aufgedrückt« bekommen und muss jetzt neun Pfarreien betreuen. Ein Hirte für neun Herden, die alle auf unterschiedlichen, weit voneinander entfernten Weidegründen grasen. Das kann niemand leisten. In der Landwirtschaft würde niemand auf solch einen Irrsinn kommen und wir sollten es noch weniger, wenn es um Menschen, um Glauben und Seelsorge geht. Und trotzdem: Überall erleben Gläubige ähnliche, aus Personalnot geborene Geschichten.

Wir dürfen die Feier der Eucharistie nicht zu einer Serienveranstaltung degradieren. Nichts anderes geschieht, wenn ein Priester in einer Art Pastoral-Rallye von einer Kirche zur anderen, von einer Ortschaft zur anderen hetzt, um im 45-Minuten-Takt den Gottesdienst zu »feiern«, und die Gläubigen eigentlich nur noch beten, dass er das Rennen unversehrt überstehen möge. Keine Gemeinde will einen Helikopter-Pfarrer, der kurz einschwebt, seine Predigt ablädt, kaum ein Ohr und keine Zeit für irgendwas und irgendwen hat, und kaum, dass er da war, sich wieder aus dem Staub macht, den er mit seiner Zwischenlandung aufgewirbelt hat. Unten winkt die ratlose Gemeinde Adieu – während oben der rastlose Pfarrer sich auf seine nächste Landung vorzubereiten versucht. Mehr und mehr wird ein auf solche Weise vergewaltigter Priester zu einem Fremden in den Gemeinden.

Jeder, der sein Priesteramt als menschliche Verpflichtung empfindet, als Berufung, die er mit Herzblut betreibt, muss hier auf Dauer Schaden nehmen. Genau wie seine Gemeinde, wo die Erosion fortschreitet, weil sich die Menschen nicht mehr betreut fühlen. Wo es um das tägliche Leben geht und sie sich nicht berührt fühlen, wo es um ihren eigenen und persönlichen Glauben geht. In vielen Gemeinden herrscht das Gefühl vor: Man lässt uns hängen. Und zwar auf der ganzen Spur. Auf den Schultern der Pfarrer lastet zu viel, was dort nicht hingehört, und langsam muss man auch mal laut rufen: Rettet den Pfarrer! Wir brauchen echte Pfarrcaritas. Denn nicht nur der Zusammenhalt der Gemeinde ist in Gefahr – es droht auch Schaden für Leib, Seele und Leben des Seelsorgers.

Was mich am meisten stört ist, dass man uns zur Lösung des Problems »Priestermangel«, der ja in Wirklichkeit kein Nachwuchsmangel, sondern schlichtweg ein Weihemangel ist, die immer größeren Verwaltungseinheiten als »den großen pastoralen Wurf« schlechthin verkaufen will. Im Bistum Mainz haben sie aus 250 Pfarreien 40 gemacht. Und das Bistum Köln, eines der Hochburgen des deutschen Katholizismus, steht vor einem historischen Einschnitt. Perspektivisch sollen alle Innenstadtgemeinden mit 38.000 Mitgliedern zu einer einzigen Pfarrei, dem »Sendungsraum Köln« zusammengelegt werden, geführt von einem Leitenden Pfarrer. Mit diesem Plan reagiert das Erzbistum darauf, dass vier der derzeit sechs »Seelsorgebereiche« im Kölner Zentrum schon ab diesem Sommer keinen eigenen Pfarrer mehr haben werden. Und da fragt man sich, wer da was noch senden soll und Zeit für Sendungsbewusstsein hat?

Der Mangel an Personal macht sich auf allen Ebenen bemerkbar. Das Bistum Hamburg schließt die katholischen Schulen. Ich habe von einem Dekan erfahren, der jetzt zusätzlich auch zum Dekan seines Nachbardekanats ernannt worden ist. Bei seiner Einführung als neuer Doppel-Dekan kursierte dann der scherzhafte Ausspruch: »Du bist jetzt ein Dekan hoch zwei!« Und die Leute lachten und applaudierten auch noch. Ich frage mich, was ist denn da lustig dran? Wie soll das weitergehen?

Bei der Wahl zum Dekan sind eigentlich sämtliche Pfarrer eines Dekanates aufgerufen, sich zur Verfügung zu stellen. Offenbar hatte sich kein zusätzlicher geeigneter Kandidat gemeldet. Wie weit ist es mit meiner Kirche gekommen, wenn wir jetzt schon ein Dekanat nicht mehr besetzen können? Ein Dekanat, welches nur noch aus so wenigen Pfarrern besteht, dass sich von denen keiner befähigt fühlt oder bereit ist, Verantwortung zu übernehmen? Was ist denn das für Signal an die Gemeinden, woher wir ja unseren Nachwuchs eigentlich rekrutieren wollen? Wenn wir bereits jetzt solche Notlösungen brauchen und als echte Lösungen uns gegenseitig verkaufen, weil die Gesamtsituation eben »alternativlos« ist, dann lässt sich doch jetzt bereits der Zeitpunkt errechnen, wann wir den Betrieb großflächig werden einstellen müssen: Wegen Personalmangels geschlossen!

Das Beste ist der Feind des Guten, sagt man und nur durch die Möglichkeit der Auswahl unter vielen bekommt die Kirche die fähigsten Köpfe an die Spitze ihrer Führung, auch in den Gemeinden. Unter Papst Paul VI. war es noch so, dass gerade auf Individualität gesetzt wurde, wenn er z.B. Bischofsernennungen vorgenommen hat. Einmal ist er von seinen Beratern darauf hingewiesen worden, dass sein bevorzugter Kandidat doch eher ein Querdenker sei, aber er hat darauf nur geantwortet: »Dann brauchen wir genau den!« Dieser Wille, nur die Besten zu nehmen, die im konkurrierenden, aber brüderlichen Meinungsstreit auch die besten Lösungen finden, ist mit den Jahren mittlerweile verloren gegangen, wie der Blick auf unsere Personalsituation zeigt. Jetzt haben wir nämlich kaum noch Kandidaten, keinen Nachwuchs und damit auch zunehmend weniger Substanz. Eine Qual der Wahl gibt es längst nicht mehr. Es wird genommen, was da ist – und der daraus folgende Prozess der geistlichen Verarmung zieht sich inzwischen hoch durch sämtliche Ebenen – während unten die Pfarrstellen unbesetzt bleiben und zusammengelegt werden müssen.

Wir beklagen den massiven Nachwuchsmangel und bedauern die geringe Zahl an Berufungen. Sicher, wenn ein Bischof genügend Priester hätte, er würde das kleinste Dorf mit einem eigenen Pfarrer besetzen. Er hat sie aber nicht mehr.

Früher hätte man das Kind beim Namen genannt: Ein unbesetztes Dekanat ist eine Mangelerscheinung, Skorbut pur – ein untrügliches Alarmzeichen, dass der altersschwachen Kirche nicht nur die Puste ausgeht, sondern auch die Zähne ausfallen. Was wir erleben, das ist die personelle Insolvenz.

Wann merken die Gemeindemitglieder, was da wirklich läuft, und wann bleibt ihnen das Lachen im Halse stecken, wenn sie endlich gewahr werden, dass der »Dekan hoch zwei« nur jeweils als halbe Portion liefern kann – dass er sich nicht verdoppelt, sondern halbiert? Und damit auch seine Zeit weder für die eine noch für die andere Gemeinde ausreicht?

Die Oberen und ihre Schreibtisch-Planer in den Ordinariaten dagegen sprechen gerne von »enormen« Synergieeffekten. Aber das sieht nur auf dem Papier gut aus. In Wirklichkeit ist es das letzte Aufgebot kurz vor der Kapitulation. Ein Pfarrer meinte einmal sehr süffisant bei einem Priestertreffen: »Ich kenne eigentlich nur einen einzigen Ort, wo eine derart brutale endgültige Zusammenlegung, wie wir sie mit unseren pastoralen Planungen betreiben, wirklich funktioniert – und das ist der Friedhof.

In der täglichen Praxis reibt es die Seelsorger auf, die menschlich bleiben wollen und nicht zum Verwalter reduziert sein möchten, weil sie es als ihr Ethos und ihre Berufswürde empfinden, den wirklichen Bedürfnissen ihrer Gläubigen gerecht zu werden.

Und obwohl das offensichtlich ist, will man den Gemeinden weismachen, dass es die Errungenschaft schlechthin ist, dass ein Pfarrer jetzt als multipler Seelsorger mehrere Pfarrverbände gleichzeitig betreut? Wo soll das enden? Machen wir demnächst weiter mit dem Triple-Dekan, mit 4.0-Kardinälen und digitalisierten Bischöfen mit Youtube-Channel, Seelsorge abrufbar im virtuellen Raum? Legen wir demnächst sogar ganze Bistümer zusammen in noch gigantischeren Verwaltungseinheiten? Bis wohin soll das noch führen? Der Einzige, den wir in einer spirituell derart entleerten Funktionskirche – ganz oben und ganz am Ende der Pyramide nicht mehr in »synergetischen« Doppelfunktionen ohne völlige Selbstaufgabe einsetzen könnten, wäre der Papst.

Ich als Pfarrer bin die aussterbende Zunft. Ich werde manchmal gefragt, warum ich nicht einfach aufhöre, wenn alles so schwierig ist?

Ich sage dann immer gerne humorvoll: Weil ich vielleicht der Letzte sein will, der das Licht ausmacht. Das ist mein Leben. Meine Lebensgeschichte. Ich kann meine Kirche nicht verlassen. Und ich will sie nicht denen überlassen, die sie mit ihrer fehlenden Weltlichkeit und ihrer eklatanten Empathie- und Reformunfähigkeit letztendlich zerstören.

Dass wir keinen Priesternachwuchs mehr haben, ist doch kein Naturereignis! Der liebe Gott straft uns auch nicht damit. Wir haben ein rein weltliches Problem. Die Kirche selbst ist schuld, weil sie über Jahre geschludert hat, wenn es darum ging, eine zeitgemäße und ehrliche Nachwuchsförderung zu betreiben und auch den Mut zu Veränderung aufzubringen, den Zugang zum priesterlichen Amt zu öffnen auch für nicht ehelos lebende Männer. Der bis Ende der Fünfzigerjahre noch prallvoll gefüllte Karteikasten mit Bewerbern für ein Pfarramt ist heute leer. Es finden sich kaum noch Kandidaten. Also ist es doch schon lange Zeit zum Handeln und zum Umdenken und Umgestalten!

Die Priestersoutane hatte früher 33 Knöpfe als Erinnerung an die 33 Lebensjahre Christi. Wenn jetzt ein Priester besonders klein war und die Knopfleiste bei 33 Knöpfen sonst bis auf den Boden gereicht hätte, hat man die überschüssigen Knöpfe an die Ärmel aufgenäht. Wenn wir in unserer Kirche nicht umdenken, werden wir bald so klein, dass alle 33 Knöpfe auf den Ärmel müssen.

Die Knopfleiste zuzuknöpfen dauerte damals seine Zeit. Besonders fatal war das dann, wenn man es eilig hatte. Wenn bei der Soutane aber ein Knopf falsch geknöpft wurde – dann sind es die folgenden eben auch und der Priester muss alles wieder aufknöpfen und noch einmal von vorne beginnen. Genau in diesem Entscheidungsmoment sind wir jetzt angekommen: weiter falsch zuknöpfen oder erkennen, dass wir zurückgehen und völlig neu beginnen müssen! Die Frage ist also, wie gehe ich mit dem Schaden um, damit ich weiterlebe, und wie verhindere ich, dass der Schaden noch größer wird?

Wo liegt die Rettung, fragen auch die Menschen auf den Lesungen. Das beschäftigt sie sehr: Sie suchen nach Rettung. Zunächst muss der

Kirche und allen Gläubigen ganz klar sein: Wir stehen mit dem Rücken an der Wand. Wir zählen nicht Jahrhunderte, Jahrzehnte – sondern nur noch Jahre, und dann wird die Kirche, so, wie wir sie heute kennen, nicht mehr existieren. Das ist furchtbar! Aber es ist die Wahrheit!

Wir sind ein sehr heruntergekommener Krebspatient, bei dem Therapien kaum noch anschlagen und der jetzt auf eine Spontanheilung hofft an Haupt und Gliedern und immer noch auf dem Balkon steht und raucht. Was wir da gerade sterben, ist ein Tod auf Raten – und ich sage: Bitte jetzt schon eine Auferstehung, bevor der totale Exitus eintritt. Wie das gehen soll?

Die Antworten sind schnell gefunden und liegen auf der Hand. Wir müssen völlig neu anfangen. Neue Wege gehen, neue Ideen umsetzen, sich in der Zeit bewegen und der Zukunft die Arme öffnen, anstatt immer zurückzuschauen. Natürlich fordert das neues Denken. Aber mit den alten Denkschablonen der Kirche, ausschließlich als einer rein männlich bestimmten Priesterkirche, werden wir endgültig scheitern.

Seit Jahrzehnten diskutieren wir die Möglichkeit, auch verheiratete Männer zu Priestern zu weihen – und tun es nur, wenn ein ehemals evangelischer Pfarrer zur katholischen Konfession übertritt und dann auch zum Priester geweiht wird. Das ist sehr gut und richtig so. Natürlich erledigt sich dann aber auch irgendwie das Einzelmerkmal der zölibatären Lebensweise, nur sie würde eine Radikalnachfolge Jesu darstellen. Ist die Nachfolge des verheirateten Kollegen weniger radikal? Ist die eheliche Bindung an eine Lebenspartnerin wirklich nur »Nachfolge light«? Was erzähle ich dann da dauernd bei unzähligen Trauungen meinen Brautpaaren?

Natürlich, wir brauchen den zölibatären Priester. Wir brauchen diese Männer, die ihren Durst nach Gott und seine Gegenwart, seine Gerechtigkeit und seine Nähe in dieser radikalen Lebensform der Ehelosigkeit darstellen und mit ganzer Hingabe vorleben wollen. Weil ich selbst solche Priester erleben durfte, konnte ich diesen Weg für mich ernsthaft wählen – und es war genau die richtige Wahl. Aber heute dürfen wir weiterdenken und wir hätten es bereits als Konsequenz des II. Vatikanischen Konzils tun müssen: Es gehört auch zum Reichtum der Kirche, den verheirateten Priester in die Gemeinden zu entsenden, auch wenn er nicht vorher evangelischer Pfarrer, sondern immer schon katholischer Christ gewesen ist. Es ist völlig selbstverständlich geworden für unsere Gemeinden, dass es auch diese Priester geben soll, die ihre Hingabe an Gott und ihren Einsatz für die Gemeinden eben nur leben können, weil sie eingebunden und aufgehoben sind in einer partnerschaftlichen Liebesbeziehung von Ehe und Familie. Wir müssen keine außerordentliche Lebensweise wie die Ehelosigkeit abschaffen, damit würden wir uns nur ärmer machen. Wir sollen uns bereichern mit vielen guten und ihre Kraft aus ihrer Familie schöpfenden verheirateten Priestern. Wir sollen nicht ständig klagen über mangelnde Berufungen, sondern uns bewusst werden, wie viele Berufene eigentlich da wären, die wir nicht in den Dienst nehmen. Bei der Verabschiedung eines ständigen, also verheirateten Diakons, der Familie und Kinder sein eigen nennen darf, nach 40 Dienstjahren habe ich zu ihm gesagt: »Ob man es hören will oder nicht, aber du bist der lebendige Beweis, was für einen Schaden wir uns als Kirche selbst zufügen, wenn wir auf verheiratete Männer wie dich, die so unglaublich engagiert sind und so ein unerhört ehrliches Glaubenszeugnis abgeben wie du, einfach verzichten.« Das meine ich damit, wenn ich sage, wir haben keinen Nachwuchsmangel, wir haben einen Weihemangel, weil wir die nicht zum priesterlichen Amt zulassen, die uns so reichlich zur Verfügung stehen würden. Die zölibatäre Lebensweise wird deswegen nie verschwinden. Im Gegenteil, sie würde durch diesen Schritt noch mehr Interesse und Anerkennung bei jungen Menschen finden. Wichtig aber wäre zugleich auch, dass wir uns viel mehr darum kümmern, wie wir heute im 21. Jahrhundert die Ehelosigkeit sinnvoll und nicht einfach im Durchhaltemodus, sondern gewinnbringend auch für sich leben kann und soll. Irgendwo alleine in monströsen Pfarrhöfen, auch umgeben von viel Wohlstand, kann nicht die Lösung sein. Die Geschichte der letzten 50 Jahre und das Ergebnis daraus sind der Beleg dafür. Diese Priester brauchen ihre Einbettung in eine Gemeinschaft, in eine Familie, in eine wirkliche und vielfältige Lebenswelt. Wieso soll ich als Pfarrer nicht als Teil einer ganz normalen Familie mitleben, so wie früher die Schwester des Hoferben und Bauern, die ledig blieb, ganz selbstverständlich zur Familie gehörte. Ehelosigkeit ist eine ganz besondere Lebensform, die nichts mit Einsamkeit zu tun haben will. Ehelosigkeit sucht in einer ganz besonderen Form den Anschluss an eine Gemeinschaft. Wenn wir so weit gekommen sind in unserem katholischen Denken, dann machen wir uns bereit für den nächsten Schritt: Wie können auch unsere Frauen den Zugang hierfür bekommen?

Auch bei einer raschen Änderung der Zugangswege zum kirchlichen Amt werden wir die Lücken in unseren Gemeinden nicht so bald schließen können. Zu viel Mangel haben wir bis hierher zugelassen. Also müssen wir insgesamt Kirche anders und neu denken, vor allem wenn es um unsere Gemeindearbeit geht. Konkret heißt das: Wir müssen nicht nur wegkommen von der Priesterkirche, sondern auch hin zu viel mehr Eigenverantwortlichkeit der Gläubigen in den Gemeinden: Jeder von uns ist Gemeinde! Die Gemeinden sollen sich dabei selbst verwalten. Notfalls ohne Priester. Und in jedem Fall mit Frauen in der Führung eines Gottesdienstes. Eine priesterlose Gemeinde darf einfach keine Mangel- oder Notsituation mehr darstellen. Mit dieser oft wahrzunehmenden Diskriminierung und Stigmatisierung im Alltag dieser unbesetzten Pfarrstellen muss endgültig Schluss sein. Man tut gerade so, als wenn solche Pfarreien nicht mehr am Leben wären. Ja, bin ich etwa keine Gemeinde mehr, nur weil der Pfarrer fehlt? Was ist denn das für ein Verständnis von Gläubigen? Im Gegenteil: Solche priesterlosen Gemeinden sollen ihre je eigene Nähe zu den Gemeinden der Urkirche spüren dürfen.

Also müssen wir aufhören, uns den Glauben und das Gemeindeleben nur in immer größeren Verwaltungseinheiten vorzustellen. Der Glaube und die Gemeinden sind nicht in erster Linie ein Verwaltungsakt. Eine Pfarrei ist keine Autofabrik, die sich immer weiter entmenschlichen und rationalisieren lässt. Den Roboter-Pfarrer wird es auch in naher Zukunft – noch nicht – geben. Wir müssen weg von monströsen Verwaltungseinheiten hin zu lebendigen Zellen in den Gemeinden, die sich aus eigener Stärke selbst entwickeln.

Holen wir doch die Gläubigen wieder heraus und nehmen sie in die Pflicht. Vor allem aber nehmen wir ihnen die Angst, sie seien keine vollwertige Gemeinde mehr, nur weil sie keinen Pfarrer haben. Ich kann immer nur dazu aufrufen: Jammert's doch nicht herum, weil ihr keinen Pfarrer habt! Warum bitte sollte es nicht auch ohne Priester funktionieren?

Der erste Schritt muss also Aufwertung sein: Eine priesterlose Gemeinde muss kirchlich genauso vollwertig angesehen und behandelt werden und auch bei den Gläubigen dasselbe Ansehen erhalten wie jede andere Gemeinde, die einen Priester hat. Die priesterlose Gemeinde als riesigen Akt der Freiheit zu begreifen, ist die Aufgabe, vor der wir in den Zeiten des Priestermangels stehen. Die Lücken sind doch jetzt schon überall sichtbar. Da kommt etwas lawinenartig auf uns zu. Und besser, wir beginnen gleich und verschieben nichts auf morgen.

Wenn die Gemeinde nur selbstbewusst und aktiv genug ist, sich selbst zu führen, und diese Selbstbestimmung endlich sogar als Chance und Privileg ansieht und entsprechend handelt – was soll da schieflaufen?

Die Herde kann auch mal ohne Hirten weiterziehen und selbst nach den besten Weidegründen suchen – das schaffen »Schafe« ganz alleine, wenn der Hunger da ist. Und um diesen Hunger geht es mir: Wir brauchen Menschen, die nicht warten, dass etwas geschieht, sondern Menschen, die auftreten, Menschen, die fordern und sich einbringen – statt austreten.

Dass es funktioniert, kann sich keiner vorstellen, weil wir in Deutschland den Hang haben, alles bis ins Kleinste regulieren zu müssen. In meiner Gemeinde aber sehe ich ja, dass es auch ohne große Formalitäten gelingt. Menschen bringen sich in das Gemeindeleben ein – ganz ohne Verordnungen, Satzungen, Ministrantenlisten, Formulare, Stempel und Anträge. All das braucht es nicht, wenn eine Gemeinde lebendig ist und atmen darf.

Damit sie nicht in der Bürokratie erstickt, brauchen wir beigestellte Verwaltungsfachleute, die auch den Pfarrer entlasten, der so beispielsweise keine Bauanträge stellen, Ausschreibungen leisten und die Bauausführung überwachen muss – sondern sich auf seine eigentliche Tätigkeit, die Seelsorge, konzentrieren kann. Die Gemeinde der Zukunft entscheidet selbstbewusst über sich selber und sorgt dafür, dass ihr Gemeindeleben lebendig bleibt. Ob mit oder ohne Pfarrer.

Es gibt in Bayern bereits viele Gemeinden, die ganz ohne Pfarrer auskommen – auskommen müssen – und aus der Not eine Tugend gemacht haben. Mir schreibt regelmäßig eine Lehrerin und berichtet immer voller Freude und Engagement, wie gut das Gemeindeleben trotzdem funktioniert.

Ihre Gemeinde sei genauso agil, wenn nicht agiler als andere, weil sie wissen, auf sie kommt es jetzt an. Sie haben einen ›Taizé‹-Kreis gegründet, zu dem jeder freiwillig kommt. Manchmal seien sie viele – manchmal aber eben nur fünf, aber dann sei es auch gut. Aber den Gebetskreis deswegen einstellen wäre der falsche Weg.

Der Anspruch ist, dass eine priesterlose Gemeinde eine genauso funktionsfähige Gemeinde bleibt wie andere mit Priester. Weil wir nicht länger Priesterkirche sein wollen, sondern wieder selbstständige Gemeinde Jesu Christi werden möchten.

In einem kleinen Dorf in der Nähe von München war der Pfarrer gestorben, der über ein halbes Jahrhundert in dieser Gemeinde lebte und wirkte und den ich sehr geschätzt habe. Auch diese Pfarrstelle konnte nach seinem Tod nicht mehr besetzt werden und als ich anlässlich einer Trauung dort nachfragte, wie das dann jetzt weitergehen wird, antwortete mir die Mesnerin stolz: »Und ob das geht.«

Warum es trotzdem funktioniert, hat sie dann ausführlich beschrieben, denn »dafür hat unser Pfarrer gesorgt«. Der habe es schon vor dreißig Jahren kommen sehen, dass nach ihm nichts mehr kommt: »Ihr müsst für euch selbst da sein können – wenn ich nicht mehr da bin. Wir müssen der Gemeinde jetzt beibringen, dass sie für sich selbst verantwortlich ist.« Und so habe er sehr weitsichtig begonnen, »uns zu sammeln und auszubilden«. »Wir sind 17 Lektoren. Wir

sind 15 Kommunionhelfer. Und wir sind 20 Wortgottesdienstleiter.«
Eine selbstbewusste Gemeinde, die selbst schaut, dass es weitergeht,
und nicht auf einen Priester wartet, zumal man nicht sicher sein
kann, ob überhaupt noch mal jemand kommt. »Bei uns läuten trotzdem jeden Sonntag die Glocken«, sagt sie, »und im Altarraum werden
die Kerzen angezündet, es wird gebetet und miteinander Kommunion gefeiert.« Eine ganz einfache Frau, ohne Studienabschluss in
Verwaltung oder Religionswissenschaften steht da vor mir und
brennt für ihre Gemeinde. Der alte Pfarrer hat alles unternommen,
was zu tun war, damit seine Gemeinde Gemeinschaft bleiben kann,
auch nach seinem Wirken bei ihnen. Das nenne ich verantwortungsvolle Vorausschau, gewissenhafte Vorsorge und einen Glauben an
eine Zukunft, die wir selber gestalten und uns nicht nur verwalten
lassen wollen. Er hat bei seinen Leuten das Bewusstsein geschaffen:
Die Gemeinde seid ihr! Er, der kleine Dorfpfarrer, hat es erkannt und
rechtzeitig die richtigen Maßnahmen unternommen. Meine große
Verwaltungskirche hat das nicht geleistet.

Das muss man sich aber auch mal richtig auf der Zunge zergehen
lassen, was die Dorfgemeinschaft hier leistet: Das sind keine Studier-
ten – das sind hauptsächlich einfache Menschen und die stellen sich
jeden Sonntag vor ihre Nachbarn, vor ihresgleichen, kommen aus
deren Mitte und halten einen Wortgottesdienst ab. Ein Modell, das
zukunftsweisend sein wird für den weiteren Bestand des christlichen
Glaubens und der Kirche in Deutschland: die selbstbewusste, sich ei-
genständig führende priesterlose Gemeinde. Das lässt sich gar nicht
aufhalten, weil der Priestermangel zum Umdenken zwingt und eine
Bewusstseinsänderung auslösen wird – oder auch nicht. Wo das Bedürfnis nach Glauben noch so stark ist, dass die Gemeinde aus ihrer
Mitte heraus einen der ihren bestimmt, der dann Vorsteher in der
Eucharistie ist, werden die Gemeinden weiterbestehen – vielleicht so-
gar lebendiger sein als vorher. Wo das nicht der Fall ist, werden sie im
Mahlstrom der Zeit untergehen.

Wenn ich wählen könnte zwischen einer Gemeinde, die sich
selbstbewusst und selbstständig führt und aus sich selbst heraus

wächst und gedeiht, egal, ob ein Priester da ist oder nicht, und klar ansagt, was sie will, und das auch in einem lebendigen Gemeindeleben vorlebt – oder einer Gemeinde, die völlig kopflos wird und deren Lebenskraft in dem Moment erlischt, wenn kein Priester da ist – dann fällt die Wahl doch nicht schwer? Weil ich fest daran glaube, dass aus dieser Freiheit ein völlig neues Verantwortungsbewusstsein entsteht, sich zu beteiligen, und damit eine Dynamik, die auch der in Starre verfallenen Kirche insgesamt guttun wird. Ob mit oder ohne Priester darf zukünftig keine Rolle spielen.

Die Freiheit zur Eigenverantwortung einer Gemeinde, das Stimulieren des Gestaltungswillens ihrer Mitglieder, das Ende der Priesterkirche kann dabei nur ein Anfang sein. Es ist in der Kirche auch in der Priesterfrage und des Zölibats höchste Zeit für Umkehr und Neuanfang.

Aus Anlass einer Priesterweihe hat ein Bischof kürzlich unglaubliche Worte – bislang unwidersprochen – gefunden: »Jesus im Sakrament des Altares verdankt sein Dasein allein dem von ihm berufenen und geweihten Priester. Ohne diesen keine heilige Messe, ohne diesen keine heilige Kommunion, ohne diesen kein Tabernakel. Der eucharistische Jesus ist von seinen Priestern total abhängig geworden. Er hat es so gewollt.« Solche Behauptungen halten doch wirklich keiner seriösen Theologie stand; schlimmer noch, sie stellen den Priester über Jesus und erklären höchstens das Verhalten unserer Kirchenfürsten. Nein, das hat Jesus nicht gewollt, dass ein Mensch sich an seine Stelle setzt. Noch immer ist er auch ohne Priester, manchmal sogar gegen die Priester, überall dort gegenwärtig, wo zwei oder drei in seinem Namen beisammen sind. Die kirchlichen Bestimmungen, die auf diese Art gebetsmühlenartig wiederholt werden und viele Christen, vor allem Frauen, rundweg von der Gemeindeleitung ausschließen, sind menschliche und damit keinesfalls göttliche Gesetze. Sie sind veränderlich.

Wenn ein bekannter Geistlicher öffentlich erklärt, bei Shakespeare spiele ja auch nur ein Mann den Hamlet – dann ist das doch kein ausreichendes theologisches Argument. Kirche ist erstens kein Theater und zweitens gibt es genügend Aufführungen, in denen eine Frau den Hamlet spielt – und das auch nicht besser oder schlechter als die männliche Besetzung. Genauso falsch ist das Argument, der Priester darf nicht verheiratet sein, weil Christus nicht verheiratet war. Das ist kein Grund, sondern eine Ausrede, denn Christus hat gar keine Priester geweiht. Er hat seine Jünger eingeladen, mit ihm zusammen in eine ganz besondere Lebensweise einzutreten und so die Botschaft vom Reich Gottes zu verkündigen. Für seine Zeitgenossen war es eher ein Skandal, dass gläubige Juden ehe- und kinderlos leben. Auftrag war es vielmehr, das Volk Gottes auf Erden reichlich zu vermehren und nicht bewusst enthaltsam zu leben. Jesus hat bewusst provoziert und dazu eingeladen, in dieser Lebensweise des Übergangs einer religiösen Einstellung die Stirn zu bieten, die sich selbst ihre eigenen Gesetze des Heils und der Erlösung machen will. Jesus hat nur eingeladen, begeistert eingeladen, niemals aber eine Lebensweise erzwungen oder gar zum Gesetz gemacht.

Das kirchliche Gesetz – nicht das Ideal der Ehelosigkeit (!) –, das nur zölibatäre Männer für die Feier der Eucharistie zulässt und Frauen prinzipiell ausschließt, beruht trotz aller nachgeschobener religiöser Verbrämung auf einem überholten Menschenbild und einer archaischen, falschen Auffassung von Sexualität, das vor 1.000 Jahren der Status quo gewesen sein mag. Das hat in unserer Zeit keinen Bestand mehr. Wir sprechen doch heute auch nicht aramäisch, nur weil vor 2.000 Jahren in Palästina Aramäisch gesprochen wurde?

Ich sehe es als grundlegendes Menschenrecht an, dass jeder in meiner Kirche unabhängig von seinem Geschlecht ein Amt übernehmen kann. Es ist ein grundlegendes Menschenrecht, dass eine Frau, die ein genauso guter oder sogar besserer Repräsentant Christi ist wie ein Mann, daher auch genauso verkündigen und Priester werden kann wie ein Mann. Zumal der Gleichheitsgrundsatz auch in unserem Grundgesetz festgeschrieben ist.

Ich bin alles andere als der Oberlobbyist für schrille Emanzen und die vollständige Abschaffung des Zölibats. Ich selbst habe es nie bereut, Priester geworden zu sein in der zölibatären Lebensform, und natürlich habe ich diese freiwillig selbst gewählt. Weder wurde ich geknebelt noch bin ich in Handschellen zu meiner Priesterweihe nach Freising abgeführt worden. Ohne die völlige Freiheit der Entscheidung ist ein Sakrament ohnehin ungültig. Das war und bleibt eine Berufung, die mich mit Stolz erfüllt und ein Leben lang eine Herausforderung für mich bleibt.

Aber ich finde es schlecht, wenn wir uns an ihn klammern wie an ein Dogma, dass es Kirche nur geben darf mit Zölibat. Eine erfolgreiche Kirche darf sich doch nicht in ihren Möglichkeiten beschneiden? Die Frage ist doch, ob sich nicht auch die Kirche die Freiheit auferlegen möchte zu sagen, die Tätigkeit des Priesters und sein Charisma zur Verkündigung ist nicht an eine gesetzliche Bestimmung gebunden, die verheiratete Männer mit Familien und Kindern – und auch gläubige Frauen ausschließt?

Es geht mir darum, welche Antwort ich geben kann, wenn mir eine junge Studentin voller Ernsthaftigkeit die Frage stellt, was der Grund sein soll, warum sie nicht geweiht werden darf, obwohl sie im Glauben niemandem nachsteht – nur weil sie eine Frau ist? Ich kann ihr nicht antworten. Denn soviel ich mich auch bemühe – ich finde auch angesichts des Priestermangels keine Begründung mehr, die ich so anbieten könnte, dass mein Gegenüber sie annehmen würde.

Auch seit den notwendigen, aber doch sehr grauenhaften Aufdeckungen im Zusammenhang mit den Missbrauchsfällen in unserer Kirche wird die gesetzlich verordnete Ehelosigkeit bei der überwältigenden Mehrheit der Katholiken zunehmend als archaisch und befremdlich wahrgenommen und bewusst infrage gestellt. Ich persönlich halte Gebete, Novenen und Berufungsinitiativen so lange für sinnlos, als wir nicht die Möglichkeiten, die Gott uns in die Hände gibt, nutzen und umsetzen.

»Eine Kirche, die nicht dient, dient zu nichts.« Diesem Bischofswort füge ich hinzu: Eine Kirche, die den Menschen dienen will, muss sich die Freiheit nehmen, jene Gesetze abzuschaffen, die, bedingt durch den Priestermangel bereits an vielen Orten Europas und der Welt, das Leben der Gemeinden behindern.

Wir werden als katholische Kirche nicht daran vorbeikommen – ob wir es wollen oder nicht –, über die Amtsfrage zu diskutieren, die Kirche neu zu gestalten und das Priesteramt auch gleichberechtigt für Frauen zu öffnen und ebenso verheirateten Männern ohne Zölibat – und warum sollten all diese gläubigen Menschen am Sonntag zukünftig nicht das Mahl feiern? Gemeinsam.

Schon im Alten Testament sagt Gott – allen – Menschen seines Volkes zu: Ihr sollt mir ein Reich von Priestern sein. Wie priesterreich könnten wir sein. In jeder Gemeinde gibt es Frauen und Männer, die zur ehren-, neben- oder hauptamtlichen Leitung fähig wären, sei es auf Zeit, sei es für die Dauer ihres beruflichen Lebens. Lösungen gibt es genug. Man muss sie nur wollen.

Schon 2009 forderte der damalige Präsident des Zentralkomitees der Deutschen Katholiken, Alois Glück, nachdem er gerade mal fünf Tage im Amt war: »Ich würde es begrüßen, wenn bewährte, verheiratete Diakone mit einer entsprechenden Fortbildung zur Priesterweihe zugelassen würden.« Was ist in den acht Jahren seither geschehen? Nichts. Bereits 1970 sogar, schrieb Joseph Ratzinger, später Papst Benedikt XVI., in seinem Buch »Glaube und Zukunft«: »Die Kirche der Zukunft wird neue Formen des Amtes kennen und bewährte Christen, die im Beruf stehen, zu Priestern weihen.« Darauf hatte sich Glück vermutlich bezogen. Was ist seit 1970 – nach knapp einem halben Jahrhundert passiert? Nichts. Könnte man unter »bewährten Christen, die im Beruf stehen« inzwischen – 50 Jahre später – nicht auch Frauen verstehen? Nein. Heute hat man einen Pfarrverband mit zehn Pfarreien – eine besetzt und neun unbesetzt, und diese werden von einem Pfarrer mitgestaltet. Das klingt nicht nach gestalterischer Zukunft.

Wenn wir daher diese notwendigen Schritte immer weiter aufschieben – und wir werden diese Öffnung machen müssen, weil uns die ehelosen Priesteranwärter ausbleiben –, werden alle sagen: Aha, jetzt plötzlich wollen sie und kommen uns nachgekrochen. Aber nicht aus Einsicht und Überzeugung – sondern aus Not und Zwang, weil sie keine jungen Männer mehr finden. Sie machen es nicht, weil sie verstanden hätten, was Kirche wirklich ist. Das heißt, sie werden uns wieder nicht ernst nehmen. Die Menschen »unten« in den Gemeinden aber reagieren auf diese Nichtachtung und haben ihre Entscheidung längst getroffen: Sie gehen, treten aus, wenden sich ab.

Wir können nicht einfach so weitermachen und unseren archaischen Lebensformen anhaften und andere Menschen zwingen, das zu akzeptieren und es uns nachzutun, während rund um uns herum alles wegbröckelt und verändert, was als sicher und beständig – »in Ewigkeit. Amen« schien.

Sicher ist das noch ein langer Weg. Und sicher werden wir das nicht hier in Sankt Max entscheiden. Das ist nicht unsere Profession. Unsere Profession ist es, Gemeinde zu machen. Dafür wiederum braucht die Gemeinde aber die Unterstützung von oben und ganz oben. Die Unterstützung von oben kommt durch Entscheidungen, die Menschen machen. Und ich bin voller Hoffnung, dass diese Entscheidungen bald kommen – bevor es zu spät ist. Angesichts der klar erkennbaren Folgen des Priestermangels fragt man sich schon, warum die Kirchenführung in eine Art Duldungsstarre versunken ist und der eine auf den anderen zu warten scheint. Wir wissen, die Verhinderung solcher Möglichkeiten hat sehr wenig mit dem Evangelium, aber sehr viel mit Macht zu tun.

Bezeichnend für die derzeitige Situation mögen die Feststellungen von Kardinal Martini sein, die er in seinem Ruhestand in Jerusalem machte. Vor einer Versammlung von Priestern sagte er: »Es gibt Priester, die sich zum Ziel setzen, Bischöfe zu werden, und es gelingt ihnen. Es gibt Bischöfe, die nicht sprechen, weil sie wissen, dass sie sonst nicht befördert werden. Einige sprechen nicht, um ihre Kandidatur als Kardinal nicht zu blockieren. Wir müssen Gott um das Geschenk der Freiheit bitten. Wir sind aufgefordert, transparent zu sein und die Wahrheit zu sagen.«

Fast resignierend stellen wir fest: Solange Karrieristen an die Spitze der Kirche drängen, wird sich in der Frage der Gemeindeleitung nichts ändern. Doch die Frage bleibt, wie lange sich die Gemeinden das gefallen lassen.

Wir leben jetzt – im Jetzt – und nicht in der Vergangenheit und müssen den Blick nach vorne richten und nicht zurück. »Wer nicht mit der Zeit geht, geht mit der Zeit«, heißt es im modernen Wirtschaftsmanagement.

Halten wir ebenfalls zum wiederholten Male fest: Durch die Taufe hatten in der jungen Kirche vor 2.000 Jahren alle Glieder den gleichen Rang. Sie fühlten sich allerdings mit unterschiedlichen Gaben und Begabungen ausgestattet. Leiter oder Leiterinnen, auch Vorsteher – genannt, brauchten die Gemeinschaften. Sie wurden aufgrund ihrer Führungsqualitäten gewählt. Nicht wegen ihres Geschlechts. Papst Leo erklärte in der Mitte des 5. Jahrhunderts: »Wer allen vorsteht, muss von allen gewählt werden.« Nach der Wahl erfolgte die »Einordnung«; die Ordination ist nur das entsprechende Fremdwort dafür. Die Gewählten und Ordinierten, Frauen wie Männer, übernehmen in der Eucharistiefeier den Vorsitz. Ganz schlicht festgestellt: Hätten wir noch diese frühkirchliche Möglichkeit, gäbe es keinen Priestermangel. Oder andersherum: Die Ordnung, die sich in unserer Kirche im Laufe der Geschichte zur rein männlichen Priesterkirche entwickelte, hat längst das verhindert, was sichergestellt werden sollte: der Aufbau, die Festigung und die Weiterentwicklung der christlichen Gemeinschaft. Der Schweizer Pfarrer Kurt Marti hat seine Antwort auf die schlichte Formel gebracht: »Wo kämen wir hin, wenn alle sagten, wo kämen wir hin, und niemand ginge, um mal zu schauen, wohin man käme, wenn man ginge.«

Während ich auf den Parkplatz des Seminargebäudes einbog, wo die Lesung stattfinden sollte, ging mir meine »Samariterin« nicht aus dem Kopf. Sie hatte beklagt, dass Frauen, die spirituell leben wollen, nicht Priesterinnen werden dürfen. Ich war mir sicher, dass ich diese Klage heute Abend wieder hören würde – weil ich sie jedes Mal höre. Wie oft erlebe und begegne ich auf meinen Lesereisen Frauen mit einem ähnlichen, wenngleich auch immer einzigartigen Schicksal. Es sind Geschichten von Frauen, die in ihrem Glauben so aufgehen und derart authentisch, ja charismatisch stark und überzeugend sind, dass sie vermutlich die besseren Seelsorger und Prediger wären als manch ein Mann, der als Priester vorne am Altar steht und seine Predigten leidenschaftslos auf Autopilot abfliegt, ohne echtes Interesse an den Menschen, ohne Intensität, ohne wirklich beseelt zu sein. Und trotzdem finden sie keine Aufnahme. Und wie oft sind sie schon in frühester Jugend ausgegrenzt und abgewiesen worden, darin ähneln sich viele dieser Biografien, fühlen sich ihr Leben lang zurückgesetzt, verletzt und ausgeschlossen.

Nach einer Lesung Ende November 2017 hatte ich eine besonders denkwürdige Begegnung mit einer solchen Frau auf einem Bahnsteig in Mittelfranken. Es war so ein Leseabend, der einfach perfekt gewesen war, wo sich Publikum und Lesender auf wunderbare Weise ergänzt und sich gegenseitig befeuert hatten. So kurz vor dem 1. Advent war ich zu Anfang ins Erzählen gekommen, wie ich zuvor über den dortigen Christkindlmarkt gelaufen war und überall an den Ständen vergeblich gefragt hatte, ob jemand Lametta hätte. Ich wollte damit, meinen Kindheitserinnerungen folgend, den Weihnachtsbaum in Sankt Max behängen.

Diese schönen Silberstreifen in den Zweigen schimmerten einfach wunderbar im feierlichen Licht der Christbaumkerzen, tatsächlich so wie Engelshaar. So hat man es uns als Kindern erzählt. Lametta eben.

Ich hatte diese Geschichte vom Lametta meiner Jugend mit Wehmut vorgetragen, eine Geschichte, welche die Erinnerung vieler traf. Ich trug anschließend sogar noch ein äußerst skurriles Lametta-Gedicht vor, in dem jemand Sauerkraut verwendet, weil es an Lametta fehlt und man den Verlust des Engelshaares beklagt. Denn auch beim Lametta gibt es den gesellschaftlichen Wandel: Du findest heute kein Lametta mehr. In München nicht, und eben auch nicht anderswo, wie ich dann feststellen musste. Nirgendwo. Offenbar aus Umweltschutzgründen, wegen der städtischen Bio-Tannenbaumentsorgung nicht mehr erlaubt. Sauerkraut als Lametta-Ersatz schien mir auch keine Lösung zu sein. Der Baum würde ohne Lametta bleiben. Mein

Kindheitstraum bliebe unerfüllt, hatte ich etwas traurig gesagt: Die Zeiten ändern sich halt. Altes vergeht, war das Resümee und wir müssten den richtigen Weg finden zwischen Bewahren und Erneuern. Und deshalb müssten wir auch von manchem Kindheitstraum und mancher Gewohnheit Abschied nehmen. Und der neuen Zeit mit offenen Armen entgegengehen. Wandlung ist überall.

Wandlungsfähigkeit nicht. In diesem Zusammenhang hatte ich die Ausgrenzung von Frauen in der Kirche thematisiert. Wie viele Frauen nach meiner Erfahrung unerkannt und still leiden würden unter Zurücksetzungen – aus dem einzigen Grund, nur weil sie Frauen sind. Dass sie allenfalls in einer Art Gnadenakt und gegen vielerlei Widerstände die Liturgie feiern dürften – dass es ihnen immer noch versagt bleibe, ihrer Bestimmung zu folgen und als Priesterin zu leben und zu predigen, trotz bester Eignung, Lebenserfahrung und Charisma. Wie oft trifft es Frauen, die besonders sozial engagiert sind aus ihrem Glauben heraus, die sich begeistern und immer wieder enttäuscht werden, weil ihre Energie ins Leere geht. Weil Respekt, Beteiligung, Ermunterung, Lob und Anerkennung fehlt, für das, was sie in den Gemeinden für Opfer bringen – sie bekommen das nicht. Das sind keine Einzelfälle. Das sind viele. Es ist ein Schock für Frauen, schon früh zu erkennen, wie sehr sie aus wichtigen Feldern der Glaubensausübung einfach ausgeschlossen werden, nur weil sie das angeblich »falsche« Geschlecht haben. Die Botschaft lautet: Du gehörst nicht zu uns.

Dabei haben wir ein Anti-Diskriminierungsgesetz, nach dem niemand wegen seiner Herkunft, seines Geschlechtes, seiner Hautfarbe oder Rasse oder sexuellen Ausrichtung benachteiligt werden darf. Für die Kirche soll das keine Geltung haben? Machen wir uns nichts vor: Die Menschen sehen doch diese Widersprüche, zumal in einer Gesellschaft, in der immer mehr Frauen auch in Führungspositionen das Sagen haben, sich emanzipiert haben und sich diese Gleichberechtigung selbstbewusst nie wieder nehmen lassen wollen. Was passiert durch die Zurückweisung, die Ausgrenzung und die daraus folgende Enttäuschung: Frauen wenden sich ab. Sie ziehen sich in sich zurück. Und viele tun das still, fügen sich ohne Protest. Und leiden.

Ich hatte mich in der Lesung über die fehlende Gleichbehandlung beklagt und dafür stark gemacht, allein schon angesichts des Priestermangels Frauen viel stärker die Gottesdienstausübung zu übertragen. Allein schon, weil es sich die Kirche in Zukunft noch weniger als heute schon leisten könne, auf dieses Potenzial engagierter, gläubiger Frauen zu verzichten.

An diesem Punkt gab es sehr viele Wortmeldungen, Zwischenrufe – offenbar hatte ich da einen Nerv vieler getroffen. Der Beifall, den das Publikum immer wieder spendete, kam aus der Begeisterung heraus, sich endlich wiedergefunden zu haben in einer Gemeinschaft von Gleichgesinnten. Plötzlich zu erkennen, vielen geht es so wie mir, ich bin gar nicht alleine, isoliert und vergessen – daraus dann kommt die Kraft, einen neuen Aufbruch zu wagen, selbst aktiv zu werden, nicht auszutreten, sondern aufzutreten. In der gelösten Stimmung des Abends war so eine Aufbruchsstimmung wunderbar zu spüren. Wir hatten einander zugehört, gemeinsam gelacht und auch sehr ernsthaft diskutiert. Hier war Gemeinde entstanden und beim Rausgehen sah ich, wie angeregt weiter diskutiert wurde.

Ich habe bis 20:24 gelesen, danach noch Bücher signiert und bin um 21:15 alleine zum Bahnhof gegangen. Einerseits war ich glücklich über den gelungenen Abend. Ich hatte wirklich alles gegeben, wie ich es immer tue, bis auf das »eine«, denn das ist unangenehm, wie ich aus meiner Zeit als Ministrant weiß. Andererseits war sie plötzlich wieder da, ging als Schatten neben mir: meine Einsamkeit. Eben noch unter Menschen im prallen Leben – jetzt nur noch eine gewisse Leere und eine Erschöpfung, die nach der Anspannung folgt, die jede Lesung mit sich bringt. Um 21:30 ging mein Zug zurück nach München. Auf dem leeren Bahnsteig warteten außer mir zwei Frauen und ein Mann auf denselben Zug. Eine Gruppe, die offenbar auch in der Lesung gewesen war. Ich sah sie tuscheln und verstohlen auf mich zeigen. Und dann ist eine der Frauen auf mich zugelaufen, lächelte mich warmherzig an und sagte voller Ernst: »Lieber Herr Pfarrer Schießler, was für ein schöner Abend das war – zum Dank würde ich Ihnen so gerne jetzt mal die Hände auflegen und Sie segnen.«

Wie? Ich war völlig perplex. Ja, sie wolle mir die Hände auflegen. Auf den Kopf. Zur Segnung. Hatte ich in dieser Kombination noch nie erlebt. Ich war derart überrascht. Aber dann musste ich innerlich lächeln, dachte an die Fußwaschung. Gerade dieses Zeichen der Fußwaschung muss viel präsenter werden in unserem christlichen Umgang miteinander. Jedes Mal, wenn ich mich mit Weihwasser bekreuzige und das Wasser dabei spüre, denke ich eben nicht nur an meine Taufe und das geweihte Ostertaufwasser, sondern auch an den Gründonnerstag. Ich spüre von Neuem dieses Wasser, mit dem Jesus bei diesem letzten Mahl seinen Jüngern die Füße gewaschen hat, den Sklavendienst auf so provozierende Art und Weise ausgeführt hat. Er, Gott, kommt mit uns auf »Hühneraugenhöhe« und er schämt sich nicht dafür. Wieso wollen wir noch Unterschiede unter uns aufbauen angesichts dieser Geste der Liebe, die er uns hinterlassen hat? Das muss man aushalten, so wie man es können muss, sich die Füße waschen zu lassen. Dienen. Hühneraugenhöhe. Daran denken, dass es überall, wo drei von uns stehen, Glauben und Einheit ist – und kein Dünkel und keine Distanz sein darf, sondern Empathie, gegenseitige Aufnahme und Zuwendung. Sie war auch so fröhlich. Na, denke ich, dann mach's halt und schauma mal, wie es sich anfühlt. Und so senkte ich mein Haupt und sie legte mir ihre beiden Hände auf den Kopf, mich segnend, die Lippen bewegend, einen Segensspruch unhörbar leise betend, mit einer derart großen Intensität und Hingebung, dass ich dachte, was für ein bewegendes Gefühl. In diesem Moment fuhr der Zug mit einem Windstoß ein. Wir haben uns in dem Lärm der bremsenden Waggons wortlos angelächelt. Wir brauchten nichts mehr sagen. Sakramente brauchen keine Kommentierung, wie ein Fußballspiel. Du spürst es, wenn es jemand gut mit dir meint und der Segen von Herzen kommt. Unsere Wege trennten sich und ich habe die Frau und ihre Gruppe in dem Gewühl der ein- und aussteigenden Menschen verloren. Das ist auch gut so. Jeder andere Smalltalk hätte die Stimmung im Nachhinein zunichte gemacht.

Für mich war es ein sehr bewegendes Erlebnis. Viele Menschen meinen ja, ein Priester sei unnahbar, verbitte sich zu viel Nähe und

Berührung und überhaupt halte er lieber Distanz. Tatsächlich ist es so, dass mich zu viel Nähe und Berührungen irritieren können, da ich das als zölibatär lebender Priester einfach so empfinde. Ich umarme nicht die Trauernden am Grab oder bei Landfrauentagen die Kreisbäuerin. Wenn ich andere Menschen berühre, geht es immer und irgendwie um die Beziehung im sakramentalen Tun, darum, dass meine Hand zum Beispiel beim Spenden des Sakraments nicht 20 Zentimeter über den Köpfen des Brautpaares kreist, sondern dass sie meine Hände spüren, wenn ich sie zum Segen auflege. Da kenne ich nichts, selbst wenn die Braut etwas unruhig wird dabei und sich leise denkt: Jetzt war ich drei Stunden beim Friseur und der macht mir die Frisur kaputt. Das kann ja auch sein, aber Sakramente musst du spüren, gerade an diesem Tag der Verbindung zweier Menschen, die einmalig sein soll. Sakramente spüren heißt, keiner soll aus dem Gottesdienst rausgehen, ohne gemerkt zu haben, dass da etwas mit ihm passiert ist. Ich gehe nicht in die Kirche, weil ich etwas will oder muss, sondern weil ich etwas brauche. Und der Priester schenkt seinen Segen mit vollen Händen her: umsonst sollt ihr geben. Das muss man auch spüren. Diesmal hatte eine Frau auf dem Bahnsteig mich eingeladen, mir ihren Segen gegeben, und es war etwas passiert mit mir. Dieser Moment des gelebten Glaubens hing noch eine ganze Weile in mir nach. So ein unerwartetes Geschenk, dachte ich, wird mich mit diesem Menschen noch längere Zeit verbinden. Und so war es auch.

Ein paar Wochen später, kurz vor Heiligabend, bekomme ich einen Brief, in dem sich zu meiner Überraschung ein großes »Packerl« Lametta befindet. Es schreibt mir genau diese Frau, die mir die Hände aufgelegt und mir ihren Segen geschenkt hatte.

Mit dem Lametta als Geschenk, begann sie ihren Brief, wolle sie ein Zeichen ihrer Hochachtung senden, denn sie hätte doch ein schlechtes Gewissen bekommen, ob sie sich nicht im Überschwang ihrer Begeisterung nach der Lesung zu etwas habe hinreißen lassen, das vielleicht unangemessen gewesen sei und mich etwa verletzt haben könnte, indem sie mich einfach, ohne größer zu fragen, mit ihrem Segenswunsch vielleicht überfahren hätte. Ausgerechnet sie, die ihren Schülern immer einen respektvollen Umgang abfordern würde. Ich las den Brief mit großen Augen, denn alles andere als das, was sie nun schrieb, hatte ihre Geste bei mir ausgelöst. Trotzdem könne sie es nicht wirklich bereuen, las ich weiter, weil es aus Überzeugung und einem ehrlichen Wunsch geschehen sei, Danke zu sagen, dass jemand zum ersten Mal ausgesprochen hätte, was sie seit langer Zeit belaste. Damit ich besser verstehen könnte, was es mit ihrem Segenswunsch auf sich hatte, schilderte sie mir ihre Lebensgeschichte und die nächste Stunde versank ich völlig fasziniert in den Zeilen dieses Briefes, weil die Geschichte exemplarisch dafür ist, welches lebenslange Leid entstehen kann, wenn wir in unserer Kirche Menschen ausgrenzen und sie daran hindern, ihrer Bestimmung zu folgen, für die sie leben. Und leider betrifft das auch und gerade unsere gläubigen Frauen.

Frauen blieben aus Pflichtbewusstsein mit ihren verletzten Gefühlen oft alleine, fügten sich zwar in ihr Schicksal, oftmals verbittert darüber, etwas für sie sehr Wichtiges im Leben verpasst zu haben. Diese Frauen sehnten sich danach, über ihre verletzten Gefühle zu sprechen, nach Austausch mit jemandem, der ihre Leistungen anerkennt, sie versteht – und den Frauen in der katholischen Kirche die gleiche Wertschätzung entgegenbringt und dieselben Möglichkeiten der Beteiligung öffnet, wie es bei Männern selbstverständlich ist. Und genau diesen Zustand der inneren Zerrissenheit und mein Unverständnis darüber, hätte ich in meiner Lesung – zum ersten Mal für sie – öffentlich angesprochen.

Sie könne sich ein Leben ohne Glauben nicht vorstellen und sei seit ihrer frühesten Kindheit immer mit ihrer Gemeinde eng verbunden gewesen und habe sich in jedem Lebensalter eingebracht. Der erste harte Schnitt sei gekommen, als sie als junges Mädchen nicht zum Ministrieren zugelassen wurde, was damals allein den Knaben vorbehalten gewesen sei. Der Pfarrer hatte es ihr untersagt. Leider gibt es auch heute immer noch und immer wieder Priester, die an diesem Verbot festhalten. Als sie gefragt habe, warum sie nicht ministrieren dürfe, wie die gleichaltrigen Jungen in ihrer Gemeinde, gab man ihr zu verstehen, dass sie für das Ministrieren untauglich wäre, nur weil sie ein Mädel sei. Diese erste Zurückweisung von einer Kirche, die schon in ihren frühesten Kindheitserinnerungen immer allein von Männern geprägt gewesen sei, habe sie damals stark verletzt. Sie fühlte sich fortan ausgeschlossen und verstand nicht, warum. Sie habe schon in ihrer Kindheit Widerstand gespürt und wollte diese Ungerechtigkeit der Ungleichheit nicht hinnehmen, habe auch später empört nach dem Warum gefragt, warum es sein müsse, dass Frauen ausgeschlossen werden. Man hat sie schlicht stehen lassen. Sie müsse sich fügen. In der Zeit des Abiturs träumte sie davon, sich wenigstens zur Pastoralreferentin ausbilden zu lassen, aber sie fand niemanden, der ihr Mut gemacht und sie willkommen geheißen hätte. Weil sie erkannte, welch schweren Stand sie als Frau haben würde, in ihrer männergeprägten Heimatgemeinde ihre Ideen zu verwirklichen, entschied sie sich für das Studium der Sonderpädagogik. Das Ungerechtigkeitsempfinden darüber, dass man ihr versagte, ihrer innerlich gefühlten Bestimmung nachzugehen, dass sie auf ihre Einwände nur Schweigen erntete und der innere Aufruhr darüber, habe sie ihr ganzes Leben lang begleitet. Sich mitzuteilen wusste sie nicht – an wen hätte sie sich auch wenden sollen und was hätte es auch geholfen?

Trost brachte ihr nach Ende ihres Studiums nur die Arbeit an Förderschulen für benachteiligte Kinder, wo sie sich auch in religiöser Hinsicht endlich stark einbringen konnte. Die von ihr mit organisierten und ausgeführten Gottesdienste hätten sich über die Jahre zu echten Highlights entwickelt. Gottesdienste, welche die Schüler berührten, weil sie eine Ahnung von der grenzenlosen Liebe Gottes erfuhren, der alle Menschen gleichermaßen liebt, und dass sie als Menschen mit einer Benachteiligung genauso viel wert wären wie jeder andere auch. Das Glück dieser Kinder und sich endlich wertgeschätzt zu fühlen, hätte sie immer wieder mit großer Freude erfüllt, weil es ihr jedes Mal zeigen würde, was eine starke Glaubensgewissheit und das darauf fußende Vertrauen ins Leben an positiver Lebenskraft freizusetzen vermag. Ihre Sehnsucht aber, ihre Bestimmung zu leben, habe nie nachgelassen und sei die Grundmelodie einer Trauer, die sie in bestimmten Momenten immer wieder anfallen würde. Während sie den Kindern predigte, dass alle Menschen vor Gott gleich sind, glitt sie in eine Lebenskrise, weil die Menschen in den Augen der Kirche eben nicht alle gleich sind – denn sie war eine Frau. Es war eine Krise, die entsteht, wenn man sich mit allen Fasern nach etwas sehnt, was einem verwehrt wird, während man das, was man tut, nur als Notlösung empfindet. Das – vermeintlich oder tatsächlich – nicht gelebte Leben und die Trauer darüber kann einen sehr quälenden Schmerz auslösen. Irgendwann sei ihr klar geworden, wie grenzenlos groß ihre Sehnsucht war, zu predigen, Gottesdienste zu leiten und so ihren Glauben weiterzutragen. So stark, dass sie bedauerte, der falschen Konfession anzugehören, denn hätte sie durch den Zufall der Geburt der evangelischen Kirche angehört, davon war sie jetzt völlig überzeugt, hätte sie sich zur Pastorin ausbilden lassen. Die Konversion kam für sie jedoch nicht infrage, zu groß waren die Verbotstafeln und die Angst, aus ihrer Heimatgemeinde ausgeschlossen zu sein und obendrein noch als Sünderin dazustehen. Es nicht getan zu haben, im Leben vielleicht einen wichtigen Weg verpasst zu haben und ihrer inneren Berufung nicht gefolgt zu sein, beschäftigte sie all die folgenden Jahre sehr, worüber sie ihr sonst gelungenes Leben, die Kinder, ihre stabile Ehe kaum hinwegzutrösten vermochten. Sie hatte damals ihre Jugendliebe geheiratet, einen Mann, mit dem sie über Jahre in der kirchlichen Jugendarbeit engagiert gewesen sei. Glaube und Kirche, die katholische Erziehung ihrer Kinder und die Vermittlung christlicher Werte seien das bestimmende Element ihres Lebens gewesen. So seien die Jahre ins Land gegangen. Ihren Lebenstraum aber habe sie nie vergessen. Erst sehr viel später, als sie schon lange verheiratet gewesen sei, hätten sich für sie als Frau über die kirchliche Jugendarbeit doch noch wunderbare Zugänge zum Glauben und zu Gott geöffnet und für ihren Impuls, diese Begeisterung mit anderen teilen zu wollen. In diesem Lebensabschnitt habe sie sich zum ersten Mal auch als gläubige Frau ernst genommen und glücklich gefühlt, sei sie hier doch endlich von aufgeschlossenen, modernen Priestern begleitet worden, die sich in einer wunderbaren Weise und ganz auf Augenhöhe ihrer Zweifel und Fragen angenommen und mit ihr über alles frei gesprochen hätten. Diese Priester seien echte Seelsorger gewesen, die vorgelebt hätten, was Glauben im täglichen Leben an Erfüllung bringen kann. Nie zuvor habe sie sich so auf- und ernst genommen gefühlt. Eine Zeit des Glücks, die sie in ihrem Glauben heute noch prägen und über manchen Ärger hinweg vom endgültigen Bruch mit der Kirche abhalten würde, wenn es mal wieder auf den verschiedensten Konfliktebenen rumpelt und knirscht. Und das seien eben auch Konflikte mit dem konservativen Bild mancher Kirchenmänner darüber, welche Rolle Frauen in der Kirche zu spielen haben.

Nachdem ihre inzwischen erwachsenen Kinder das Haus verlassen hätten, um ihr eigenes Leben zu führen, habe sie sich wieder verstärkt in der Gemeindearbeit engagiert und jetzt erst sei es ihr zum ersten Mal gelungen, endlich das zu leben, was sie ihr gesamtes Leben, seit frühester Jugend als ihre Bestimmung empfunden habe.

Seit drei Jahren sei sie nunmehr »Gottesdienstbeauftragte« in ihrer Gemeinschaft und was sie tue und wie sie predige, finde die Anerkennung, von der sie immer geträumt habe. Dass sie ihr Glück so spät noch habe finden können, nachdem es ihr als Frau in den vorausgegangenen Jahrzehnten ihres Lebens unmöglich gemacht wurde, dass sich ihre gefühlte Bestimmung, einen Gottesdienst vorzubereiten und halten zu dürfen, endlich erfüllt hatte, sei der Grund für ihren Überschwang gewesen. Denn obgleich sie sich über ihr Leben nicht beklagen wolle, sei da doch eine Verletzung geblieben und der Schmerz darüber, dass ihr so lange etwas versagt geblieben ist und nicht gelebt werden durfte, das so stark nach ihr gerufen hätte. Und in diesem Zustand kam dann der Abend der Lesung, wo sie all das Geschehene noch einmal mit voller Wucht erwischt hatte und sie es als Anerkennung empfand, dass das Leiden vieler Frauen an unserer Kirche an diesem Abend thematisiert wurde.

Sie habe sich angenommen gefühlt, weil ich mein Unverständnis darüber erklärt hätte, dass ich mich selbst hilflos fühlen würde, den Ausschluss von Frauen vom Priesteramt aus innerer Überzeugung zu vertreten, da ich keine Argumente finden würde, glaubhaft zu erklären, warum das so sein müsse. Sie hätte sich dazu nach der Lesung gerne mit mir ausgetauscht. Ein Gespräch hätte sich in der Hektik danach jedoch für sie nicht ergeben – und enttäuscht sei sie zum Bahnhof abgezogen, intensiv mit den anderen aus ihrer Gruppe diskutierend. Als sie mich dann da mutterseelenallein auf dem Bahnsteig stehen sah, endlich nicht mehr umlagert von so vielen Menschen, hätte es für sie aus einem spontanen Impuls heraus kein Halten mehr gegeben. Und so sei sie dann auf mich zugestürzt, um mir, wie sie schreibt, mit einer persönlichen »La-Ola-Welle« ihre Begeisterung für diese Unterstützung zu zeigen, als Ausdruck, wie sehr sie der Abend berührt hätte. Sie wollte es mir nicht nur sagen, sondern wollte mir ihre Hände auflegen zum Segen, weil ich ja immer wiederholen würde, Sakramente musst du spüren – und wie könnte das besser gehen als durch die Geste des Handauflegens, auch wenn sie keine Priesterin und eine Frau sei. Mit diesem Zeichen hätte sie mir ein bisschen von dem zurückgeben wollen, was sie an diesem schönen Abend an Ermutigung erhalten hatte. Sie konnte nicht ahnen, wie sehr mich ihre Geste, Lametta zu schicken, an meine früheste Kindheit erinnerte, denn es waren keine Priester, sondern meine Mutter, die mir jeden Morgen, wenn es zur Schule ging, die Hand auf den Kopf gelegt hat, um mich zu segnen, damit ich beschützt durch den Tag komme. Und so lebte in diesem kurzen Augenblick auf dem Bahnsteig wieder für einen Moment mein inneres Kind auf, offen und voller Vertrauen und ohne jede Abwehr gegen das, was sie tat. Es war ein Augenblick völligen Einverständnisses zwischen zwei Menschen. Und in diesem Gefühl waren wir auseinandergegangen.

Das Lametta hing den Rest der Weihnachtszeit bei uns im Weihnachtsbaum in Sankt Max, direkt neben dem Altar, als stete Erinnerung an diese Begegnung. Und so habe ich damals während der ganzen Zugfahrt und auch die Wochen danach noch lange nachgedacht und diese Geschichte endlich niedergeschrieben, zum Andenken, welchen Riesenfehler meine Kirche macht, unsere gläubigen Frauen nicht sehr viel stärker in der Gestaltung der Liturgie gleichberechtigt zu beteiligen. Was würden wir verlieren? Und wie unendlich viel mehr würden wir in den Gemeinden gewinnen? Können wir es uns weiterhin leisten, Menschen auszuschließen, die unseren Glauben teilen? Können wir es uns in der Kirche leisten, den Frauen einen Schritt zur Gleichberechtigung – nicht Gleichmacherei – zu verweigern, den die moderne Gesellschaft längst vollzogen hat? Wie viele wichtige Menschen sollen wir noch verlieren, weil konservative Kreise der Vergangenheit und überlebten Regeln anhaften?

Vor allem Frauen, gleich welchen Alters und welcher Profession, entscheiden, ob Kirche eine Zukunft hat. Es sind Frauen, die unsere Kinder gebären, die Hauptlast der Erziehung schultern und sie sind die Ersten, die ihren Kindern Glauben vorleben. Sie tragen ihre Babys bei der Taufe, begleiten ihre Kinder durch die Schule, zur Kommunion.

Mütter und Großmütter sind es, die ihre Kinder und Enkel mit dem Glauben verbinden und an ihrem Bett sitzen und das Gute-Nacht-Gebet sprechen. Es sind Mütter, die das Ur-Vertrauen in uns wachsen lassen, dass wir beschützt sind durch Segen und Gebet. Und nirgendwo wird ein Kind mit mehr Gefühl erfahren können, was Glauben ist. Und für Mütter spielt es, hallo Männer, dabei überhaupt keine Rolle, ob ihr Kind ein Junge oder ein Mädchen ist. Es sind ihre Kinder. Nur das alleine zählt. Frauen sind Segen. Mütter sind ein Segen. Frauen und Mütter sind der Felsen, auf dem nicht nur die Familie, sondern unsere Kirche ruht.

Frauen und Mütter sind das Rückgrat jeder Gemeinde, auf ihrem Engagement ruht generell sehr viel. Sie tragen Verantwortung in den Kirchenbeiräten, den Frauenvereinigungen, sie organisieren die Kindergottesdienste, Erntedankfeste, Gebetskreise, Altennachmittage, Feste, Kommunionunterricht, Altenausflüge. Es sind die Frauen, die unermüdlich Spenden sammeln, dafür auf Festen die Kuchen backen und verkaufen. Und obwohl sie den Großteil der Arbeit leisten in den Gemeinden, schließen wir diese Menschen von der Gottesdienstausübung aus – nur weil sie weiblich sind.

Frauen dürfen in den Gemeinden alles, was mit Arbeit zusammenhängt – nur ihrer Berufung zu folgen, Priesterinnen zu werden und zu verkünden, dürfen sie nicht.

Wie lange werden sich das unsere Frauen von den Männern noch bieten lassen?

Und wie intelligent ist es, wenn eine hierarchische Männergesellschaft sich beharrlich weigert, die gleichwertige Beteiligung von Frauen als Chance zu begreifen und nicht als Angriff auf ihre Erbhöfe? Es muss doch jedem klar sein, auf welche Kraft wir verzichten, wenn wir Menschen ausschließen, nur weil sie weiblich sind. Mir ist weiter klar geworden, wie schwach wir Männer sind, wenn wir uns der gleichberechtigten Beteiligung der Frauen an der Liturgie entgegenstemmen, und wie stark die beiden Frauen sind, die das nicht hinnehmen wollen und deren Schicksal ich hier erzählt habe. Was wäre das für ein Zeichen, wenn die Kirche in dieser Frage, wie auch in allen anderen wichtigen Fragen, entschlossen einen Schritt nach vorne gehen und den Bestand der Kirche auch für die Zukunft wahren würde durch mehr an Mitsprache, Beteiligung und Gleichberechtigung der Frauen – so, wie es in der Urkirche, ganz zu Anfang, in der Zeit eines sich dynamisch ausbreitenden Christentums gewesen sein muss? Was hindert uns daran, gleich morgen zum Aschermittwoch zu machen und einen Wandel einzuleiten?

An einem Sonntag im September 2017 mag mein Gottesdienst für viele Menschen mit einer Überraschung begonnen haben. Ohne, dass irgendjemand vorne am Altar stand, begann plötzlich ganz sanft zur Einstimmung das Lied von Bruce Springsteen »My Hometown«. Rockmusik. An diesem Morgen geschah es deshalb, weil es für mich und hoffentlich auch für die Gemeinde von Sankt Maximilian ein besonderer Tag war: Vor genau 24 Jahren habe ich hier in Sankt Max meinen Dienst als Pfarrer angefangen und damit begann mein Jubiläumsjahr: 25 Jahre Pfarrer in Sankt Max.

In einem Jahr werden wir das groß feiern, aber mein eigentliches Fest ist, dass ich mit meinen 57 Jahren, trotz meiner 24-Stunden-

Bereitschaft im Dienst Gottes und meiner Gemeinde immer noch gesund bin, jeden Morgen aufstehen kann, dass ich keine Schmerzen habe, dass ich arbeiten kann, ich mich auf meine Arbeit freuen darf und sie zusammen mit anderen Menschen kreativ gestalten und entwickeln kann – das alles ist der eigentliche Grund zum Feiern für mich. Keine Selbstfeier. Sondern die Feier einer heute gut zusammenlebenden Gemeinschaft. Das war nicht immer so, gerade die Anfangszeit war sehr mühsam. Heute darf ich einfach nur sagen: Meine Pfarrei lebt!

Das ist der Grund zum Feiern. Und diesen Grund spüre ich täglich, nicht erst nach 25 Jahren zum ersten Mal. Wäre das anders, wäre ich längst nicht mehr hier. Dazu kommt: Überall, wo wir anfangen zu zählen, beginnt das Aufrechnen und wir hören auf zu leben. Ich habe nie gezählt, mein Leben verplant. Aber trotzdem ist dieser Tag meiner Installation, als mir die Schlüssel von Sankt Maximilian überreicht worden sind, bis heute ein sehr besonderer Tag geblieben. Denn er erinnert mich daran, wie ich hergekommen bin und was für ein Berg von unüberwindlich erscheinenden Schwierigkeiten sich damals vor mir auftürmte, als ich meinen Dienst für die Gläubigen dieser Gemeinde begann. Als ich hier anfing, habe ich mir vorher nie vorgerechnet: So, jetzt bleibe ich da mal 25 Jahre und dann mache ich das und dann jenes. Es war genau andersherum. Und das hat alles mit Bruce Springsteen und meiner damaligen Gemütslage zu tun. Dieses Lied, das musste sein zum Jubiläum – denn seine Melodie und sein Text sind so etwas wie der Soundtrack zu meinem Leben. Ich hatte dieses Lied hier in Sankt Max bis heute nur einmal in diesem Gottesdienst gespielt – eben vor genau 24 Jahren, am Tag, als ich in Sankt Max als Pfarrer begonnen habe. Mit dem Lied hat es eine besondere Bewandtnis. Es ist sehr eng mit meinem Leben und meiner damaligen Gemütslage verknüpft. Das Lied erzählt die Geschichte eines kleinen achtjährigen Jungen, der auf dem Schoß seines Vaters in einem alten Chevrolet Truck, wie man ihn aus den amerikanischen Kinofilmen kennt, durch seine Heimatstadt fährt. Eine Zeit des Wohlstands. Alles blüht und gedeiht. Der amerikanische Traum. Der Vater streicht seinem Sohn übers Haar und sagt ihm voller Stolz: »Schau dich nur um – das hier ist die Stadt, in der du lebst!« Deine Heimat. »Your Hometown«. Viele Jahre später ist der Junge selbst ein erwachsener Mann, glücklich verheiratet und hat selbst einen achtjährigen Sohn, mit dem er genau wie sein Vater durch die Straßen seiner Heimatstadt fährt. Doch der amerikanische Traum ist nicht grenzenlos. Nicht alles erinnert an den Stolz seines Vaters. Die Szenerie hat auch sehr schlechte Seiten. Statt Stolz und Erfolg herrschen auch Niedergang und Depression. Fabriken machen pleite. Die Jobs verschwinden. Der einstige Wohlstand verschwindet mit ihnen.

So manch schmuckes Stadtviertel von einst ist heruntergekommen, zerrissen von Rassenunruhen, Bandenkriegen, Drogenkriminalität, Gewalt. Die Geschäfte der Einkaufsstraßen sind verwüstet und leer, die Schaufenster weiß übertüncht oder zersplittert. Eine Stadt, in der Arbeitslosigkeit grassiert. Wann wird es wohl wieder so wie früher sein, wie damals, als der stolze Vater seinem Sohn die Heimatstadt zeigte: Your Hometown. Das alles ist dein Zuhause. Die Menschen fliehen von diesem Ort. Aber was ihn heute für seine Heimatstadt kämpfen lässt, ist die Erinnerung an die väterliche Geste von damals, wie gut es damals war und dass man niemals aufgeben darf. Daher hat er die Pflicht, seine kleine Familie zu schützen vor allem, was ihr hier passieren kann. Trauriger kann das Leben für einen Vater in so einem Moment kaum noch werden. Für die einen ist es ein sozialkritisches Lied über den Verlust des amerikanischen Traumes. Ein Lied über einen Strukturwandel, der wie eine Naturkatastrophe das Leben der Menschen verwüstet. Für mich ist der Song viel mehr, meine ganz persönliche Hymne über so manche Hoffnungslosigkeit, die auch ich in meiner Arbeit und in meinem Leben erfahren musste. Es war die Zeit der Desillusionierung nach dem zweimaligen Verlust meiner Heimat, in Bad Kohlgrub – und meiner großen Liebe, meine Pfarrei in Rosenheim, wo ich dachte, hier gehöre ich auf ewig hin. Rosenheim – das war damals »My Hometown«, meine Vision von Heimat. Ich war stolz auf das, was ich dort erreicht hatte, und ich dachte, ich wäre nach Jahren der Suche endlich angekommen. Ich fühlte mich aufgehoben in der Gemeinschaft meiner Gemeinde. Aber unvermittelt von einem Tag auf den anderen, ohne jede Vorwarnung wurde mir dieser Traum, als ich dort Pfarrer werden wollte, einfach entrissen. Niemand hatte mit mir vorher darüber geredet. Klar, niemand von uns hat ein Recht auf eine Wunschstelle. Aber jeder hat das Recht, dass man vernünftig mit ihm spricht. Vielleicht sogar väterlich. Leider nur Fehlanzeige. Kirche kann mitunter sehr hart sein. In »My Hometown« fand ich mich in meiner ganzen Trauer, meinem inneren Zustand der Zerrissenheit, dem Gefühl der völligen Entwurzelung genauso wieder wie in dem Gefühl der Zertrümmerung aller Ideale und Illusionen, die ich mir früher über eine fürsorgende und dich liebende Kirche gemacht hatte. Alle Träume von blühenden Landschaften waren plötzlich grau und meine dunkle Zeit begann. Ich war damals drauf und dran, meine Berufung als Priester aufzugeben, woanders in einem neuen Beruf noch einmal völlig von vorne anzufangen, so sehr stand ich damals in einem inneren Aufruhr. Enttäuschung, Wut. Verbitterung. Fassungslosigkeit. Es war ein Knoten, den ich nicht allein auflösen konnte. Ich erkannte in dem Moment keine Chancen mehr für mich und mir fehlte die Kraft, mich zu wandeln. Vor allem fehlte mir ein Ziel, um den Verlust des Alten ersetzen zu können. Tatsächlich war mein innerer Widerstand so existenziell, dass ich sogar daran dachte, nicht mehr länger Priester zu sein, so unmöglich erschien es mir nach dieser Aktion und der Art und Weise, wie man auch über meine Ideale und Begeisterung für den Priesterberuf umging. Erst viele Jahre später hat mir jemand mal den eigentlichen Grund genannt, warum ich aus Rosenheim wegmusste: Man könne ja keinen Pfarrer installieren, der mit der halben Stadt auf Du und Du wäre – da könnte jemand zu sesshaft werden. Ja, in Rosenheim war ich jung, ging auf in meiner Gemeinde, in meiner Arbeit, als Priester und Seelsorger, hatte Freunde und vertrauensvolle Beziehungen. Und das war der Grund, mich zu verhindern? So landete ich plötzlich in einer Einsamkeit, wie ich sie vorher so nie erlebt hatte. Ich war völlig auf mich allein gestellt. Ich war Priester im Zölibat und lebte irgendwie verloren und verlassen hier in der

Großstadt München. Ich habe in der folgenden Zeit als Kaplan in Giesing und die ersten Jahre in Sankt Max alle Höllen der Einsamkeit und auch die des Zölibats durchlitten, diese unüberbrückbare Distanz zu anderen Menschen, gekoppelt mit dem Gefühl, dass ich irgendwie abgeschlossen wie in einer Glaskugel mein Leben verschwenden werde. Dies war wie Sterben im Hollywood Blockbuster »Nachrichten von Sam«. Du gehst als Geist durchs Leben. Siehst alles, was geschieht – aber keiner sieht dich. Und genau in dieser Gefühlslage hörte ich dieses Lied, die lakonisch-raue Stimme von Bruce Springsteen: »My Hometown«, und dieses Lied wurde meine Hymne der Depression.

Und gleichzeitig ist es heute für mich eine Hymne der Hoffnung. Denn das dunkle Tal ist durchwandert. Meine Einsamkeit hat sich einer Wandlung unterzogen und ist durch gute Freundschaften hell geworden. Die Schwierigkeiten der Anfangsjahre sind überwunden. Passt scho!

Aus jedem erfahrenen Leiden, das du erfährst, lernst du. Egal, wie weh es tut. In dem Zustand, wie ich damals war, muss ich mir heute einen Teil meiner Leute vorstellen, wenn sie heute in meine Kirche kommen. Menschen, die einsam sind und Gemeinschaft suchen. Zum Teil völlig verzweifelt in den Bänken versinken und darauf warten, dass sie ein Zeichen bekommen, jemand sie anspricht, sie mitnimmt und zurückführt in die Gemeinschaft, die jeder Mensch von uns braucht, weil Gemeinschaft überlebenswichtig ist. Und dieses Zeichen muss entweder von ganz oben oder mindestens von vorne kommen, vom Pfarrer. Und diese Zeichen gebe ich, halte die Türen offen. Ich könnte das nicht so voller Überzeugung tun, wenn ich nicht selbst Ähnliches erlebt hätte. Bei mir damals kam nichts. Weder von ganz oben. Noch darunter. Nicht von der Kirche. Bei mir war es mein Vater. Und dank seiner Hilfe beginnt so meine Zeit in Sankt Max.

Sankt Max hatte ich bis dahin nur aus der Ferne gekannt, wenn ich im Sommer von meiner damaligen Gemeinde in Giesing, zu der ich als Kaplan aus Rosenheim übergewechselt war, an die Isar ging, um in der Natur Abstand zu finden, und auf dem gegenüberliegenden

Ufer nach Sankt Max schaute. Damals dachte ich oft: Wer hat bloß diese mächtige, so viel Wucht und Schwere ausstrahlende Kirche hierher gebaut? Schon damals überlegte ich, was ich tun würde, wie es wohl möglich sein sollte, dieses Riesenteil jeden Sonntag mit Menschen zu füllen – Menschen, die gerne aus allen Straßen des Viertels herbeiströmen würden, um gemeinsam den Gottesdienst zu feiern. Schon damals erschien mir das als eine schier unmögliche Aufgabe, die mir außerordentlichen Respekt einflößte, wobei ich froh war, dass es mich ohnehin nicht treffen würde. Sankt Max ist nämlich eine sehr altehrwürdige Pfarrei in der Münchner Innenstadt mit einer Kirche, so groß wie eine Basilika. Der drittgrößte Kirchenbau Münchens. Die kriegt nicht jeder, wussten wir schon als Studenten, schon gar nicht, wenn man für Rosenheim nicht gut genug war. Offenbar hatte ich angebissen, ohne es auch nur zu ahnen – während es an anderer Stelle schon längst entschieden war: Sankt Max ist deine Bestimmung. Gott reagiert eben sofort. Das Ordinariat zieht nach und erfüllt seinen Willen – und folgerichtig lag eines Morgens ein grauer Brief in meiner Post, meine Abordnung nach Sankt Max. Da wo ich hätte hingehen wollen als Pfarrer, nach Rosenheim, darüber hat man gar nicht erst mit mir gesprochen. Dass ich dort nicht hindurfte, war Bestimmung, nur des Ordinariats – und nicht des lieben Gottes. Und jetzt dieser Klotz, ausgerechnet das dunkle, mächtige, furchteinflößende Riesengebilde am gegenüberliegenden Isarufer, auf das ich einen ganzen Sommer gestarrt hatte, sollte jetzt meine neue Wirkungsstätte werden? Meinen Dienst in Sankt Max übernahm ich nicht so freiwillig, wie es normalerweise üblich ist.

Kaum ein Mensch kann sich meine ganze Frustration vorstellen, die damals Besitz von mir ergriff. Noch den Brief in der Hand, habe ich mir dann vorgestellt, wie es sein wird, wenn ich drüben, am anderen Ufer der Isar anfange. Und ich merkte ganz schnell, dass alles sehr finster wurde, so wie ich in meine Zukunft zu blicken versuchte. Es ist in etwa so, wie wenn man jemanden heiratet, den man sich gar nicht ausgesucht hat, und im Wissen, dass diese Zwangsheirat dein ganzes weiteres Leben evtl. tragisch enden lässt. Ich hätte am liebsten

Nein gesagt, da gehe ich nicht hin. Ich schaue mir Sankt Max lieber weiter vom Giesinger Isarufer aus an. Und zwar als freier Mann. Ich bin in diesen Tagen wohl mit einem so aschgrauen Gesicht durch die Straßen gelaufen, dass mich Menschen fragten, ob ich etwa krank sei? Es ist die Zeit, in der ich erkannt habe, wie richtig gefährlich der Zölibat für einen Menschen in bestimmten Lebenssituationen sein kann – und welcher Fehler es ist, dass du in dieser Situation als Priester seitens der Kirche keinerlei Seelsorge bekommst. Es wird einem nicht beigebracht, welche Krisen da auf dich zukommen, wie du dich verhalten und wie du dich schützen kannst. Auch vor dir selbst. Du bist einfach mit dir alleine. Und wie ich alleine war. Das war eine abgrundtiefe Enttäuschung.

Auf dem Höhepunkt dieser Erschütterung ist mir dann etwas passiert, was ich bis heute nicht erzählt habe. Ich erzähle es heute, weil ich die ganzen Jahre über gedacht habe, so eine Erschütterung erlebst du nur einmal im Leben. Was ich da noch nicht wissen konnte, ist, dass ich genau denselben Zustand einer Machtlosigkeit, die einem die Kehle zuschnürt, noch einmal erfahren werde, siebenundzwanzig Jahre später, an einem Tag, wo ich ein Kind nottaufen muss, das im Sterben liegt – und weil ich mich genau in diesem Moment an diesen Zustand der absoluten Lähmung erinnert fühlte, erzähle ich es, aber davon später. Als es das erste Mal geschah, habe ich werktags die Messe gelesen, die ich in Giesing an einem Seitenaltar mit dem Rücken zum Kirchenraum und zur Gemeinde gefeiert habe, weil es dort keinen Volksaltar gab. Zu meiner Verzweiflung über meine Einsamkeit fühlte ich mich an diesem Morgen in doppelter Weise isoliert, in mir selbst und zusätzlich abgewandt ohne Sichtkontakt mit den Gläubigen in meinem Gottesdienst. Einsamer kannst du jetzt eigentlich nicht mehr werden, dachte ich noch – aber es kam schlimmer. Es kommt das Hochgebet, ich stehe mit dem Rücken zum Volk und bete den Text, verhasple mich, merke, dass ich nicht bei der Sache bin, völlig fern in meiner dunklen Welt – und auf einmal springt es mich an, habe ich, ohne Blickkontakt zu den anderen, eine derartige Leere und ein inneres Verlorensein gespürt, so plötzlich und so hart, in kalten

Wellen kam das über mich, dass ich dieses Gefühl nur wie einen Schlag von hinten mit dem Eisenhammer auf den Kopf beschreiben kann. Völlig gelähmt habe ich nicht mehr weiterreden können. Mir hat nicht nur die Stimme gestockt, sie ist völlig weggebrochen. Und zwar genau an der Stelle, wo ich die Einsetzungsworte sprechen muss: »Jesus nahm in der Nacht, da er verraten wurde und mit seinen Jüngern zu Tische saß, das Brot, sagte Dank und brach es, gab's seinen Jüngern und sprach: ›Nehmt und esst; das ist mein Leib, der für euch hingegeben wird.‹«

Das war die Stunde seiner größten Verzweiflung, in der Nacht, in der er ausgeliefert wurde. Es ist alles zusammengebrochen, seine ganzen Hoffnungen, seine Visionen. Er war in absoluter, tiefer Verzweiflung gefangen, seinem Schicksal ergeben. Und ich habe diese völlige Selbstaufgabe erst in diesem Moment zum ersten Mal so in dieser ganzen grausamen Intensität seines Verlassenseins nacherlebt. Denn genau an dieser Stelle war mir bewusst geworden, dass ich seit dem Verlust meiner Pfarrei in Rosenheim von allem abgeschnitten war, was mir das Leben vorher so wertvoll und meine Berufung als Priester so hoffnungsvoll erscheinen ließ. Mein Leben schien zu Ende. Ich habe die Einsetzungsworte fast nicht mehr herausgebracht und eigentlich nur noch die Lippen flüsternd bewegt, was keiner sah, und dachte, ich würde daran ersticken. Natürlich kannst du das Hochgebet auch leise beten, aber ich habe genau gemerkt, die Leute hinter mir spüren, da stimmt was nicht. Und diese Unruhe hat meine Unruhe verstärkt. Ich konnte eine der wichtigsten Regeln aus meiner Zeit als Taxifahrer nicht befolgen: Zuversicht. Denn ich hatte keine. Aufgebraucht. Irgendwie habe ich es dann noch zu Ende gebracht, bin am Ende der Messe aus dem Altarraum an den Gläubigen vorbei mit gesenktem Blick abgerauscht. Nur Hermine, eine ganz treue Besucherin, die mir eine sehr gute Freundin geworden ist und die ich leider auch schon beerdigen musste, hat vor der Sakristei auf mich gewartet und im breiten Giesinger Münchnerisch gefragt: »Is Eahna heit net guat ganga, Herr Kaplan?« Ob mir nicht gut gewesen wäre heute? Ich habe herumgedruckst, hätte sofort losheulen können. Sie mit besorgten Blick: Jeder habe es doch gespürt, dass es mir nicht gut gegangen wäre. Ja, es war mir nicht gut gegangen. Die Einsetzungsworte, das war der Moment kurz vor dem Absprung. Was ich da gefühlt habe, das wünsche ich niemandem. Ich wollte nicht mehr. Aber das war nicht meine Bestimmung. Und dann hörte ich das Lied von Bruce Springsteen zum ersten Mal. Und wenn Musik heilsame Wirkung entfalten kann, dann ist das hier geschehen. Nicht sofort. Aber Ton für Ton. Schritt für Schritt. Bis sich die Knoten lösten.

Heute, ein Vierteljahrhundert später, habe ich meine Bestimmung gefunden. Und an die finstere Zeit, den ungelösten Knoten, denke ich immer wieder zurück, jedes Mal wenn ich nach dem Gottesdienst in Sankt Max in die Sakristei zurückgehe. Der Eingang zur Sakristei besteht aus denselben schweren Steinquadern wie die Umfassungsmauer draußen und wurde im Bombenkrieg ebenfalls schwer beschädigt. Im Bogen über dem Eingang in Stein gemeißelt sieht man trotz der Absplitterungen, welche die Explosionen und die nachfolgenden Brände in den Stein geschlagen haben, eine Figur, die den Propheten Elia darstellt, der nach seinem Kampf vor Isebel und den zweifelnden Israeliten in die Wüste geflohen war, dort halb verhungert und verdurstet war, jeden Lebensmut verloren hat (1 Kön 19,3–8).

Als er sich unter einem Ginsterstrauch niederlegt und nur noch sterben will vor Erschöpfung, sagt er: »Es ist genug! So nimm nun Herr meine Seele – denn ich bin nicht besser als meine Väter!« Er macht sich zum Sterben bereit, aber er fällt nur in den tiefen traumlosen Schlaf der Erschöpften. Bis ein Engel ihn weckt mit dem Zuruf: »Stehe auf und iss – denn du hast einen weiten Weg vor dir!« Von dieser Stimme zurück ins Leben geholt, findet er neben sich einen Krug mit Wasser und Brot. Und die Botschaft ist: Hier ist Labsal – iss und trink und dann geh weiter, hey, »keep calm and carry on« – ich brauche dich noch auf Erden.

Durch dieses Joch bin ich in den ersten zwei Jahren meiner dunklen Zeit jeden Tag gebeugt hindurch und jedes Mal hat mich diese Geschichte motiviert durchzuhalten: Elia, das war meine Labsal. Du wirst noch gebraucht. »Stehe auf und iss – denn du hast einen weiten Weg vor dir!«

Mein rettender Engel war damals mein Vater, bei dem ich nach einer langen Zeit der Kämpfe gegen seine Autorität schließlich Rat suchte in meiner Verzweiflung über die neuerliche Abberufung nach Sankt Max und der nach einem langen, intensiven Gespräch, wie es nur ein Vater und sein verloren geglaubter Sohn führen können, mich ins Gebet nahm: »Du gehst da hin. Natürlich folgst du der Berufung. So kampflos gibt man nicht auf – so fängt man keinen Beruf an! Das schickt sich nicht. Oder willst du etwa solchen Menschen, wie denen, die dir wehgetan haben, die Kirche überlassen? Du wirst noch gebraucht.« In diesem Moment, wo er das sagte, auch wenn ich da schon 33 Jahre alt war, war ich wieder der kleine Junge auf dem Schoß seines Vaters, der ihm die Welt erklärt und ihm zeigt, dass sie schön sein kann. »My Hometown.« In diesem Zustand, in dem ich am dringendsten jemanden brauchte, der mir Zuspruch geben würde, ist mein Vater plötzlich an meiner Seite. All der jahrelange Streit des pubertierenden Sohnes mit dem Vater ist auf einen Schlag vergessen und er gibt mir Halt und Stärke – Labsal in einer Situation des Zweifelns. Mein Vater versprach: »Ich werde dich immer begleiten und werde da sein für dich!« Und so war es dann auch.

Als ich damals die Abordnung nach Sankt Max bekam, wusste ich, dass das keine Liebesheirat ist. Nicht Ekstase. Keine Seligkeit. Das ist Pflicht und nicht die Kür. Ein Dienst, den man auf sich nimmt und bestmöglich ableistet. Eine Stelle auf Zeit. Bis zur nächsten Abordnung. Ich war gebrochen. Ich hatte wirklich Angst, von diesem Riesenkasten, mit allem, was daran hing, einfach verschluckt zu werden.

Für mich begann eine spirituelle Fastenzeit. Eine ungeheure Reduktion. Ich ging die folgenden zwei Jahre mit Tunnelblick durchs Leben, habe alles ausgeblendet, was mich von der Erfüllung meiner Aufgabe abgelenkt hätte. Ora et labora. Ich habe einfach begonnen, jeden Tag neu anzufangen. Mit der Laudes in den Morgenstunden und, den Tag überdenkend, mit der Komplet abgeschlossen. Bald sämtliche Schwierigkeiten und die Zerrissenheit dieser Gemeinde erfahrend, die damals in einer tiefen Krise steckte und so zu zerrei-ßen drohte wie ich. Auftreten statt austreten. Den Dialog suchen – statt sich abwenden. Was schlecht läuft, verbessern.

Manchmal muss man erst hart um etwas kämpfen, um den Wert dessen, was man erhält, auch richtig schätzen zu können. Die Verwandlung tritt doch übrigens nicht erst am Ende unseres Lebens ein – sondern Verwandlung geschieht jeden Tag, in jedem Stadium dieses Lebens.

Aber wie das manchmal so ist: Vernunftehen sind oft die, welche am meisten aushalten. Verbindungen, in denen erst Freundschaft, Vertrauen – dann Liebe und Hingabe entsteht – wo sie anderswo so schnell verblühen. Man kann sich ja auch aneinander gewöhnen. Die scheinbaren Fehler des anderen akzeptieren und sein Anderssein vielleicht sogar als Stärke erleben. Ich komme selbst aus einem Elternhaus, wo vermutlich nicht die pure Liebe, sondern Vernunft und Lebenswille nach der Katastrophe des Krieges der Grund für die Eheschließung meiner Eltern war. Eine Zweckgemeinschaft zum gegenseitigen Schutz. Es war die Generation unserer Eltern und Großeltern, die nach einem Krieg wiederaufbauen mussten. Da ging es bei einer ganzen Generation, die überlebt hatte, vermutlich weniger um die große Liebe mit Schmetterlingen im Bauch, der Prinz, Dornröschen, Romeo und Julia, das Beste vom Besten – sondern mehr um jene andere Liebe, ganz und gar für den anderen da zu sein, für die Kinder und die Familie, egal was kommt, dem anderen vertrauen zu können, dass er diese Aufgabe genauso als seine Bestimmung begreift. Dass ist ja eigentlich der Kern, wenn zwei Menschen Ja zueinander sagen. Dass man zueinanderstehen wird, füreinander bestimmt ist, gemeinsam durch dick und dünn geht. Meine Eltern entschieden sich für ein Leben im Bewusstsein der eigenen Vergänglichkeit und ich habe dadurch gelernt, was Leben wirklich bedeutet. Das war das größte Geschenk, das sie mir und meinem Bruder hinterließen. Es mag wie ein Klischee klingen, aber das Leben ist kurz und mein Vater erinnerte uns täglich daran, dass wir nicht unsterblich sind und jeder Tag eine Gabe auf Zeit ist.

Wir hatten dieses Bewusstsein für die Vergänglichkeit und freuten uns über jeden gemeinsamen Moment. Und das in einer tiefen, einfachen Gläubigkeit. Ich hatte das Glück, dass in meiner Familie diese Momente miteinander geteilt wurden. Wir brauchen keinen Gott, der straft und der uns Angst macht. Auch dies habe ich durch den Glauben meiner Eltern gelernt, wie sie ihn mir vorgelebt haben. Ihr Glaube war immer nach oben gerichtet, womit ich nicht die Bistumsleitung meine, sondern die Zwiesprache mit Gott – weil ihr Glaube unten gut fundiert war, sie sich aufgehoben gefühlt haben und auf seine Barmherzigkeit vertraut haben. In all der Not und dem Grauen, die mein Vater und meine Mutter im Krieg erlebt haben, dieser ganzen Gewalt, die von Menschen gegen Menschen, gegen das Leben generell ausgehen kann, hat sich ihr Glaube daher umso mehr verstärkt. Wer einen Krieg wie den Zweiten Weltkrieg überlebt, braucht nicht noch zusätzlich einen zürnenden, einen strafenden, einen schrecklichen Gott – sondern einen, der barmherzig ist und, im übertragenen Sinn, seine Arme ausbreitet.

Und so denke ich in meinem 25-jährigen Jubiläumsjahr auch an die grenzenlose Liebe meiner verstorbenen Eltern. Die Liebe meiner Mutter, die mich zum Glauben gebracht hat, und die meines Vaters, wie er mich bestärkt hat, durchzuhalten, dass alles so werden konnte, wie es heute ist. Dass ich Heimat gefunden habe. Angekommen bin. Und auch deswegen spiele ich an diesem Morgen des Beginns eines so besonderen Lebensabschnitts vor 25 Jahren für mich »My Hometown« von Bruce Springsteen. Es soll Mahnung sein, dass wir immer den Mut haben sollen, aufzutreten und uns unserer Bestimmung und allen Schwierigkeiten im Leben voller Vertrauen zu stellen. Weil wir nie alleine sind, solange wir glauben.

Darum geht es im Leben: die Knoten, die es fesseln und schwer machen, zu lösen. Die Knoten sind das unentwirrbar Scheinende, was uns in der Nacht den Schlaf nimmt und für den nächsten Tag die Kraft raubt. Ich kann sagen, dass ich diese Zeit ohne das Lied von Bruce Springsteen, welches mich immer wieder aufgebaut hat, und die Unterstützung meines Vaters nicht heil überstanden hätte. An diesem Tag des beginnenden Jubiläums war mir irgendwie klar: Ich war nicht gescheitert. Ich war an meiner Aufgabe gereift.

So wurde Sankt Max also meine erste Pfarrstelle – und ist bis heute über 25 Jahre meine einzige geblieben. Obwohl ich es immer noch nicht recht glauben mag, ist es mir zu dem geworden, was ich nie angenommen hätte: »My Hometown.« Dieses Lied zu spielen ist meine Art zu feiern. Etwas stiller – aber feinsinnig.

In den nun 25 Jahren in Sankt Max sind nicht nur Dinge positiv gewachsen. Ich habe Freunde gewonnen. Mitstreiter. Und wir haben uns gegenseitig gestützt und angespornt auf einem gemeinsamen Weg. Mit einigen bin ich leider auch im Unguten auseinandergegangen. Es haben auch neue Konflikte die befriedeten ersetzt. Vorhaben sind misslungen und Beziehungen zusammengebrochen. Wichtig und für mich spezifisch christlich aber ist und bleibt ein christliches Grundgebot: Trage niemandem etwas nach! Und ich wünsche mir, dass jeder wiederkommt, der sich umgedreht hat und gegangen ist.

Auch heute begleiten mich Konflikte, für die wir in unserer Gemeinde noch keine Lösungen gefunden haben. Aber eines hat nicht stattgefunden – und dafür stehen diese Jahre und das möchte ich allen zurufen – wir sind hier nicht voreinander davongelaufen. Es berührt mich nichts mehr, wenn ich draußen auf der Straße Menschen treffe, die hier mal aktiv waren, und wir uns grüßen und nicht die Straßenseite wechseln, obwohl sie sich aufgrund meines Dickschädels zurückgezogen haben. Streit gehört wie in jeder Familie dazu. Genauso, dass man sich nach Versöhnung sehnt, wenn gestritten worden ist, und man über alle Gräben hinaus dafür offen bleibt. Denn Gemeindesein bedeutet, sich auch im Streit auszuhalten und sich zu respektieren. Dass wir kein abschätziges Urteil über den anderen fällen, sondern sagen: Du bist so, wie ich bin, und ich bin so, wie du bist, und wir lassen uns so sein, wie wir sind. Im gegenseitigen Respekt und ohne den Willen der anderen ändern zu müssen.

Wir haben trotz unauflösbar erscheinender Konflikte – und auch das soll eine Botschaft des Evangeliums sein – weitergemacht. Das ist mir wichtig. Da entscheidet sich das Christsein. Dass es sich aus unserem engen Korsett der Vorurteile heraushebt und über allem zunächst das uns Verbindende steht, das kein Gesetz und keine Religion in seiner ganzen Tragweite zu erfassen vermag – und das womöglich uns Trennende erheblich später kommt.

Dafür stehen all die Menschen, die mit mir in den vergangenen 25 Jahren unsere Gottesdienste gestaltet haben. Denn gemeinsam bilden wir immer noch diese Gemeinschaft der Kirche. Das aber steckt in dem Satz Jesu: wo zwei oder drei in meinem Namen beisammen sind.

24 Jahre später ist unsere Kirche auch an diesem Sonntag wieder rappelvoll – und dafür bin ich auch an diesem Tag so dankbar und gerührt, dass mir zu Beginn des Gottesdienstes etwas die Stimme bricht und sich Tränen in meine Augen schleichen. Eine volle Kirche – das ist das Geschenk für die vergangenen 24 Jahre Arbeit hier in Sankt Max.

Es gibt Mitglieder meiner Gemeinde, die meinen manchmal, es seien zu viele »Fremde« von außerhalb da. Ich widerspreche sofort. Verständnisvoll, aber vehement: »In unserer Kirche gibt es keine Fremden! Wir sind alle geeint in der Einladung, hierherzukommen – ob getauft oder ungetauft, ob katholisch oder evangelisch – hier bei uns gibt es keine Fremden.« Und unsere vielen Besucher seien doch eine wahre Freude und dann wäre meine Bitte, dass da auch jeder von uns mitmacht, die Botschaft weiterzutragen. Denn darum geht es doch. Ich sehe es als Aufgabe unserer Gemeinde, möglichst viele Menschen anzusprechen und anzuziehen. Wir sind kein Spezialklüngel, der sich abgrenzt – sondern im Gegenteil, wir machen die Arme weit auf: Wer klopft, dem wird aufgetan. Ich erinnere mich noch an die ersten Wochen, als ich gerade in Sankt Max angefangen hatte. Im Innenhof des Pfarrheims fand das Sommerfest statt. Es ging grad ganz lustig her, die Menschen strömten aus dem Stadtviertel zu uns, um zu sehen, was da los ist. Es wurde voller und voller und noch lustiger, bis plötzlich vorne das Gittertor zur Straße geschlossen wurde. Ich bin sofort hin und habe das Tor wieder geöffnet und habe gefragt: »Sagt mal, habt ihr jemals das Evangelium richtig gelesen? Kennt ihr nicht die Einladung zum Festmahl, wo Jesus zum Schluss seine Jünger aufruft, auf die Straßen zu gehen, die Krüppel und die Versager zu holen, die Streuner und die Aussätzigen mit dazu? Habt ihr das jemals gelesen?!« Ein betretenes »Ja«. »Und warum macht ihr dann zu, gerade heute, wenn schon die Leute aus dem Viertel freiwillig vorbeischauen, die sonst nie vorbeischauen? Das ist doch wunderbar?« »Ja, sie kommen, weil wir das Bier so günstig verkaufen – davon müssen doch nicht die anderen profitieren.« Da bin ich fast ausgeflippt, aber nur fast: Jessas, Maria und Josef!

Diese Vorstellung von einer Kirche, die sich abgrenzt und ausgrenzt, haben wir dann in einem Vierteljahrhundert harter Arbeit Stück für Stück aufgelöst. Meine Gemeinde versucht jedem das Gefühl zu geben, dass er willkommen ist. Dass wir kein elitärer Haufen sind. Und allmählich kommt das überall richtig an. Alle sind aufgerufen, zu uns zu kommen und sich einzubringen. Und das hat sich herumgesprochen. So wie in einem ganz normalen Gottesdienst im August. Die Kirche brechend voll. Es sind viel zu wenig Kommunionhelfer da. Also habe ich in die Gemeinde gerufen: »Ich möchte Sie heute einladen, wer immer sich angesprochen fühlt, mit uns zusammen hier vorne das Brot, den Leib des Herrn, auszuteilen. Wir haben fünf Schalen – wer von euch möchte rauskommen und mitmachen?« Ich konnte gar nicht so schnell schauen – auf der Stelle sind da Leute aufgestanden und nach vorne gekommen. Ich dachte überglücklich: »Schau, genau das ist es, genau so steht es doch geschrieben im Evangelium von der Speisung der Fünftausend: »Gebt IHR IHNEN zu essen.« – Und da sind sie, die Apostel und Apostelinnen, Männer wie Frauen, die das verstanden haben, keine Scheu empfinden, sondern nur Freude, das Brot mit anderen und für andere zu teilen. Die sich nicht lange bitten lassen, aufstehen und mir zu Hilfe kommen. Die zum Austeilen nach vorne kamen, das war nicht das A-Team, der harte Kern meiner Gemeinde, auf den ich mich immer verlassen kann – sondern Menschen von außerhalb, die ich kaum gekannt habe. In Sankt Max gibt es keine »Fremden«.

Wir sind in jeder Hinsicht eine barrierefreie Kirche – und das wollen wir auch sein. Das ist es, was wir uns in dem vergangenen Vierteljahrhundert meines Priesteramtes in unserer Gemeinde hart erarbeitet haben. Beteiligung heute funktioniert so reibungslos, oft auch spontan und vor allem angstfrei: Diese Kraft kommt bei allen aus dem vorherrschenden Bewusstsein, jeden zu jeder Zeit so willkommen zu heißen, dass er sich eingeladen fühlt, sich in unsere Gemeinschaft einzubringen und sich als gleichwertigen Teil der Gemeinde zu begreifen. Niemanden anzuweisen, abzuweisen, zu verurteilen oder gar auszugrenzen – sondern die Arme weit zu öffnen ist unser Konsens. Mein Vater hat es mir immer gesagt: Du bekommst nichts geschenkt – du musst dir das alles hart erarbeiten – wie recht er damit hatte. Der Lohn ist die wunderbare Wandlung, wie aus dieser bei meinem Amtsantritt vor nunmehr 25 Jahren so zerstrittenen und in sich zusammengefallenen Problemgemeinde eine geworden ist, die vorbildhaft das macht, was ich moderne Verkündigung nenne. Wir haben eine offene, fröhliche Atmosphäre, wo die Leute im Gottesdienst mitgehen – und zurückkommen, weil sie genau das suchen, was wir sind: Gemeinschaft. Und weil sie mit eingehen wollen in diese Gemeinschaft. Beteiligung, Miteinander, Füreinander – eigentlich ganz einfach. Eine lebendige Kirche lebt vom Engagement, dem Sich-Einbringen all seiner Mitglieder. Und meine Aufgabe als Pfarrer ist es, all diese Strömungen und Ideen aufzunehmen, diesen dynamischen Prozess mit zu gestalten.

Heute bin ich der dienstälteste Pfarrer Münchens und ich bin immer noch fit. Meine Gemeinde heute steht personell und finanziell top da. Alles ist perfekt organisiert. Ich kann einmal meine Gemeinde sofort wohlgeordnet an einen Nachfolger übergeben. Darauf will ich schon a bisserl stolz sein. Ich habe mein Lehen gut verwaltet.

Ich lebe mit den Menschen in meinem Viertel eng zusammen. Einige habe ich schon getauft und getraut, deren Kinder getauft und gefirmt – nicht wenige natürlich auch beerdigt, was immer traurig ist. Die Menschen in meiner Gemeinde, das ist meine Geschichte und inzwischen ist das auch unsere Geschichte. Je älter ich werde, desto häufiger komme ich immer wieder auf den Punkt der Reduktion: das Wesentliche von allem Überflüssigen entkleiden und als das erleben, was wirklich Bestand hat. Und dazu gehört auch der Wandel. Die Vergänglichkeit.

Das Gärtnerplatzviertel, die Pfarrei Sankt Maximilian – das ist heute meine Heimat – my Hometown. Ich habe nicht vergessen, dass es nicht immer so war. Als mir der Kirchenschlüssel vor 25 Jahren von unserem Dekan überreicht wurde und ich sozusagen Eigentümer dieser Kirche wurde, erschien mir das völlig irrational. Denn weder »gehörte« mir diese Kirche und noch weiter war ich davon entfernt, über meinen Besitz zu herrschen und das Sagen zu haben. Ich dachte: »Was machst du denn jetzt mit diesem Schlüssel?« Und irgendwie erschien er mir doch wie die Lösung zu einem Rätsel, das ich noch nicht begriffen hatte, und die folgenden Jahrzehnte suchte ich nach einem Zugang, mir dieses Rätsel aufzuschließen. Erst Jahre später würde ich begreifen, dass jeder diesen Schlüssel bei sich trägt und die Suche selbst die Lösung des Rätsels ist, das, was ich darunter verstehe, wenn es heißt: seine Bestimmung finden.

Wenn ich heute, 25 Jahre später, nach dem Gottesdienst durch dieses Joch in die Sakristei gehe, dann mit Dankbarkeit, dass sich die Knoten von damals gelöst haben, dass es gut war, auch in meinen dunkelsten Stunden nicht aufzugeben. Wenn mal eine Predigt, auf die ich die ganze Woche hingearbeitet habe, ähnlich wie eine Mutter auf den einen Tag der Geburt ihres Kindes, nicht so rüberspringt, wie es meiner eigenen Erwartungshaltung entspricht, schleiche ich wie ein Fußballer, der gerade ein Pokalspiel vergeigt hat, in Richtung Sakristei. Normalerweise bin ich derjenige, der am Sonntagnachmittag am meisten enttäuscht wäre und leidet, wenn es nicht geklappt hat. Zwar freut sich jede Mutter über ihr neugeborenes Kind – aber es darf auch schön sein. Aber was ist in diesem Zustand des Missmuts das Letzte, was du siehst, bevor du deine Kirche verlässt? Diesen Propheten Elia! Der Prophet, den sie in die Wüste geschickt hatten. Der aufgeben wollte. Bis das Labsal des Himmels neben ihn gestellt wurde. Und dann erinnert mich das an die Kommunion, die wir eben noch gemeinsam gehalten haben: Sein Geist ist mit dir. Du hast den eucharistischen Leib gegessen, den Wein – symbolhaft sein Blut –

getrunken. Mit den anderen zusammen. Die Gemeinschaft lässt dich nicht fallen. Das ist das Labsal: »Ich brauch dich noch. Geh weiter. Du hast noch einen weiten Weg vor dir.« Der Gang durch den Bogen mit dem Propheten Elia bedeutet für mich jedes Mal aufs Neue: Ich werde mit einem ungeheuren Trost aus meinem Gottesdienst gehen. Und nächstes Mal werde ich es besser machen. In diesem Moment tiefster Erleichterung denke ich an die Bauherren dieser Kirche, wie klug und vorrausschauend sie waren, diesen Trostspender vor die »Mannschaftskabine« des Pfarrers zu bauen, und dass es auch damals schon schlechte Pfarrer gegeben haben muss, die misslungene Predigten gehalten haben und Zuspruch brauchten und es trotzdem auch am nächsten Sonntag, in guten wie in schlechten Zeiten, wieder einen Gottesdienst geben wird. Ich habe so eine Hochachtung vor Menschen, die solche Sinnbilder entwickeln und darauf vertrauen, dass jede nachfolgende Generation das Geheimnis dieser Botschaft entschlüsseln wird.

Die Unendlichkeit des Glaubens soll erfahrbar werden. Das habe ich damals auf der anderen Isarseite einfach noch nicht kapiert. Jetzt, nach einem Vierteljahrhundert, habe ich es verstanden. Diese Kirche in ihrer Größe und Weite ist keine Belastung mehr. Es ist durchaus zu schaffen, ihre Bänke regelmäßig bis auf den letzten Platz zu füllen. Im Gegenteil: Die Leute kommen gerne, wenn ich mein Handwerk verstehe und ich nicht alleine vorne am Altar stehe und abgewandt vom Leben in die Stille bete. Diese Demut vor meiner Aufgabe hält bis heute an – und daher sage ich nicht etwa: Ich vollende mein 25-jähriges Dienstjubiläum – sondern ich sage: Ich beginne.

Erlösung

Vor Weihnachten beginnt für uns in Sankt Max die »Rushhour« im Kirchenjahr. Von der »staden Zeit«, wie es im Alpenraum bei den Bergbauern einst hieß, der »stillen« Adventszeit vor dem Heiligen Abend, als noch meterhoch der Schnee vor dem Stall lag, in dem das Vieh an Heiligabend seine Extraportion duftendes Heu bekam, statt stinkender Silage über Betonrosten, damals, also vor der Klimakatastrophe, wenn die Ernte sicher eingefahren war und die Naturgewalten die Bauersfamilien in die Häuser rund um den warmen Kachelofen zwang, gemeinsam repariert, gestrickt und geschnitzt, vor dem Essen gebetet und nach dem Essen am Stubentisch zusammen musiziert wurde – ist heute kaum noch etwas zu spüren. Einen Abglanz davon ahnt allenfalls noch, wer das Weihnachtsfest in der Abgeschiedenheit eines vom Skizirkus verschonten Tiroler Bergbauernhofs verbringen kann. Das Leben war hart. Einfach. Voller Entbehrungen. Aber es war intensiv. Naturverbunden. Herrlich. Die »stade« Zeit, innere Einkehr in der Ruhe leise rieselnder Schneeflocken, mit meterlangen Eiszapfen an der Dachrinne, heißt heute »Quality Time« und ist geprägt durch die Nutzung von Handy, Tablet, WLAN und Playstation-Vereinzelung in Kriegsspielen und sonstigen Horrorszenarien. Und bei uns in Sankt Max ist es eben die »Merry-Christmas-Rushhour«. In den Tagen vor Weihnachten kann ich mich gewöhnlich nicht auf einem warmen Ofen bei einer guten Tasse Kaffee in den Winterschlaf zusammenrollen – sondern ich muss raus. Umso mehr genoss ich jetzt, dass ich unerreichbar oben im Tannenbaum hing, als großer, schwerer Tannenzapfen des Glücks. Ich dachte an den Stall von Bethlehem, die Geburt Jesu Christi, Maria, dann an meine Mama, meinen Vater und meine eigene Geburt und über das Rätsel Leben nach. Das hatte seinen Grund. Am Vortag war ich bei Dreharbeiten mit dem Münchner Regisseur Franz Xaver Bogner für die Serie »München Grill« gewesen, wo ich mich selbst als Pfarrer von Heilig Geist spielen darf, was mir unglaublich viel Freude macht. Einige Szenen mussten mehrmals wiederholt werden. In seiner Arbeit ist der Franz Xaver Bogner absolut akkurat. Ich saß aber etwas auf glühenden Kohlen, denn der nachfolgende Abendtermin war schon lange fixiert und mir auch besonders wichtig. Im Anschluss wartete ein Vortrag an einem ganz besonderen Ort auf mich, den ich unter keinen Umständen sausen lassen konnte: Der Klinikchef genau des Krankenhauses hatte mich eingeladen, in dem mich meine Mama vor über 50 Jahren unter Schmerzen ins Leben geboren hatte. »Irgendwie werde ich das schon hinbekommen – und wenn ich trampen muss!«, hatte ich dem Klinikbüro vollmundig erklärt. Und jetzt wollte ich nicht zu spät kommen. Das Team hatte sogar den Drehplan umgestellt, damit ich rechtzeitig da wäre. Ich bin dann in meinem Filmkostüm direkt vom Set los, ganz in Schwarz, noch geschminkt vom Film und habe dann eine echte Rallye quer durch die Stadt hingelegt. Taxidriver eben. Und bin am Ende tatsächlich wie versprochen pünktlich um 19:00 Uhr über die Ziellinie gefahren. Doch pünktlich angekommen, musste ich warten: Die Eile wäre gar nicht notwendig gewesen. Denn um 19:00 Uhr begann nicht mein Vortrag – sondern zunächst kamen die üblichen Grußworte der Verantwortlichen des Hauses und der Gäste aus Politik und Wirtschaft, schön nach Rangordnung von oben nach unten runter durchgeklimpert, Begrüßung durch den Klinikchef, dann Gesundheitsreferent, mehrere Grundsatzreferate, vorgelesen, Fachchinesisch natürlich für mich, dann weitere ärztliche Koryphäen, mit denen ich es mir nicht verscherzen wollte, man weiß ja nie, wann man selber vielleicht Patient wird im Haus. Es ging auf 21:00 Uhr zu. Ich war schon langsam am Einnicken, als mein Handy in der Hosentasche vibrierte. Die Pressereferentin war dran und fragte, wann ich gedenken würde zu kommen. Worauf ich mit einem Smiley antwortete, wann sie gedenken würde, mich ans Rednerpult zu lassen, denn es sei bereits 21:00 Uhr und ich sei seit zwei Stunden längst da – und winkte ihr aus der letzten Reihe müde zu. »In fünf Minuten!«, sumste sie wenig später in meine Hosentasche. Ich kenne meine Rolle inzwischen: Ich leite zum Buffet über, das Wesentliche ist gesagt und dann springe ich als »Aufwecker« am Ende rhetorisch aus der Torte. Ich war aber nicht in »Bunt« wie ein Nummergirl, sondern in Stockschwarz, weil ich ja noch meinen Filmdress anhatte. Aber ohne Collar. Schwarzes Hemd und schwarzer Anzug und das Kreuzerl am Sakko, das kann ich – aber Collar kann und will ich nicht. Das bin ich auch nicht, auch wenn es gerade wieder modern zu werden scheint. Ich spreche immer frei, lese nur Passagen vor, nehme die Stimmung im Saal auf, reagiere spontan. Und so begann ich zunächst zu erklären, dass ich vom Filmset kam und wie ich sonst herumlaufen und mich viel wohler fühlen würde: nämlich in Jeans und T-Shirt. Ich nahm die Worte des Klinikchefs auf, der in seiner Rede zuvor sehr enthusiastisch hervorgehoben hatte, dass da nach seinem Eindruck eine neue, ganz anders orientierte Generation von Medizinern gerade dabei sei, in den Medizinberuf aufzubrechen. Junge Menschen, denen es heute weniger um Karriere ginge oder darum, sich die Taschen vollzumachen – so ähnlich zumindest hat er es tatsächlich gesagt –, sondern es sei eine Generation am Start, die sich menschlich weiterentwickeln und anderen Menschen helfen wolle. Ich konnte den Klinikchef nur bestätigen, dass mir dieser Wandel auch bei den Jugendlichen in meiner Gemeinde aufgefallen sei, von denen ebenfalls einige Medizin studieren. Denen ginge es weniger um den Porsche vor der Tür – sondern vielmehr wollten sie in ihrer zukünftigen Arbeit ganz nah am Menschen sein. Viele träumten davon, später als Anästhesist zu arbeiten. Ich fand diesen Aspekt persönlich interessant, erklärte ich, denn wir Priester – und das meine ich positiv – wären die Anästhesisten der Seelsorge. Mit dem Unterschied, dass wir nicht betäuben, Opium für das Volk, das war einmal – aber auch das Leid erforschen und in der Seelsorge auch lange nach einem Einschnitt ins Leben nachfragen, wie es dem Menschen ergangen ist, um weiter zu heilen. Wir haben sogar noch viel früher als ein Anästhesist mit unserem Nächsten in der Gemeinde zu tun – mit der Taufe meist sogar von Geburt an. Von der Wiege bis zur Bahre. In den 31 Jahren, seit ich Priester bin, hätte ich sogar schon Menschen bestattet, die ich Jahrzehnte zuvor getauft hatte. Leider. Das könne mir kein Anästhesist so leicht nachmachen – und in seinem Fall ist das auch gut so. Wegen Kunstfehlern etc. Aber bei mir dürfe das schon vorkommen, eher ein Qualitätsnachweis, weil man so lange Priester in seiner Gemeinde geblieben ist. Was den Kern meines Interesses ausmachte an diesem Abend war, warum es trotz der lebenslangen Beschäftigungssicherheit im Unternehmen Kirche immer seltener gelingt, junge Menschen den Beruf des Priesters genauso schmackhaft zu machen – wie es der des Mediziners zu sein scheint.

Denn – das könne ich aus meiner Berufserfahrung sagen – wenn ich Menschen helfen möchte, dicht bei ihnen sein will, sie begleiten und manchmal auch führen möchte, damit sie sich selbst aus einer Notlage befreien – dann geht das nirgends intensiver, als wenn du als Priester arbeitest. Doch während der Beruf als Mediziner als sauber und modern und hochangesehen wie unter einer OP-Lampe gilt, haftet meiner Zunft etwas Verstaubtes, »Gestriges« an im diffusen Schein rußender Fackeln. Dabei hätten doch beide Berufe sehr viel mit Leben und Tod zu tun, damit, dem Menschen für die Tage seines Erdenseins möglichst viel Schmerz zu ersparen und ihnen ein Leben zu ermöglichen, das aktiv gelebt wird und im Abgang erleichtert werden kann.

Vielleicht liegt es auch an der weißen Arbeitskleidung von Ärzten und Schwestern, die eben nicht so streng schwarz daherkommt wie bei uns in der Kirche. Das mag als Erklärung unbefriedigend sein, trotzdem bräuchten wir Priester, die nicht nur in der Lage sind, im

Zölibat eine ganz besondere Lebensform anzunehmen, sondern genauso begabt sind, anderen Menschen unverstellt den Glauben zu vermitteln. So wie bei den »Göttern in Weiß«, die glaubhaft vermitteln müssen, sie könnten heilen. Ich beneide Mediziner, weil sie eben keinen Unterschied machen zwischen Mann und Frau und in der Medizin jeder seiner Berufung folgen darf, wenn er nur die nötige Qualifikation dazu mitbringt. Und ich beneide sie, weil sie in ihrem Beruf frei entscheiden können, wen sie lieben, und Familien gründen können, mit wem sie möchten, hier am Ort meiner Geburt, als Ergebnis der Liebe meiner Eltern, einer Liebe zwischen Mann und Frau, ohne die unsere Menschheit aufhört zu existieren. Das alles griff ich auf und erklärte den Begriff »Rachamim«, der aus der hebräischen Sprache kommt. Er bedeutet so viel wie »Barmherzigkeit« (Jes 49,15) und besitzt denselben Wortstamm wie der Begriff »Gebärmutter«: Rächäm. Denn während für uns Europäer das Herz die Mitte des Körpers darstellt und so den Ort für das Leben, die Güte, die Barmherzigkeit und die Gegenwart Gottes ist – findet er sich für den Semiten tiefer, bei der Frau nämlich dort, wo sich, medizinisch betitelt, die Gebärmutter befindet, als eigentlicher Ursprung des Lebens und damit auch der Gnade, der Güte und der unendlichen Liebe. Wo Barmherzigkeit und Güte entspringt, da entsteht immer neues Leben. Ich dachte, hier in dieser Klinik, in der mich meine Mama unter Schmerzen zur Welt geboren hat, nachdem sie mich neun Monate voller Liebe unter ihrem Herzen getragen hatte, passen diese Gedanken doch genau. Mutterliebe ist eines der stärksten Gefühle, zu denen Menschen fähig sind. Es ist die Bereitschaft, das Leben seines Kindes unter allen Umständen, auch unter Einsatz des eigenen Lebens, zu verteidigen. Eine Liebe, die ungeheure Kräfte, aber auch ungeheures Mitgefühl mobilisieren kann, die einen Menschen über sich hinauswachsen lässt. Das gilt natürlich genauso für den Vater und ich wusste zu diesem Zeitpunkt noch nicht, dass ich kurze Zeit später miterleben würde, wie stark und übermenschlich sich diese Elternliebe äußern kann. Es war die Begegnung mit einem Kind und seinen Eltern, von der ich schon sprach in diesem Buch, die zu der zweiten

Offenbarung in meinem Leben werden sollte, bei der ich diesmal nicht nur alles geben, sondern die von mir alles fordern würde und deren Erinnerung mich in meiner Arbeit und meinem Glauben für immer begleiten und leiten wird. Denn was ich hier durch ein Kind erlebte, war die Einfachheit, die Klarheit und die Trost spendende Macht des Sakramentes der Taufe, wie ich es vorher auch noch nie in einer derartigen Intensität erfahren hatte. Diese Taufe fand unter bewegenden Umständen statt. Normalerweise steht die Taufe am Anfang eines hoffnungsvollen Lebens – hier stand sie in einer unendlichen Erhabenheit für Glaube, Liebe, Hoffnung – als segnende Begleitung am Anfang der Wandlung vom Leben in den Tod.

Der Moment, wenn es einen Menschen aus dem Leben reißt, kommt immer überraschend. Irgendwie haben das Notrufe meistens so an sich. Als der Anruf kam, hing ich wieder wie ein Eichhörnchen in unserem Christbaum im Kirchenschiff von Sankt Max, um ihn so schön zu schmücken, dass nicht nur Kinderaugen leuchten. Strahlend schön sollte er werden für die Heilige Nacht und ich warf das Lametta in den Baum, das Engelshaar meiner Kindheit, das mir die Frau geschenkt hatte, die mich nach der Lesung auf dem Bahnsteig in ihrer Begeisterung so spontan und hingebungsvoll gesegnet hatte. Ich dachte daran, wie sehr mich diese Geste berührt hatte, wie gut sich das anfühlt, die segnenden Hände eines anderen Menschen auf seinem Kopf zu spüren, und sah das Lametta in Zeitlupe auf die Zweige fallen, als mich im selben Augenblick eine E-Mail des Vaters eines Kindes erreichte, das vier Jahre zuvor auf die Welt gekommen war. Der kurze Text verhieß nichts Gutes. Einfach nur eine knappe und kurze Beschreibung und eine Bitte. Es schrieb ein Vater, ein Mann, der mitten im Leben steht, lebensfroh und zupackend. Einer, der Probleme zu lösen gewohnt ist und nicht sofort klagt. Ich sollte, bat er, wenn möglich, bitte heute Abend noch ins Krankenhaus kommen, es ginge dem Kind nicht gut. Wie ernst es denn sei? Man wisse es nicht. Klärung solle am Nachmittag ein Gespräch mit den Ärzten bringen. Aber es sei so ernst, dass er und seine Frau mich um die Nottaufe für ihr Kind bitten würden. Ich blickte in die funkelnden Kugeln des Weihnachtsbaumes und sah meine festlich erleuchtete Kirche sich darin spiegeln – was für ein Unglück, noch zwei Wochen bis Heiligabend. Und während ich in die glitzernde Kugel blickte, zog die Geschichte dieses Kindes vor mir herauf.

Das kleine Mädchen, das diese Gefühle absoluter Ohnmacht in mir auslösen würde, war schwerstbehindert auf die Welt gekommen. Irgendetwas hatte nicht gepasst. Auf seltsame Weise hatte dieses kleine Wesen nach einer normalen Geburt seine weitere Entwicklung plötzlich eingestellt, als hätte es sein Leben als Irrtum begriffen, der nicht rückgängig zu machen – aber eben auch nicht durch weitere Entwicklung zu befördern war. Zunächst hatten weder Eltern noch Ärzte erkannt, dass etwas nicht stimmte, weil äußerlich kein Hinweis zu erkennen war. Nur dass ihr Baby nicht schrie, sondern seltsam ruhig blieb. Aber Atmung und Herzschlag, alles war normal. Erst als das Kind auch Tage später den Kopf nicht hob, nicht lachte, nicht loskrähte und sich nicht bewegen wollte, es kaum auf Berührungen der Mutter reagierte, da erst wurde das ganze Ausmaß sichtbar. Das Kind hatte einen schweren genetischen Defekt, war wohl blind auf die Welt gekommen, vermutlich fast taub, konnte sich nicht bewegen, würde nie krabbeln, gehen, laufen und nie sprechen und sich niemals selbst am Leben erhalten können. Es würde sich niemals weiterentwickeln. Eingeschlossen in einem Körper, der das Kind nicht leben und nicht sterben ließ. Was für ein Schock. Ihre Behinderung war so selten, dass es bisher kaum eine Forschung darüber noch eine hilfreiche Therapie gab.

Die Eltern, ein modernes, taffes, sozial engagiertes Ehepaar, hatten nie auch nur eine Sekunde gezögert, ihr Kind anzunehmen, haben es bei sich behalten, es gepflegt und liebkost, haben in den ersten Lebensjahren alles versucht und nichts unterlassen, ihr Kind zu heilen, sind von Facharzt zu Fachklinik, quer durch ganz Europa, wo immer sich eine Hoffnung für einen neuen Behandlungsansatz auftat. Vergeblich. Die Eltern wussten mit der Zeit alles über die Krankheit ihres

Kindes, sodass man das Gefühl hatte, man rede mit Medizinern, so gut kannten sie die Fachbegriffe und Behandlungsmethoden, so kundig gingen sie selbst mit ihrem Kind um, das dennoch völlig hilflos blieb. Sie gaben die Hoffnung trotz aller Fehlschläge nie ganz auf. Aber es war so. Das Kind war nicht zu heilen. Nicht zu therapieren. Nicht zu retten. Ohnmacht. Ein Mensch, der sich nicht mehr weiterentwickeln und den Rest seines Lebens nur daliegen würde und auf die Hilfe anderer angewiesen wäre. Die Lebenserwartung, so die Ärzte, würde nur wenige Jahre betragen. Das Schlimmste sei halt, dass dein Kind dir keine Reaktion geben kann, klagte mir die Mutter ihr ganzes Leid in einem Satz. Und nur ganz selten und wenn man das Kind so genau kannte wie seine Eltern, bemerkte man auch, wie es auf manch äußere Reize und Berührung doch reagierte mit Gesten, die man als Freude oder Schmerz deuten konnte. Das Negative, Belastende sollte für diese Eltern nicht ständig im Vordergrund stehen. Sie freuten sich einfach nur über alles, was an Positivem geschah, und machten es groß, selbst wenn das Zeichen noch so klein war. Einmal zeigten mir die Eltern ein Video, wo sie mit ihrem Kind bei einem Volksmusikabend gewesen waren und wie das Kind auf dem Arm des Vaters auf den Körperkontakt, die Musik und das Hin- und Herwiegen im Takt plötzlich reagiert hatte und zum ersten Mal zumindest andeutungsweise der Ansatz eines Lächelns zu sehen gewesen war. Voller Liebe sagte die Mama zu mir: »Ist sie nicht wunderschön?« Diese Eltern hatten nur einen Wunsch, ihrem Kind für die kurze Zeit seines Lebens auf dieser Erde all ihre Liebe zu schenken, es ihm so schön und erträglich zu machen wie nur möglich und es als vollwertigen Menschen zu betrachten. »Sag mir niemals, ein Mensch wäre unnütz«, bemerkte der Vater einmal. »Auch unsere Tochter ist es nicht, obwohl sie rein medizinisch betrachtet ein hundertprozentiger Pflegefall ist. Aber jeden Tag, wenn ich von der Arbeit nach Hause komme, noch immer voll unter Strom stehe, setze ich mich mit meinem Kind hin und werde ruhig. Sie ist es, die mich herunterbringt und inneren Frieden schenkt, abschalten und aufatmen lässt.« Die Liebe dieser Eltern in so einer dichten Weise zu erleben, hatte mich in den ersten Lebensjahren des Kindes immer wieder fasziniert. Woher kommt die Kraft zu dieser grenzenlosen und bedingungslosen Liebe? Jetzt waren vier Jahre seit der Geburt vergangen, es war Adventszeit »Oh du fröhliche«, ich mitten in den Vorbereitungen für das schönste Fest der Kinder, beim Schmücken des großen Weihnachtsbaumes und jetzt holte mich der Tod aus dieser Vorfreude. Aber das Schimmern jeder Weihnachtskugel im Kerzenschein verblasst, jede Musik bricht ab, wenn ein Mensch stirbt, den man liebt. Ich versprach, sofort in die Klinik zu kommen, erledigte noch das Notwendigste, packte meine Siebensachen mit allem, was für eine Taufe gebraucht wird, und bin gleich los. Auf das, was dann geschah, kannst du dich nicht vorbereiten – und selbst wenn ich gewusst hätte, was mich erwartet, weiß ich nicht, wie ich mich darauf hätte vorbereiten sollen, wie ich den Mut gefunden hätte, mich dem zu stellen.

❧

Als ich in das Krankenzimmer trat, war mir sofort klar, dass hier ein Mensch lag, der bald gehen würde. Ich kenne diese Stimmung in Sterbezimmern. Es geht nicht mehr um Hoffnung – sondern nur noch um das, wann und wie die Stille kommt. Es geht um den Abschied. Bis zu ihrer E-Mail an mich war es in den Besprechungen der Eltern mit den Ärzten über den Zustand des Kindes um eine massiv ethische Entscheidung gegangen, ob man mit einer Dialyse beginnen und damit mit einem erneuten Eingriff dem Kind weitere Qualen aufbürden soll oder der Natur ihren Lauf lassen wolle. Diese Entscheidung nimmt dir niemand ab, wenn es um einen Menschen geht, den du liebst. Medizinisch, das machten die Ärzte klar, bestand keinerlei Aussicht auf irgendeine Art der Besserung. Das Risiko jedweder Eingriffe stand in keinem Verhältnis zu irgendeinem Nutzen, hätte nur noch zusätzlich Schmerzen und Qualen und einen dauerhaften Aufenthalt in der Intensivstation für das Kind bedeutet. Alle Anwesenden standen unter dem Eindruck dieser Auseinandersetzung. Die Eltern hatten sich in einem quälenden Prozess des Zweifelns und der Hoffnung am Ende zu der Wahrheit durchgerungen, ihr Kind gehen lassen zu müssen, weil es nichts mehr aufzuschieben gab. Niemand kann sich in einen Vater und eine Mutter hineinversetzen, was für ein Schmerz das ist, sosehr man es auch versuchen mag. Ihr Gewissenskonflikt war zum Schneiden spürbar, als ich eintrat, obwohl sich bei ihnen eine Überzeugung verfestigte, so das Richtige für ihr Kind zu tun.

Neben vielen anderen wichtigen Dingen, die in so einer Situation sorgsam zu bedenken sind, ging es ihnen um die Nottaufe. Eigentlich hatten die Eltern vorgehabt, ihre Tochter zusammen mit dem gerade neugeborenen Sohn Moritz zu taufen, der sechs Monate zuvor völlig gesund auf die Welt gekommen war. Es sollte für sie eine Geste der Versöhnung mit dem Leid ihres Kindes werden, ein Zeichen der Dankbarkeit nach allem, was geschehen war, und nach vielen Zweifeln über den Sinn dieses Leids auch ein Bekenntnis ihres Glaubens, dass ihre beiden Kinder geliebte Kinder Gottes sind und die Familie zusammengehört. Doch jetzt war plötzlich alles anders. Genau in dem Moment, wo das neue Leben in die Familie kam – wendete sich das andere ab von dieser Welt. War das Zufall? Man kommt in solchen Augenblicken auf ganz seltsame, irrational wirkende Gedanken – in denen es mir kurz schien, als hätte die Tochter gewartet, dass ein Baby der Mutter Trost schenken würde und sie die Trauer über ihren Tod besser überstehen ließe, da sie jetzt gehen würde. Dass sie sich erst jetzt, wo ihr Bruder auf die Welt gekommen war, in Frieden verabschieden konnte, aus diesem Körper, der ihr keine Herberge mehr geben konnte. Es ist Advent, Zeit der Herbergssuche. Wie gesagt, ich glaube nicht an Zufälle – das Einzige, was zufällt, ist eine Tür.

Das eine Leben kommt – das andere wendet sich ab von dieser Welt. Das ist der ewige Kreislauf der Schöpfung. Werden und Vergehen. Das war und ist Tatsache, meint man. Ganz natürlich. Denkt man. Nicht zu leugnen. Weiß man. Und trotzdem stehst du, wenn es so weit ist, plötzlich vor einer kalten Wand, wo es nicht mehr weitergeht. Eine Grenze, so eisig, so mächtig und unüberwindlich wie die Eiswand aus »Game of Thrones«.

Du kommst in dieses Zimmer. Und du schweigst. Ich muss doch den Eltern nichts mehr sagen. Ich muss doch den Eltern nichts erklären. Sie wissen über ihr Kind besser Bescheid als jeder Arzt. Ich muss diesen Eltern auch keinen Taufritus erklären, weil es Christen sind. Du schweigst. Du zeigst durch Aufmerksamkeit deine Anteilnahme. Du fühlst, dass das jetzt das Beste ist. Zeigst, dass du für sie da bist. Willst den Eltern Halt geben, Mut machen für ihre Entscheidung, wie immer die auch ausgefallen ist. Denn es ist ihre Entscheidung. Ich dachte plötzlich daran, dass ich selbst mal vor dieser Entscheidung gestanden bin, Leben oder Tod. Das Kind hielt sein Lieblingsstofftier fest im Arm und als ich das sah, war sie schlagartig wieder da, die Erinnerung an Schwester Magdala. Schwester Magdala hatte viele Jahre den Kinderhort in Rosenheim geleitet und wir hatten uns so gut gekannt. Sie war eine wunderbare Frau und hatte nur zwei Handicaps: ihre Liebe zu Stofftieren jeder Art und einen schweren Diabetes. Die Folge war jahrelange Dialyse, etwas, was man sich als gesunder Mensch nicht vorstellen kann, und irgendwann hat auch Magdala die Kraft verlassen und da hat sie gesagt, sie wolle keine Dialyse mehr. Was nichts anderes bedeutet, als dass da ein Mensch den Tod annimmt und sich auf das Sterben vorbereitet. Tatsächlich hatte Schwester Magdala per Patientenverfügung ihren Wunsch erklärt, das unabänderliche Ende nicht weiter aufzuschieben und unnötiges Leiden zu verhindern. Irgendwann war es dann so weit. Ihre Oberin hatte mich damals gefragt: »Was soll ich machen?« Und ich habe gesagt: »Magdalas Wunsch respektieren. Was sonst?« Gerade ältere oder sehr schwer kranke Menschen wissen genau, wann für sie die Zeit gekommen ist. Sie sind dann müde und wollen nicht mehr gegen etwas kämpfen, was sich nach ihrem Gefühl nicht aufhalten lässt, auch angesichts der Tatsache, dass sie sich keine Verbesserung ihrer Lebensumstände mehr erhoffen, sondern sie nur noch eine Verlängerung ihres Leidens erwarten. Wir haben sie in Frieden gehen lassen. Was ist das doch für eine wichtige Grundregel: Mach aus deinem Tod nicht immer den Todfeind! Äußerlich gesehen gewinnt er damit ohnehin immer. Nimm den Tod an, denn durch ihn gewinnst du neues

Leben. Nur so vermag man die christliche Erlösungsbotschaft zu verstehen. Was dann aber kam, war für mich schon ein Schock. Sr. Magdala war kaum verschieden, als man begann, ihr Zimmer zu räumen. Für mich aber war sie doch immer noch in diesem Raum, den sie so lange bewohnt hatte. Als ich sah, wie all ihre geliebten Stofftiere in einen blauen Plastiksack gestopft wurden, hat es mich regelrecht beschämt. Magdala hatte diese Stofftiere behandelt, als wären sie ihre eigenen Kinder, hatte jedem einen Kosenamen gegeben und kannte zu jedem eine Geschichte, wie, wo und wann es zu ihr gekommen war. Wie eine echte Mutter. Sie aber hatte nie eigene Kinder gehabt. Nur ihre Liebe und die Zärtlichkeit einer Mutter. Nein, Magdala, so schnell darf die Erinnerung an ein Leben nicht vergehen, dachte ich mir und nahm den Plastiksack einfach an mich. Ich wollte, dass man sich noch einmal richtig an sie erinnert und ihre Lebensleistung wertschätzt. Beim Requiem für Sr. Magdala habe ich ihre Geschichte erzählt, wie sie ihr Leben den Kindern gewidmet hat, auch ihren Stofftieren, und auch die Umstände, wie sie am Ende gestorben ist. Ich habe den Müllsack genommen und ihre Stofftiere vor dem Altar ausgebreitet. Und dann lagen sie da, die ganzen Stofftiere, wie das ganze Leben dieser Frau.

Ich habe gefragt, was von einem Menschen bleibt, der stirbt, und wie schnell er vergessen wird, wenn man alles so schnell wie möglich entsorgt, was an ihn erinnert, und welche Verletzungen es in Menschen auslösen kann, wenn wir uns keine Zeit für die Trauer geben.

Ich habe den Anwesenden gesagt, es mag sein, dass so mancher etwas verwundert war, wenn er zu ihr ins Zimmer kam mit den unzähligen Stofftieren, von denen sie immer eines auf dem Schoß hatte und liebevoll gestreichelt hat, wenn man bei ihr saß und sie ins Erzählen über ihr Leben kam. Ich fragte: »Habt ihr nicht gemerkt, welche tiefe Sehnsucht damit nach außen gedrungen ist? Vielleicht auch nach einem eigenen Kind? Nach Berührung? Nach Zärtlichkeit? Nach Liebe.« Ausgerechnet sie, die gestandene Giesingerin, aufgewachsen in diesem Arbeiterviertel, schlagfertig, nicht aufs Maul gefallen, robust, die sich Emotionen nach außen nie zugestanden hat. »Habt ihr nicht gemerkt, was da vor sich gegangen ist und wie einsam sie sich manchmal gefühlt haben muss?« Es herrschte eine große Betroffenheit und Trauer darüber, dass man diese Frau vielleicht etwas intensiver hätte betrachten sollen – ihre Person und die Arbeit, die sie geleistet hat. Eine Trauer, die ich wieder aufgenommen habe mit dem Wunsch, dass wir uns im Leben, hier und heute, unsere Liebe und unseren Respekt gegenseitig zeigen und dass wir nicht zögern, das zu tun – und wir nichts, was uns innerlich bewegt, auf morgen verschieben. Leben ist jetzt. Sr. Magdala hatte selbst verfügt, dass sie gehen darf, wenn sie gehen will, als ihr Leben sich dem Ende zuneigte. Und sie hatte damit verlangt, dass man ihren Willen respektiert.

Ein kleines Kind aber kann sich nicht entscheiden. Du entscheidest als Vater und als Mutter. Nicht über das Leben – nur über den Tod.

Während wir langsam über unsere Gedanken zu sprechen beginnen, liegt das Kind in seinem Bettchen neben uns. Regungslos. Du hörst nur das Piepsen der Überwachungsmonitore. Siehst die unregelmäßigen Kurven für Atmung und Herzschlag. Die einzige Möglichkeit zu sehen, wie es dem Kind geht. Die Eltern betteten ihr Kind seitwärts und legten ihm sein Lieblingsstofftier in die Armbeuge. »Seien Sie vorsichtig, wenn Sie sie am Arm mit der Bandage berühren«, sagte der Vater fürsorglich zu mir. »Sie erschrickt dann gleich und zieht ihn zurück, weil sie Angst hat, wieder gestochen zu werden.« Wie sollte das kleine Mädchen auch wissen, dass die Menschen ihr niemals wehtun möchten? Ein Mensch, der auf Schmerz reagiert, nimmt sich wahr, er lebt. Was würde Anna noch alles wahrnehmen? Und trotzdem ging es nur noch darum, ihren Weg nicht unnötig zu verlängern, das Kind nicht länger gegen die Natur ankämpfen zu lassen – sondern es loszulassen.

Kurze Zeit später kam die Patin des Kindes hinzu. Genauso fassungslos. Genauso ohnmächtig. Die Patin hatte neben den Eltern und der Oma, die auch mit im Zimmer war, das innigste Verhältnis zu diesem Kind und hat immer gekämpft gegen das Unausweichliche.

Noch einmal sehr lange, sehr intensive Gespräche. Sollen wir? Dürfen wir? Müssen wir? Mit welchem Recht?

Der Vater brachte es auf den Punkt, man dürfe nicht an seinen eigenen Schmerz und seine Trauer denken – sondern müsse überlegen, was zu tun ist, und wo Argumente nicht mehr weiterhelfen, seinem Gefühl vertrauen, was zum Wohl des Kindes sei. Alles andere – alles müsse jetzt dahinter zurücktreten. Da dürfe man sich nicht verstecken.

Ich fragte mich, ob das Kind uns vielleicht hören kann, begreift, dass hier über sein Leben verhandelt wird? Wenn es so wäre, wäre es gut, denn es würde verstehen, wie sehr hier seine Eltern um sein Leben kämpfen, mit wie viel Verantwortung sie es tun und wie schwer sie es sich machen, diese eine Entscheidung für die Ewigkeit zu treffen.

Wenn einem der Zwang zu einer Entscheidung so plötzlich und unmittelbar entgegentritt, mit dieser ganzen Allmacht und Unabänderlichkeit auf einen einströmt, einen durchdringt, immer im Angesicht dieses kleinen Wesens, über das man verfügt, ein Wesen, welches mit weit aufgerissenen und doch blinden Augen ganz ruhig vor einem liegt, atmet und lebt – dann kann es einen umhauen. Mich hat es umgehauen. Vor diesem Kind zu stehen, das dir laufend eine Frage zu stellen scheint. Es sind alle Fragen der Welt, die hier an einem Punkt zu einer Frage zusammenlaufen – hineingelegt in diesen kleinen unschuldigen Körper eines Kindes: »Warum hast du mich verlassen?«

Wie oft hatte ich gepredigt, Gott sei kein Abgrund – und plötzlich stehe ich vor diesem Abgrund. Ich, der Priester. Du bist machtlos. Du, der immer denkt, du kannst alle Knoten lösen, und der völlig darauf vertraut, dass – wenn auch nicht gleich – sie sich von selbst lösen werden. Diese Machtlosigkeit zu spüren und mit dem gegenläufigen Wunsch, dennoch helfen und lindern zu wollen, und es nicht zu können, stößt dich in ein Wechselbad der Gefühle, in dem Sinne, dass ich überwältigt und berührt war, zwischen tiefer Ergriffenheit und, ja, ich muss es mir eingestehen, will ehrlich sein, wenn auch mit großem Zögern – auch plötzlich in Aufwallungen voller Wut, Zorn und Unverständnis auf meinen Gott. Weil er so achtlos war für das Leiden dieses Kindes, dass er nicht versteht, verstehen will, was er da anrichtet, und dieses Leid eines Kindes zulässt, das da schuldlos ausgeliefert in seinem Bettchen vor uns lag.

Ich bin dagestanden, habe zugehört, wie sie mit der Entscheidung gerungen haben, alle lebensverlängernden Maßnahmen einzustellen. Habe die Eltern angeschaut. Habe das Kind angeschaut in seinem ganzen Leid und gedacht: »Gott, wie kannst du nur! Was bist du bloß für ein ungerechter, unverschämter und brutaler Gott, dass du das zulassen kannst!« Ich wollte es herausplärren, so staute sich in mir die Wut, die Tränen. Was für eine Zumutung ist das für die Eltern, für das Kind … Gott, so darfst du doch nicht mit dem Leben umgehen, nicht mit diesen Menschen.

Da war eine heiße Welle der Verzweiflung, des Sich-Schämens wegen der eigenen Ohnmacht, den Eltern und, ja, auch mir selbst keine Lösung, keine Antworten anbieten zu können, in Gebeten kein Ziel zu finden, nicht die richtigen Worte und keinen Trost. Dort hilflos zu stehen, nichts machen und ändern zu können, hatte so viel Wut in mir aufgebaut, wie ich es ähnlich bisher nur einmal erlebt hatte, beim Tod meiner Mama, als ich die Treppen zu unserer Wohnung nach oben rannte in den dritten Stock und mit ansehen musste, wie man ihren Körper mit diesem wachsweißen Gesicht, das mir fremd und doch so vertraut erschien, in einem schwarzen Leichensack verschwinden ließ und den Reißverschluss zumachte. Das Geräusch steckt heute noch in mir drin! Alles war so brutal. So unmittelbar, dass ich nicht einmal die Kraft gefunden hatte, darum zu bitten, mich in Ruhe verabschieden zu können. Jetzt war genau dieses Gefühl wieder da. Und doch ganz anders. Als meine Mutter starb, war ich gerade mal 19 Jahre alt, in einem ganz anderen »Aggregatszustand« als heute, unerfahrener, unreifer, ein halbes Kind noch, meine erste direkte Begegnung mit dem Tod – ein Schockzustand. In den Jahren seither hatte ich sehr viele Menschen beim Sterben begleitet. Darunter auch Kinder, was immer ein sehr schwerer Gang ist. Jedes Sterben ist anders, individuell, wie die Menschen, um die es geht, jedes Mal bewegend, erschütternd, etwas Besonderes – für alle Angehörigen, wenn es gut geht, ohne Aufbäumen und Schmerz lebensweisend für alle, die es miterleben, wie es ist, wenn ein Mensch uns verlässt. Ich dachte immer, nichts könnte mich in meiner Seelsorge noch einmal so erschüttern. Und doch war es heute so weit. Das Ereignis ging für mich über alles hinaus, was ich bisher erlebt und gefühlt habe, wenn Menschen sterben und ich sie begleiten darf. Du kannst keine Worte des Trostes sprechen. Nichts kann hier trösten. Weil es in diesem Moment gar nichts mehr gibt, was nur irgendwie einen Sitz im Leben hätte und uns dorthin zurückführen könnte, jetzt im Angesicht des nahen Todes. Gar nichts. Da gibt es nichts mehr. Denn hier ist nur noch Übergang. Jeder weiß es. Jeder spürt den Schmerz. Es ist so weit. Abschied. Nichts zerreden, aus eigener Angst und Nervosität. Besser schweigen. Aufmerksam da sein. Den Moment einfach ankommen lassen. Denn hier ist nichts, was ihn aufhalten kann. Ich habe die ganze Zeit nur auf das Kind geschaut, wie es so unendlich ruhig und weise dalag, als hätte es seine eigene Entscheidung längst getroffen und geschwiegen. Und jetzt sollte ich das Kind taufen.

Nachdem alles an Gedanken wieder und wieder hin- und hergewendet worden war, ohne dass ein neuer hinzutrat, genau im richtigen Moment, als plötzlich Erschöpfung und Ruhe eintrat, weil alles beredet war, hat der Vater plötzlich entschlossen den Schlusspunkt zum Anfang des Unabänderlichen gesetzt und in diese Leere hineingerufen: »So – und jetzt wird getauft!«

Und allen war wohl dabei. Ich habe in den dreißig Jahren meines Priestertums sicher schon ein ganzes Dorf getauft, so oft taufe ich, und bei jedem Baby ist mir die Taufe immer ein Fest der Freude. Weil sie am Anfang eines hoffnungsvollen Lebens steht. Weil sich alle über die Ankunft dieses jungen Lebens freuen. Und dennoch habe ich noch nie so erfahren dürfen, welche Bedeutung, welche Bündigkeit diese einzelnen schlichten Elemente einer Taufe in ihrer ganzen Tiefe in sich bergen, als in sich sprechende Zeichen – weil hier die Taufe am Ende eines kurzen, scheinbar hoffnungslosen Lebens steht.

Bei dieser Nottaufe ging es darum, wie einem Flüchtenden schnell noch etwas Wichtiges mit auf den Weg zu geben, bevor er schon in Hut und Mantel für immer das Haus verlässt, ohne dass du ihn je wiedersehen wirst.

Andacht senkte sich ins Zimmer. Da war es nur noch ruhig. Man hörte lediglich das sanfte Röcheln des Kindes. Das war kein stöhnender, fiebriger, kein leidender Patient – es war ein blindes Kind mit weit geöffneten Augen und trotzdem ganz präsent. Hilflos. Regungslos. Hat nichts bezweckt. Nichts verlangt. Nicht angeklagt. Nichts.

In solchen kritischen Momenten, wo alles scheitern und gelingen kann, kannst du nur auf den 2.000 Jahre lang erprobten Taufritus und die Kraft des Sakramentes vertrauen, seine Segen und Trost spendende Wirkung – auf den Sterbenden und die Angehörigen –, und genau das tat ich jetzt. Es war alles improvisiert. Ganz einfach. Ich habe alles getan, was ich sonst auch bei jeder Taufe tue – aber eben in einer Art und Weise gebündelt, kompakt, in einer Essenz so hochkonzentriert und doch wirksam wie selten eine Taufe je zuvor.

Ich habe eine Kerze angezündet, die ich mitgebracht hatte, und in einen Plastikbecher gestellt, was das matt erleuchtete Zimmer mit seinem Blinken der Apparate in ein weihnachtliches Licht tauchte. Licht ist die Botschaft schlechthin, Gottes Licht und keine Finsternis. Fürchtet euch nicht. »Das ist die Botschaft, die wir von ihm gehört haben – und euch verkündigen –: Gott ist Licht und keine Finsternis ist in ihm.« Mein Primizspruch aus dem ersten Johannesbrief, wie ich ihn in diesem Moment selten so innig gefühlt habe.

Dann stelle ich das Chrisamöl für die Salbung auf das Tischchen und ein kleines Fläschchen mit Taufwasser. Jetzt war ich dran. Wirklich dran: Ich hob an zu sprechen, sah das Kind voll innerem Aufruhr an und irgendwie war alles anders als sonst bei Taufen, wenn mir quirlige kleine Kinder gebracht werden. Wie es so heilig, so still im gedämpften Licht des Zimmers dalag, war ich im nächsten Moment komplett gelähmt angesichts der Mächtigkeit dieses Augenblicks. Ich habe nicht mehr gekonnt. Ich habe keinen einzigen Ton herausgebracht. Wie damals, als ich in der Kirche in Giesing mit dem Rücken zur Gemeinde stand und meine Stimme verloren hatte, so wurde mir auch diesmal auf einen Schlag meine ganze Ohnmacht und Einsamkeit bewusst. Wie damals schnürte es mir die Kehle zu. Habe immer neu angesetzt und versucht, zu sprechen – das Taufritual auszuführen, die Segensgebete zu sprechen. Vergiss es. Und doch war etwas völlig anders. Damals ging es um mich. Hier ging es um ein Kind. Um Unschuld. Um Zweifel. Um Glauben. Und die Frage, was ist und was will Gott? Hier kannst du noch so laut beten. Hier ist wirklich die Deadline. Aus. Amen. Schluss. Hier gibt es kein Weiter mehr. Da ist eine Macht, gegen die du nicht bestehen kannst. Du spürst sie. Du kannst sie mit Händen greifen. Es ist da. Dieser Moment war eine Enthüllung, bei der mir schien, als könnte ich für einen kurzen Augenblick weit über die Grenze hinausschauen, die uns Menschen gesetzt ist, wenn es um den Übergang aus dem Leben in den Tod geht. Hier erlebte ich plötzlich ein Gefühl der grenzenlosen Offenbarung, die sich rational nicht fassen lässt, von der ich völlig erfüllt wurde. Eine derart unmittelbare Form der Gottesberührung, der Berührung mit seiner Schöpfung, die ich gar nicht näher beschreiben will – auch weil ich es angemessen gar nicht könnte.

Wenn es so ist, musst du schweigen. Deine Kraft sammeln. Deine Gedanken und deine Liebe konzentrieren. Auf das Kind. Auf das Ritual. Auf den Segen. Das Sakrament. Ich kniete mich vor das Kind, ging auf seine Augenhöhe, legte ihm meine Hände auf den Kopf zum Gebet, minutenlang, auf diesen kleinen, schwer atmenden Kopf, Sakramente musst du spüren. Eine Verbindung musst du spüren, den Heiligen Geist mit seinem Segen ankommen lassen. Die Zeit schien angehalten. Wir standen, saßen, knieten schweigend und mit geschlossenen Augen da, jeder mit seinen Wünschen und seinem Segen für das Kind. Ich spürte das Haar des Kindes in meinen Händen. Da war es wieder. Unterfranken, Lametta, die Segnung auf dem Bahnsteig, die Hoffnung, auch das Kind möchte es genauso spüren, die Wirkung verstehen, es ankommen lassen. Ich weiß nicht mehr, wie lange dieser Zustand so angehalten hat. Ich wollte, dass er nicht aufhört, fühlte irgendwie Ewigkeit. Der ganze Raum war jetzt Fülle. Die Anspannung war fort in einer Flut von Liebe. Es war angekommen. Jetzt, nachdem sich dieser unendlich aufscheinende Raum der Zeitlosigkeit wieder geschlossen hatte, war alle Last von mir genommen und jetzt erst konnte ich mit tränenerstickter Stimme den Namen des Kindes aussprechen und das Kreuz auf seine Stirn zeichnen: »Ich taufe dich. Christus hat dir das Leben geschenkt. Du hast uns die Freude gebracht und für diese Freude sagen wir dir unseren Dank.« Ich habe den Kopf des Kindes mit dem Taufwasser benetzt, das ich mitgebracht hatte. »Du brauchst keine Angst haben«, habe ich zu dem Kind gesagt. »Es gibt nichts Zärtlicheres als dieses geweihte Wasser! Es gibt nichts Zärtlicheres als solche Geschichten, die aus diesem geweihten Taufwasser kommen. Es gibt nichts Streichelnderes als dieses Wasser, das deinen Kopf sanft berührt und ganz sacht daran herunterläuft. Es ist Gott, der dich mit diesem Wasser liebkost und beschützen soll.« Sakramente musst du spüren. Ich habe dem Kind erzählt, wo das Wasser herkommt, wie ich das Wasser ein Jahr zuvor, in der Osternacht, der Nacht der Auferstehung, beim ersten Vollmond des Frühjahrs, im Schein der Osterkerze in unserem Gottesdienst geweiht hatte. Dass die Osterkerze die Finsternis erleuchten soll, als Zeichen der Hoffnung. Dass wir die Osterkerze in dieser Nacht in dieses Wasser gesenkt und es so geweiht hätten und meine Kerze hier in diesem Raum nun den Zauber der Osternacht mitbringen solle, das Geheimnis der Auferstehung. »Ich erzähle dir jetzt noch ein paar Geschichten«, habe ich zu dem Kind gesagt, »so wie Mami und Papi dir immer beim Schlafengehen Geschichten erzählen, damit du himmlisch ruhig schlafen kannst«, fuhr ich fort. »Geschichten von einem Gott, der dich lieb hat, der alle Menschen lieb hat, der die Menschen aus ihrer Gefangenschaft befreit, sie rettet, der immer für sie da ist, der sich ihnen zeigt, so wie er sich Jesus gezeigt hat bei der Taufe im Jordan, so wie er sich auch dir zeigen wird. Ein Gott, der Gräber öffnet und Dunkelheiten wieder hell macht. Daran soll dich das Licht dieser Kerze erinnern. Und das Licht soll dir leuchten, damit du deinen Weg findest. Und jetzt bekommst du das Chrisamöl«, habe ich zu dem Kind gesagt. »… ein gscheites Gschmackerl, das gut duftet, dich salbt und dich schützt, weil es nach der Überlieferung so duften soll wie Jesus Christus.«

Dann zündete ich das kleine Taufkerzlein im Plastikbecher an und zeigte es der kleinen Anna ganz nah. »Du hast uns so viel Licht und Liebe gebracht, kleines Mädchen. Du hast traurige und dunkle Herzen erleuchtet und Menschen mit so viel Nähe und deinem Dasein beschenkt …« Aus. Vorbei. Ich brachte keinen Ton mehr heraus. Ich war total verschlossen plötzlich, hätte nur noch losheulen können. Ich entdeckte in den weit geöffneten großen Augen des Mädchens das Spiegelbild der Flamme ihrer kleinen Taufkerze! Sofort war die Geschichte präsent von dem unschuldig Gefangenen im Kerker, der jahrzehntelang misshandelt und nur in absoluter Dunkelheit gehalten wurde. Dann plötzlich war ein neuer Wärter da. Er war freundlich, grüßte und lächelte, wenn er den Gefängnisfraß durch die Tür schob. Der Gefangene traute sich, ihn anzureden. Es entstand so etwas wie eine gute Beziehung. Eines Tages nahm er allen Mut zusammen und offenbarte ihm seinen größten Wunsch: Er möchte doch nur einmal wieder ein Licht sehen! »Das würdest du nicht ertragen und sofort erblinden nach den vielen Jahren totaler Dunkelheit. Deine Augen halten kein Licht mehr aus«, antwortete ihm gütig der freundliche Wärter. Der Gefangene war todtraurig. Sein größter Wunsch, der freundliche Wärter – und doch kein Geschenk. Eines Tages kam der Wärter wieder, betrat diesmal seine Zelle und setzte den Gefangenen auf einen Stuhl. Er setzte sich ihm gegenüber, sah ihn an und forderte ihn auf, ganz tief in seine Augen zu schauen. Langsam hob der Wärter dann von hinten eine still und beruhigend flackernde Kerze über seine Schulter und ihr Licht spiegelte sich in seinen Augen. »Siehst du das Licht in meinen Augen?«, fragte der Wärter den Gefangenen. »Es ist dein Licht! Lass es in dein Herz und in Deine Gedanken, dann wird es nie erlöschen!« – Der Gefangene konnte nichts sagen. Tränen liefen ihm übers Gesicht.

Dieses Licht sah ich auf einmal in den Augen der kleinen Anna. Es durchfuhr mich ein unglaublicher Schauer, eine Mischung aus Erschrecken und tiefster, inniger Freude. Ich spürte dieses Licht regelrecht.

In diesem Moment, in dem alles zusammenlief, was dich die Kraft eines Sakramentes spüren lässt, wurde mir plötzlich klar, dass ich die ganze Zeit das Kind mit seinem Namen angesprochen habe und was es doch bedeutet, einen Menschen gerade jetzt bei seiner Taufe bei seinem Namen nennen zu dürfen. Dem Namen, den ihm seine Eltern im Bewusstsein und als Zeichen ihrer Schöpfungsverantwortung gegeben hatten: Anna-Viktoria. Liebe Anna-Viktoria. Liebe. Ganz viel Liebe. Eine Wandlung war geschehen. Aufregung und innerer Frieden, alles war zusammen da. Ich wollte zusammenbrechen und gleichzeitig vor Freude aufspringen. Eine solche Urerfahrung hat mich noch nie so erwischt.

Als ich mich wieder etwas gefunden hatte, streichelte ich noch einmal den Kopf der kleinen Anna, zeichnete ihr ein kleines Kreuzzeichen auf die Stirn und streichelte ihre Wangen. Während ich so sprach, zog sich in einem Moment wie ein Lichtstreif ein sanftes Zucken um ihre Lippen, so wie ich es schon auf dem Video der Eltern gesehen hatte, als sie am Herzen des Vaters das Vibrieren der Musik wahrgenommen haben musste. Alle Anwesenden im Raum haben das gesehen. Jeder war dadurch berührt. Wir alle waren aufgelöst. Ich glaube, allen liefen Tränen über das Gesicht. Es war ein so heiliger und heilender Moment. Ein Abschied. Und eine Begrüßung. Diese Taufe war unheimlich. Unheimlich schmerzvoll. Unheimlich berührend und auf seltsame Weise unheimlich schön.

を

Bevor ich aus dem Zimmer gegangen bin, sagte ich zu den Eltern mit tränenerstickter Stimme: »Ich habe so einen Respekt vor euch! Ich kann meinen Respekt gar nicht in Worte fassen. Ich gehe und lasse euch hier zurück mit eurem Kind. Ehrfürchtig. Wie im Stall in Bethlehem, so kommt es mir vor – so einen Respekt habe ich. Vor eurer Anna. Vor euch. Vor diesem Moment. Vor dem, was wir hier gemeinsam erlebt haben und hoffentlich in der Erinnerung bewahren und weitertragen.«

»Ephata« heißt es beim Sakrament der Taufe: »Werde aufgetan!« Das heißt aber nicht: ich öffne dich!, sondern: »Öffne du dich!« Damit beginnt mein christliches Leben. Mit diesem Ruf: Öffne dich.

Wenn ich die dreißig Jahre Erfahrung und Erleben meiner Priesterschaft in einem Punkt bündeln sollte, was für mich den Sinn ausmacht, dann war dies der Höhepunkt – als Mensch, als Priester, als Seelsorger – in meiner Demut diesen Eltern gegenüber und in der Erkenntnis meiner Glaubensgewissheit – meiner Bestimmung.

Während die Eltern ganz ruhig geblieben waren, war ich nicht aus meiner Ambivalenz herausgekommen, dem Hin- und Hergerissensein zwischen meinen Gefühlen aus Verzweiflung und Wut, der Anklage gegen Gott. Dieses Nicht-verstehen-Können, warum Gott das alles diesen Eltern und ihrem Kind antut, und auf der anderen Seite dann im Weiteren das Sich-Fügen in das Unabänderliche, um so Platz zu schaffen und dadurch Demut und Liebe erfahren zu können, mit der am Ende die in Gewissheit übergehenden Hoffnung, dass alles irgendwie und irgendwann einen Sinn macht, so wie es geschieht, selbst wenn wir ihn nicht gleich erkennen mögen. Dieses dankbare Gewahrwerden von etwas, das hinter all dem Unabänderlichen steht, das hier in diesem Moment geschieht, wenn wir nur begreifen können: Du bist nie allein! Weil er uns nie alleinlassen wird. Weil er uns nie alleingelassen hat von Anbeginn.

Auf der einen Seite habe ich mich erfahren als jemand, der Gott ganz stark anklagt, wie noch nie zuvor: »Wie kannst du nur!« Diese Wut, dass es gerade diese Menschen und dieses Kind trifft, habe ich an diesem Abend, bei dieser Nottaufe in voller Wucht abbekommen. Auf der anderen Seite stehe ich da in diesem Sterbezimmer und habe lauter heilige Menschen um mich herum: die Eltern, die Patin, die Oma und Anna, die sich der Herausforderung dieses Leids stellen, die jedem betroffenen Menschen alles abverlangt, ohne Empörung und ohne jede Wut mit dieser unvergleichlichen Würde so konzentriert und bewusst, und über sich hinauswachsen, weil sie gewappnet sind nur mit dem einen und einzigen, was in solchen Augenblicken des Lebens hilft: der bedingungslosen Liebe zu ihrem Kind.

Ich, der immer dachte, ich wüsste alles, wenn es ans Sterben geht, erlebte mit, wie die Eltern diese unerklärbare dunkle Macht des Todes annahmen und allein durch ihre Ruhe und durch ihre Güte selbst ein Schwergewicht wie mich in meinem Sturz in Wut und Verzweiflung auffangen und sanft abfedern konnten wie das Netz unter einem Trapez. Das war nichts anderes als unendliches Vertrauen und Barmherzigkeit.

Die Erfahrung, wie diese Menschen in einer solchen Extremsituation mit der Zumutung des Todes bestehen, hat in mir unendliche Demut und unendlichen Respekt hervorgerufen. Ich war so dankbar dafür, dass ich ein Elternpaar erleben durfte, das sich nicht verliert, nicht streitet, zetert, klagt, lamentiert, sich Vorwürfe macht – sondern noch enger zusammensteht, um das Kommende gemeinsam durchzustehen. Eltern, die, egal was kommt, immer noch diese Kraft finden, um ihre Zuversicht nicht zu verlieren. Ihre Stärke, sich gegenseitig zu verschenken, um das Leben zu leben, das ihnen gegeben wurde, und sich auch durch ihren Glauben so derart überzeugend auszudrücken vermögen, was ihre Einstellung zum Leben und zum Menschsein ist.

Als ich endlich draußen vor der Tür stand, war ich innerlich völlig aufgelöst. Ich war diesen Abend und den ganzen nächsten Tag nicht mehr ansprechbar – in einem der Wirklichkeit völlig enthobenen Schwebezustand. Nicht apathisch, nicht erschöpft angesichts der mentalen Beanspruchung – ich war voll, auf den Punkt konzentriert, innerlich so aufgedreht, dass ich sofort einen Marathon hätte laufen können, vollkommen überwältigt von einer Gewissheit, die mich den Rest meines Lebens begleiten wird. Ich habe gebetet und geweint um dieses Kind, so sehr blieb ich in meinen Gedanken in diesem kleinen Zimmer, bei diesen wunderbaren Menschen, von denen ich noch einmal sehr viel gelernt habe – auch, was Pflichterfüllung, Glauben und Bestimmung des Menschen ist.

Während drinnen das Ringen dieses kleinen Wesens weiter fortschreiten würde, würde ich gehen, als wäre nichts gewesen, vielleicht noch meine normalen Tagesgeschäfte wieder aufnehmen. Das alles erschien mir völlig surreal, als ich am nächsten Morgen wieder am Schreibtisch meines Pfarrbüros saß. Ich habe Kaffee getrunken und nicht gemerkt, dass ich Kaffee trinke. Ich habe Schriftverkehr erledigt und nicht gewusst, was ich da lese. Ich hätte meinen Namen nicht sagen können, wenn mich jemand angesprochen hätte. So weit weg war ich hier. Und doch noch so nah an allem dran, an dem Ort, den ich eben verlassen hatte. Wie hatte doch Annas Mutter mal gesagt: »Man fragt sich schon, warum einem der liebe Gott ein solches Schicksal aufbürdet. Haben wir was angestellt? Sind wir solche Sünder? Aber irgendwann fügt man sich.« – »Nein«, hab ich ihr damals geantwortet, »hier geht's nicht um Schuld. Das einzig richtige Wort, das zutrifft, heißt Bestimmung.« Nichts in unserem Leben ist zufällig und nichts wird fremdgesteuert. Aber alles, was mit uns geschieht, hat eine Bedeutung für mich. Nichts lässt uns unberührt. Alles, was jetzt und hier passiert, gehört zu mir. »Die kleine Anna-Viktoria ist eure Bestimmung!«

Selbst im Angesicht solcher Bestimmungen regiert die Verwaltung weiter, es gibt kein Innehalten, du musst mit Formularen hantieren, Taufscheinen, Familienbuch, Stempeln und Bestätigungen, ob jemand Taufzeuge oder Taufpate machen darf, Sitzungen, Reparaturen, Förderantrag. Kirchenaustritt. Wenn die Menschheit mal irgendwann durch einen Kometeneinschlag ausgelöscht werden sollte, weiß ich, nicht nur Ratten und Kakerlaken überleben das Inferno, wie nach den Atomtests der Amerikaner im Bikini-Atoll – sondern auch Verwaltung, Katechismus, Registratur, Ordinariat und Finanzämter werden überleben. Alle als stumme Zeugen, dass hier einmal Leben auf der Erde war. Ich saß kaum hinterm Schreibtisch, hatte noch keinen Schluck von meinem geliebten Kaffee genommen und schon ging es wieder los. Es saß ein Vater vor mir, den sein Pfarrer mehr oder weniger aus dem Pfarramt geworfen hatte, weil er für eine Taufe nach Weihnachten angefragt hatte. Zwischen den Jahren werde nicht getauft, hatte man dem Vater beschieden. Dabei wären, so die Bitte des Vaters, gerade dann all seine weit verstreuten Verwandten zum Weihnachtsfest angereist. Dienst nach Vorschrift und Öffnungszeiten wie auf dem Amt und keinerlei Empathie für die Bedürfnisse der Menschen? Und ich dachte: Wo sind wir denn hier? Wo ist die Fußwaschung. Die Hühneraugenhöhe?

Wie seicht erschien mir unser Alltag, vollgestopft mit all den angeblichen Sorgen, Scheinproblemen, diesem ganzen Aufruhr an täglichen Nichtigkeiten, abgestempelt, beurkundet und abgelegt in Ordnern, den ewigen Ärgernissen, die Aufregung über alles und jeden. Hallo? Leben wir noch oder sterben wir schon? Warum nur ist das so?

Wir machen uns wichtig auf einer Oberfläche, die von keinerlei Belang ist bei etwas so derart Essenziellem wie kurz vorher erlebt. Etwas, das auf einer ganz anderen Ebene wirkt, auf vier Quadratmetern im Schein einer Kerze in einem Plastikbecher, wenigen Tropfen geweihten Wassers und einer Salbung, so wie bei diesem Abschied.

Warum holt uns das Grundrauschen des Banalen immer wieder ein, bis es schließlich alles Tiefgründige und Lebensfrohe übertönt? Weil wir mitten im Leben so wenig Bewusstsein haben, auf den Übergang zu schauen vom Leben zum Tod. Weil wir im Alltag ertrinken und keine Luft mehr finden, nicht genügend Zeit und Raum, uns auf das zu konzentrieren, was wirklich wichtig ist im Leben.

Wer sich mal damit beschäftigt, was sterbende Menschen am meisten bedauern und was sie dir raten, es anders zu machen, bevor ihr irdisches Dasein zu Ende geht und es zu spät ist, dann hört man so oft immer dasselbe, nämlich das eigentliche Leben nicht gelebt zu haben, welches sie sich gewünscht hätten. Dass sie nie den Mut gefunden hätten, ihren Traum zu leben. Der zweite Rat ist, seine Lebenszeit als kostbar einzuschätzen und gut damit umzugehen. Weniger zu arbeiten und mehr Zeit mit Freunden und der Familie, seinen Kindern und draußen in der Natur zu verbringen und seine Lebenszeit nicht länger gegen kaltes Geld zu tauschen, sondern fragen, ob du schöne Erinnerungen bei den Menschen hinterlässt, die dich lieben oder Leere. Ein weiterer Rat ist, auf sein Herz zu hören und seinen Gefühlen Ausdruck zu geben, weil es krank macht, seine

Gefühle zu unterdrücken und in einen Zustand zu kommen, der dich sterben lässt. Fast alle wünschen sich, sie hätten sich erlaubt, glücklicher zu leben. Ein Arzt in Australien, Dr. Alastair McAlpine, der auf einer Palliativstation für Kinder arbeitet, hat in einer bewegenden Botschaft die Wünsche sterbender Kinder so zusammengefasst: »Seid freundlich, lest mehr Bücher, verbringt Zeit mit eurer Familie, reißt Witze, geht an den Strand, knuddelt euren Hund und sagt dieser einen Person, dass ihr sie liebt.« Das seien die Dinge, welche die todkranken Kinder gern häufiger getan hätten. Die Zeit mit ihrer Familie sei ihnen das Wichtigste gewesen: »Mama und Papa sind die Besten. Niemand liebt mich so wie Mami.« Der Rest sei Nebensache. Um nachzusetzen: »Oh ... und esst mehr Eiscreme.« Es ist und bleibt, mein Standardsatz: Es gibt keine größere Sünde als das ungelebte Leben!

Aus einer Euphorie angesichts dieser Erkenntnis beschloss ich, mich nie wieder von diesem ganzen kleinteiligen Mist aufsaugen und mir das Leben verleiden zu lassen. Wenn jetzt irgendjemand in diesem Moment auf mich zugekommen wäre, um mir mitzuteilen, ich selbst hätte nur noch kurze Zeit zu leben, weil ich sterbenskrank wäre, dann hätte ich gesagt: »Na und? Vergiss es doch – es ist völlig wurscht.« Ich weiß jetzt gewiss, wie meine Geschichte, wie die Geschichte von uns allen weitergeht. Sie ist nicht zu Ende. Der Tod ist nur ein Übergang. Es ist gewiss. Ich habe das alles heute bei einer Taufe erlebt. »Kauf dir einen Dauerlutscher und freu dich!« scherzen in solchen Momenten gerne meine Jugendlichen um mich herum, vor allem wenn jemand sie mit Banalitäten aufhalten will oder etwas einfach nur überflüssig ist in ihren Augen. Ich schnappte mir Phili und ging an die Isar, um mich auszulüften.

Am Abend war ich zum Essen eingeladen, saß mit Freunden am Tisch und wie froh war ich, nicht alleine in meiner ach so geliebten Dienstwohnung sitzen zu müssen, sondern das Erlebte mit anderen Menschen teilen zu dürfen. Es war ein sehr bewegender Tag, der sich in einem intensiven Gespräch noch bis in die frühen Morgen hingezogen hat.

Der Vater hat sich später bedankt, auch im Namen der Mutter, für diese innige und sehr berührende Taufe, die zugleich der Abschied von ihrer Tochter war. Ich habe ihm zurückgeschrieben, dass es für mich die emotionalste Taufe in meinen dreißig Priesterjahren gewesen sei. Dass ich dreißig Jahre auf diesen Moment warten musste, »bis mir Ihr Kind, einfach weil es da war, mehr über meinen Glauben, über die Schöpfung und Gott übermittelt hat, als ich es jemals durch Hunderte von Predigten anderen Menschen erfahrbar machen könnte«. Kein Tod sei sinnlos, der solche Erfahrungen schenkt, an denen wir uns selbst messen können. Ich wäre voller Dankbarkeit für das Geschenk dieser Begegnung und hätte sehr viel erfahren, was Gottesgewissheit wirklich ist, über den Sinn meines Glaubens, den Sinn meiner Arbeit, die meine Bestimmung ist. In einem uns so sinnlos erscheinenden Sterben so viel geschenkt zu bekommen, kann doch nur bedeuten, dass der Tod niemals sinnlos ist. Ich bin diesen Eltern für diese Erfahrung sehr, sehr dankbar.

Als ich das Krankenhaus verließ, hatte ich zum Abschied gebeten, die Eltern sollten mich bitte unterrichten, wie es weitergeht, und ihnen weitere Hilfe angeboten. Zwei Tage später summte es in meiner Tasche, mitten im Gottesdienst, die Nachricht des Vaters an alle, aus der Erleichterung spürbar war: »Kurz nach Mitternacht ist unsere Tochter von uns gegangen. Sie durfte friedlich in unseren Armen einschlafen.« In einem Abschiedsbrief haben die Eltern ihrer Anna-Viktoria, die am Valentinstag 2013 geboren worden war, noch einmal ihre ganze Liebe mitgegeben, ihre Achtung und Wertschätzung vor diesem kleinen Wesen, das nur so kurz hier Gast auf Erden war, zum Ausdruck gebracht, aus dem ich hier in Auszügen, mit dem ausdrücklichen Wunsch und dem Einverständnis der Eltern zitiere:

Unsere liebe Tochter!
Du hast uns vieles gelehrt. Welche Dinge im Leben wirklich wichtig sind beispielsweise. Familienglück hatten wir mit Dir, Du konntest beispielsweise kuscheln wie niemand anderes. Tanzen fandest Du toll, und schaukeln. Und planschen, zumindest wenn das Wasser schön warm war.

Du hast uns Geduld beigebracht. Wir beide waren zuvor buchstäblich auf der Überholspur unterwegs, hatten unsere Blinker links gesetzt. Du hast uns gelehrt, dass man sich für alle Dinge so viel Zeit nehmen muss, wie diese Dinge eben benötigen. Egal, ob ein wichtiger Termin ansteht, das Telefon klingelt oder sonst was.

Und Du hast uns gelehrt, dass man nicht von außen über Menschen urteilen kann, die sich in Situationen befinden, in denen man sich selbst noch nie befand. Und auch wenn, die Entscheidung des einen muss für den anderen in der gleichen Situation nicht richtig sein.

Als Du krank wurdest, oder vielmehr, als wir bemerkten, dass Du krank bist, haben wir Dir einen Hund versprochen, sobald Du wieder gesund bist. Als wir dann wussten, dass Du keine Chance auf Heilung hast, hast Du Deinen Hund erst recht zum Trost bekommen, quasi als Therapiehund. Ein wundervoller Hund, der letztendlich uns gleich mit-therapiert hat. Mozart, so heißt er, ist die letzten Tage nicht mehr von Deiner Seite gewichen.

Es war Deine Bestimmung, zu uns zu kommen – Du hattest von Anfang an auf Dauer keine Chance im Leben und bekamst von uns dennoch Liebe und Zuwendung (…) Und uns warst Du auch bestimmt, Dich musste man einfach lieben! Wer Dich kennenlernen durfte, den hast Du sofort in Deinen Bann gezogen.

Unglücklich hast Du uns ganz sicher nicht gemacht. Wir hatten ganz viele glückliche Momente mit Dir!

Für uns beginnt nun ein neuer Abschnitt, eine neue Herausforderung. Bitte begleite uns auf diesem Weg, bleibe bei uns, zeige uns weiterhin, dass es mehr gibt auf dieser Welt als nur das, was wir sehen, was wir hören, was wir spüren können.

In unendlich tiefer Liebe. Deine Eltern

Hund »Mozart« hat Anna-Viktoria auch auf ihrem letzten Weg begleiten dürfen, als wir uns alle von Anna-Viktoria kurz vor Weihnachten mit vielen, vielen Freunden der Familie in einer wunderbar ehrlichen und anrührenden Feier verabschiedet haben. Entgegen deutscher Friedhofsverordnung durfte der Familienhund »Mozart«

mit zum Grab gehen. Er war Anna nie von der Seite gewichen. Er musste einfach dabei sein. In unserer Mitte stand der kleine weiße, bunt bemalte Kindersarg, darin dieses kleine Wesen, das uns so ungeheuer viel Weisheit beschert hat. Wie das Weizenkorn im Gleichnis, das in die Erde fällt und sterben muss, um reiche Frucht zu bringen, haben wir den Sarg in die geweihte Erde hinabgesenkt. Es war eine große lange und irgendwie ganz laut sprechende Stille, in die wir in diesem Moment eintauchten. – Liebe Anna-Viktoria, du bist zu Hause. Mach's gut beim lieben Gott!

*

An all das dachte ich ganz besonders, als ich mich nun auf die großen Kar- und Ostergottesdienste vorbereitet habe. Sich an Gott zu halten, dazu lädt uns Ostern ein. Ostern ist das Fest der Wandlung. Nirgendwo im Kirchenjahr sonst liegen tiefste Trauer wie am Karfreitag und höchste Freude am Ostermorgen so dicht zusammen. Das Fest der Auferstehung und der Ruf an alle Jünger »Fürchtet euch nicht!«, sie sind die Grundbotschaft unseres Glaubens. Die christliche Verkündigung wäre irgendwo versandet wie viele andere Denkrichtungen der damaligen Zeit ohne diese alles sprengende Auferstehungsnachricht. Wieder würde ich die Osterkerze am Osterfeuer vor der Kirche in der Dunkelheit der Nacht anzünden und diesmal noch bewusster, im Gedenken an die kleine Anna-Viktoria, aber auch für alle Verstorbenen und als Zeichen für die trauernden Angehörigen ihr Licht gegen die Finsternis setzen, um sie dann bei der Taufwasserweihe in das Becken mit dem Weihwasser tauchen, in der ersten Vollmondnacht des Frühlings. Diese spirituelle Botschaft zu erfahren, daran teilzuhaben, dazu lädt das feierliche Glockengeläut die Gläubigen beim Gloria früh am Morgen zu noch nachtschlafender Zeit ein. Erst ab sechs Uhr! Sagt das Bundesemissionsschutzgesetz, denn auch der Klang der Glocken gilt seltsamerweise als weltliche Emission von Lärm – auch an Feiertagen wie Ostern ist es so. Ein Emissionsschutzgesetz für das Geläut von Kirchenglocken gab es die vergangenen 2000 Jahre auch nicht. Und trotzdem: auch mit dieser Wandlung der

Moderne haben wir umzugehen. Und wir schaffen das. Ostern ist das Fest des Lichts – der Übergang aus dem bedrohlichen Dunkel des Winters in das Helle, Lebensbejahende des Frühlings.

Der Klang der Glocken in der Osternacht ganz früh morgens ist für mich aus all diesen Gründen der Klang der Hoffnung, dass es etwas gibt, dessen Werte wie Barmherzigkeit und Frieden es wachzuhalten gilt genau wie die grenzenlose Liebe zur Schöpfung, die bedingungslose Liebe der Eltern zu ihrem Kind als auch die unbedingte Liebe Gottes für uns Menschen. Ein wohltönender Klang, der uns erinnern soll, um der Menschheit und der Schöpfung willen, dass es eine Heimat gibt, die in meinem Leben auch nach meinem Tod Bestand hat, das Ziel, auf das ich unaufhaltsam zustrebe seit dem Moment, als ich gezeugt wurde. Das Leben ist keine Krankheit, die unabänderlich zum Tode führt. Das Leben hat ein Ziel. Früher oder später erreichen wir es. Wir wissen nicht wann. Wir wissen nur – mit tödlicher Sicherheit – DASS. »Wir haben diesen kostbaren Schatz, der uns anvertraut ist, nur in zerbrechlichem Gefäße, denn es soll deutlich werden, dass die alles überragende Kraft, die in unserem Leben wirksam ist, Gottes Kraft ist – und nicht aus uns selbst kommt«, heißt es im zweiten Brief an die Korinther (2 Kor 4,6ff.). Das ist das, woran ich glaube. In einer Welt so vieler Veränderungen und Krisen, so vieler Herausforderungen, Versuchungen für Irrwege, aber auch so vieler Chancen für die Zukunft brauchen wir mehr als nur Lehren und Ideologien. Wir brauchen diesen Geist. Starren wir nicht ständig auf das, was früher war, stehen wir nicht still im Vergangenen. »Ich«, sagt Gott, »mache einen neuen Anfang. Schon hat es begonnen, merkst du es nicht?« (Jes 43,19).

Am Ostersonntag früh um 5 Uhr versammeln wir uns traditionell auf den Treppenstufen von Sankt Max. Es ist still und in der Sakristei herrschen noch Müdigkeit und Konzentration zugleich, um für den wichtigsten Tag des Kirchenjahres und unseres Glaubens vorbereitet zu sein. Denn die Ereignisse, an die wir uns Ostern erinnern, sind elementar und berühren sämtliche Grundfesten unseres Seins: Es geht um Tod und Auferstehung. Werden sie auch in diesem Jahr noch da sein? Ich komme – und – sie sind da. Es gibt uns noch. Zwei-, dreihundert Menschen stehen eng gedrängt und doch ganz still vor dem Hauptportal von Sankt Max, so früh, um diesen Morgen gemeinsam zu erleben, damit wir uns spirituell erneuern, unseren Glauben und unser Leben. Im Park mit dem schönen alten Baumbestand vor dem Haupteingang von Sankt Max geht es leider nicht, das ist öffentlicher Grund und »Baumschutzbestandsgebiet«. Ich müsste »Ostern« in diesem überregulierten Land extra als »konfessionelle Sonderveranstaltung« anmelden und auch feuerpolizeilich genehmigen lassen, bräuchte Sanitäter und Security und eine Straßenabsperrung, also auch die Polizei. In unserer Mitte flackert das Osterfeuer, um dessen Licht und Wärme wir uns in tiefer Dunkelheit sammeln. Das geht auch auf den Treppenstufen. Vielleicht etwas unbequemer, aber es geht. Und es ist ja auch ein Bild, wenn in finsteren Zeiten Menschen direkt vor ihrer Kirche und um ein kleines Feuer und eine große Kerze herum eng zusammenrücken. Manche Autos auf der Hauptstraße bremsen schon, schauen, was da los sein mag bei diesem Menschenauflauf. Das Sehnsuchtsziel an diesem frühen Morgen ist, die Geschichte jener Osternacht, Tod und Auferstehung, für jeden erlebbar zu machen, die Menschen zu den Wurzeln des Rätsels ihres Seins zu führen und ihren Glauben zu erneuern durch das Wunder, das wir gemeinsam durchleben wollen. Auf einem Esel ritt die Liebe Gottes am Palmsonntag eine Woche zuvor nach Jerusalem. Tiefe, unendliche und allumfassende, nachdenkliche Liebe. Immer wieder hat sie sich gezeigt in dieser Woche. Am Gründonnerstag mit der Geste der Demut bei der Fußwaschung, auf Hühneraugenhöhe mit den Gläubigen, und im heiligen Mahl. Dann die Kreuzigung am Karfreitag und der Tod. Ihm ging es um den Menschen. Ihm ging es immer um die Liebe Gottes zu den Menschen. Der Mensch ist seine Mission. Es gibt nichts, was er nicht ganz genau weiß. Es gibt niemanden, dem er nicht mit seiner ganzen Liebe zugetan ist. Mir wurde wenige Tage zuvor, am Palmsonntag, bewusst, dass er auch mich sieht mit all meinem Müll und Frust, der sich im Alltag ansammelt, Wut und Ärger, mit meiner ganzen Schuld und all dem, was nur er und vielleicht ich wissen … und dass er mich trotzdem von ganzem Herzen liebt, mir gnädig ist und sich meiner erbarmt. Er sitzt auf diesem Esel, reitet an mir vorbei und nimmt mich doch wahr, schaut mich an und nimmt mich mit. Dich auch.

Die Karwoche ist ein Hindurchgehen durch Verrat, Egoismus, Eitelkeit, Folter, Kreuzigung und Tod – eben durch alles, was menschliche Abgründe so bereithalten. Die Endlichkeitserfahrung und gleichzeitig die Unendlichkeitserfahrung, die uns diese Nacht auf Ostern ermöglichen wird, soll ein Aufbruchspunkt sein, in dem sich ganz entscheidend die volle Dimension der frohen Botschaft in drei kurzen Wörtern manifestiert, die lautet: »Fürchtet euch nicht!« Es gibt meines Wissens keine zweite Religion, die ihren Gläubigen so viel Vertrauen abverlangt und es ihnen so leicht macht, auch Vertrauen zu geben. Die völlig im Dunkeln liegende Kirche hinter uns symbolisiert das Grab Jesu Christi. In der Kirche muss es jetzt möglichst dunkel sein, um später die ganze Lichtsymbolik der Kerzen, des angestrahlten Altars, den Wechsel aus der Dunkelheit ins Licht so überwältigend wie möglich erfahren zu können. Wenn alle versammelt sind, ziehen wir mit der einzigen Lichtquelle, der Osterkerze, das Hauptportal hinauf, ganz zaghaft erklimmen wir die letzten Stufen und klopfen dreimal an das Tor, begehren Einlass und singen dreimal das Lumen Christi, um seine Auferstehung zu erleben: Wir machen sein Grab auf. Aber wir trauen uns zunächst noch nicht hinein, wir haben ganz einfach Angst vor der Dunkelheit und dem Tod. Aber dann an diesem Ostermorgen endlich geht die Osterkerze voran.

Wir folgen ihrem Licht und trauen uns hinein in unseren Tod, gehen voller Ehrfurcht durch den Eingang der Kirche in die ewig scheinende Finsternis. So nähern wir uns Schritt für Schritt der Osterkerze folgend dem Grab. Ihr einsames Licht in der Dunkelheit steht für Jesus Christus, unseren Glauben, unsere Werte – das, wofür wir einstehen, und das, warum wir uns als Gemeinde versammelt haben. In aller Stille, drei Mal unterbrochen vom Ruf des Priesters »Lumen Christi«. Ganz hoch hält er die Osterkerze, jeder soll es sehen: Hier findet Auferstehung statt! »Deo gratias« antworten die Menschen: »Gott sei Dank!« Auferstehung! Jetzt sind wir schon etwas mutiger geworden und zünden unsere Kerzen an der Osterkerze an. Jeder gibt sein Licht als Zeichen der Liebe und des Friedens an den Nachbarn neben ihm weiter, bis in der Kirche ein ganzes Lichtermeer feierlich die Gesichter erleuchtet. Tastend sind sie wie Schatten in die Bänke hineingerutscht. Auch trotz der vielen Lichter ist es noch duster; manchmal erkennt man den Nachbarn nicht einmal. Trotzdem machen wir kein elektrisches Licht an, nirgendwo, damit alle durch Lichtsymbolik den Übergang erfahren. Es ist Punkt sechs Uhr und pünktlich zum Gloria setzt das Läuten der Glocken ein, mächtig, voll der Klang, was die beiden Türme von Sankt Max mit ihren sechs mächtigen, tonnenschweren Glocken hergeben. Ein strahlendes Licht durchdringt mit dem Klang das ganze Kirchenschiff, erleuchtet den Altar. Die Glocken läuten gerade mal 3–4 Minuten. Und wie ich auf meine Gemeinde schaue, wie hingebungsvoll und ergriffen wir alle gemeinsam in diesem perfekten Augenblick im Glauben sind, wie es uns mit aller Macht davonträgt, dieses Hochgefühl unendlichen Trostes, als ich gerade so völlig aufgehe in diesem Ostertraum und im Schwung des mächtigen Geläuts gerade so vollkommen die Nähe Gottes erlebe, genau da brummt und vibriert wütend unter meinem Talar mein iPhone: »Jessas, Maria und Josef.« Ich weiß es genau, das kann nur ein Glockenfeind sein. Ich brauche gar nicht draufschauen. Während des Gottesdienstes brummt es weiter. »Klingeln stört während der Predigt, aber Vibrieren im Hosensackerl«, denke ich grimmig, »dann muss ich es halt genießen. Mich bekommst du nicht klein.« Wieder und wieder ruft er an. Es folgt der Brummton einer wütenden SMS. Ich kann es nicht ignorieren und protokolliere: Es ist 6:10 Uhr. Ich ziehe verstohlen das Handy aus der Tasche, es könnte ja doch um Leben und Tod gehen, wie in meinem Beruf nicht unüblich, und lese die erste SMS im Osterfrieden, ob ich noch alle Tassen im Schrank hätte, um diese gotterbärmliche Zeit zu läuten? Genau, denke ich: Herr Erbarme dich! Während der Gabenvorbereitung simse ich voll auf österliche Milde gestimmt: »Hallo, es ist Ostern! Es ist jemand auferstanden. Alles Gute, frohe Ostern, lieber Nachbar!« Es ist 6:30 Uhr. Das mit dem »auferstanden« hätte ich mir besser sparen sollen, bei diesem um seinen Schlaf gebrachten Zeitgenossen. Denn er steht wirklich senkrecht im Bett. Und ich bekomme noch weitere SMS, die man in einem Comic-Heftchen mit Totenköpfen, Teufelchen, Blitzen, geballten Fäusten und lodernden Flammen, Himmel und Hölle übersetzen würde. Obwohl es erlaubt ist zu läuten. Ich hätte ja nichts gesagt, wenn wir früher dran gewesen wären. Aber um kurz nach sechs ist kurz nach sechs. Und nicht nur Gott, meine Gemeinde – sondern auch das Gesetz weiß ich auf meiner Seite. Ab sechs Uhr darf ich läuten! Und nichts soll mich weiter in meiner Oster-Andacht stören. Ich schalte das Handy aus. Aber ich schwöre dir, du Spielverderber: Nein, ich werde nicht still sein. Nein, ich werde mich nicht beugen. Nein, ich werde laut sein in dieser Zeit, die nichts mehr braucht als eine Rückbesinnung auf das, was uns frei macht, was uns belastet und wegmuss. All die falschen Ziele, denen wir, wie elektrifiziert an Drähten baumelnd, gepeitscht von Stromschlägen, verzweifelt folgen, um sie doch nie zu erreichen, bewusst zu machen, was unser Menschsein wirklich ausmacht, was uns Mut gibt, erfüllt zu leben, was uns hoffen, glauben, lieben lässt, so, dass alles gut wird. Denn mein Glaube ist, dass es so ist und nicht anders.

Am Ende der Liturgie kommt die Speisenweihe. Denn jetzt ist die Fastenzeit vorbei. Die Speise, die wir segnen, sind nicht reserviert für einen sakralen Raum, wo alles nach und nach sinnlos vergammeln würde wie in den Containern hinter den Supermärkten unserer Wegwerfgesellschaft. Nein, was geweiht ist an Speisen, muss hinaus in unsere Lebenshäuser. Unsere Küchen, die Ess- und Wohnzimmer, die Gaststätten müssen zu Auferstehungsräumen werden, in die der Glanz unserer Feier weitergetragen wird. Das erzähle ich der Gemeinde. Und ende mit dem Spruch: »Im Waisenhaus gibt's Speisenwein, bis endlich alle Waisen spei'n.« Und weil wir eine frohe Botschaft verkünden und Lachen die beste Medizin ist und Lachen verbindet, gibt es auch noch einen g'scheiten Osterwitz. Es ist Zeit fürs »risus paschalis«, fürs Ostergelächter. Als alter Löwen-Fan muss er natürlich auch darüber gehen: Kommt eine Fee zu einem Mann und sagt: »Du hast sofort einen Wunsch frei!« Sagt der Mann: »Dann wünsche ich mir Unsterblichkeit.« Darauf sagt die Fee: »Das tut mir leid, aber diesen Wunsch kann ich dir leider nicht erfüllen.« Der Mann überlegt und überlegt, sagt dann nach einer plötzlichen Eingebung: »Passt schon! Dann wünsche ich mir lieber, dass mein TSV 1860 wieder in die 1. Bundesliga aufsteigen soll und Deutscher Meister wird!« Darauf die Fee zu ihm: »Du raffinierte Sau!« Und schon lachen endlich alle, löst sich die Anspannung der vergangenen drei Stunden. Ich muss doch schauen, dass ich die Menschen nicht mit einer völlig überhöhten Liturgie überfordere vor lauter Ernst. Ich will, dass die Menschen mit einem Lachen aus meiner Kirche gehen. Schließlich geht es um Auferstehung – den Neuanfang. Und das ist ein Grund zur Freude, und kein Grund, den Kopf zu senken wie eine Trauerweide.

Alle Anwesenden sollen ein Stück dieses Erlebnisses mit nach Hause nehmen und die Botschaft des Lichts weitertragen, indem sie erzählen und berichten von diesem Ostermorgen, im Schein ihrer Osterkerze, die sie an diesem Morgen angezündet haben und deren Licht zu Hause weiterbrennt. Wenn wir am Schluss beim Hinausgehen deshalb an jeden Besucher die Ostereier verteilen, sehe ich nämlich so viele, die vielleicht nur zwei- oder dreimal im Jahr zu uns in die Kirche kommen. Aber ich rechne nicht. Denn sie sind da. Und sie sind freiwillig gekommen. Diese Menschen sagen mir später oft, sie zehrten von der Symbolik solcher Festgottesdienste das ganze Jahr über, aktivierten die Erinnerung daran, wenn es mal nicht so laufe, und lebten von der Symbolik und der Botschaft dieser Stunde. Und dass sie deshalb wiederkommen werden, um dieses Gefühl zu erneuern. Und dann sind sie da. Für mich die größte Freude, wenn ich auch diese Menschen erreiche, so erreiche, dass sie freiwillig und gerne wiederkommen – und da stehe ich dann nicht später im Alltag unter der Woche und hadere herum: »… und heut ist wieder keiner von denen da!«, sondern nutze den Moment, gemeinsam zu feiern. Ich sage: »Gottseidank ist er da und hat wenigstens Ostern nicht vergessen!« Ich hadere nicht, denn ich weiß, wenn ich es gut mache, wenn alles gelingt, dann werden sie die Botschaft nicht vergessen. Sie werden sie weitertragen und wiederkommen. Und wenn wir uns bis zum nächsten Osterfest erinnern, dass mitten im Leben der Tod zwar neben uns stehen mag, der uns aber dank der Auferstehung keine Furcht mehr einjagen kann – dann ist das doch die beste Aufforderung, endlich sein Leben zu leben, denn es gibt keine größere Sünde als das ungelebte Leben. Das Leben ist jetzt. Es ist Ostern. Es ist geschafft. Die Fastenzeit ist vorüber. Wir feiern das Leben.

Wenn die Liturgie vorbei ist, wenn wir mit der Osterkerze das Weihwasser des nächsten Jahres geweiht haben, steht die Osterkerze für diese ganze Zeit auf ihrem eigenen Leuchter, damit sie alles erhaben überstrahlt mit ihrem Licht, das jetzt mit der Sonne wetteifert. In diesem Jahr ist der Leuchter ein schlichter, 2 Meter großer Holzbalken, den unsere Gottesdienstbesucher mit Fotos bestückt haben, lauter Fotos von Menschen und Dingen, die ihnen lieb und teuer sind: Kinder, Eltern, Haustiere, Freunde usw. usw. Alles soll auferstehen und nichts darf für immer sterben, das ist die Botschaft! In der Dunkelheit des Grabes war diese Kerze unser letzter Trost. Und nun bleibt ihr Licht ein Zeichen der Hoffnung. Sie thront wie ein ausgestreckter Zeigefinger, ein Ausrufezeichen mit der Botschaft: Hier und heute hat eine Auferstehung stattgefunden. Mit diesem wundervollen Bild im Herzen gehst du um Viertel nach sieben aus der Kirche raus: Ich bin jetzt auch ein Zeuge der Auferstehung. Ich habe das leere Grab gesehen. Ich weiß, dass er lebt, und bin umgeben von so vielen Menschen, die es ebenso erfahren haben. »Ihr seid die Zeugen dafür«, sagt der Engel bei der Auferstehung zu den Frauen. Zeugen sind wir. Alle. Und daher wird mich nichts mehr verunsichern in der Welt. Gar nichts mehr. Mit diesem Gefühl der Stärke und der Festigkeit im Glauben, mit diesem Gefühl, in einer starken Gemeinschaft etwas erlebt zu haben, was uns alle lange prägen und verbinden wird, geht die Gemeinde auseinander. Nach über zwei Stunden, die dir überhaupt nicht lang erscheinen, wenn du alles richtig gestaltet hast, wenn es ergreifend ist und kein Vibratoralarm der Glockenfeinde dich aus deiner andächtigen Stimmung reißt, wenn der Osterwitz passt, mit dem ich die Gemeinde am Ende nach Hause geschickt habe, ganz erfüllt von dieser Feier. Und ich weiß, sie werden weitererzählen, was sie erlebt haben, wie intensiv das war und wie sehr sie es erfüllt hat – und ich weiß, sie werden im nächsten Jahr wiederkommen, um dieses Gefühl zu erneuern. So ist es auch heute wieder Licht geworden. Ein Zeichen der Hoffnung und des Friedens. Da ist er, der Geist. Alle spüren das jetzt. Der Heilige Geist. Das Alles, was uns verbindet. Das ist unsere Gemeinde. Da ist sie. Das sind wir. Immer dort, wo nur drei von uns zusammenstehen. Hier gehöre ich hin. Das ist es, das Versprechen und die Chance für die Wiederauferstehung – oder der Anfang vom Ende, wenn wir nicht endlich verstehen: Wir sind Gemeinde. Wir sind der Fels.

Die Kirche – das sind wir.

&

Es ist wieder weit nach Mitternacht, als ich nach der Lesung wieder daheim in München ankomme. Die Gespräche mit den Menschen, das Büchersignieren, die Herzlichkeit, mit der ich empfangen und verabschiedet wurde, alles habe ich mitgenommen. Es hat sich wieder einmal so etwas von gelohnt, dass ich mich auch diesen Abend wieder aufgemacht habe und »wandermissionarisch« den Menschen nachgelaufen bin. Das Heimfahren in der Nacht auf der Autobahn ist sehr angenehm. Es macht mir gar nichts aus. Kein Stau, keine Lkws, wenig Verkehr. Ich bin von meiner Taxifahrerzeit Nachtfahrten noch heute gewöhnt. Auch habe ich es mir abgewöhnt, in Hotels zu übernachten. Es entspannt mich kaum. Man liegt ewig lang wach, ist morgens total gerädert, fährt in der Früh geschafft nach Hause und kommt mittags erledigt heim. Ich mach's wie mein Freund Christian Springer: hab immer eine Decke dabei und wenn ich müde werde, fahre ich auf einen Rastplatz, eine Stunde schlafen und schon geht's munter weiter nach Hause. Man kann flott fahren in der Nacht und muss nicht rasen, im Radio spielen sie gute Musik und ich komme schnell ins Nachdenken. Was war das jetzt für ein Abend heute? Es macht so ungeheuer viel Spaß und Freude, diesen erwartungsvollen Menschen zu begegnen. Ich erlebe Städte und Dörfer in unserem Land, die habe ich vorher nie gekannt. Ich feiere Gottesdienste an Orten und Kirchen, die einfach nur beeindruckend sind. Sie leben von ihrer Geschichte, ihrer momentanen Gestaltung, den Gläubigen, den Seelsorgern, den Ideen und vor allem den Visionen. Ja, es gibt sie zuhauf im ganzen Land. Bei den Lesungen versuche ich immer wieder ins Gespräch mit den Leuten zu kommen. Und es gelingt sehr leicht. Es sind auch immer dieselben Themen, die den Menschen unter den Nägeln brennen: Umgang mit den Menschen wie Wiederverheiratet-Geschiedene, Ökumene, Zölibat, Priestertum der Frau, Gleichberechtigung in der Kirche, Kirche und Zukunft usw. usw. Natürlich ist es für mich immer wieder viel Wiederholung, aber ich tu es gerne, bete es herunter, dass nur in der Veränderung Wahrheit liegt und kein Mensch wertlos ist oder gar verurteilt werden darf. Reformen sind unumgänglich und wer hätte gedacht, dass ich mich in meinen Reformwünschen auf einen amtierenden Papst berufen und ihn auch noch zitieren kann. Aussagen, wofür ich vor fünf bis zehn Jahren noch einen Rüffler aus dem Ordinariat bekommen habe, stammen jetzt aus Rom. »Redet mit dem Papst! Das stammt von ihm!«, kann ich heute schmunzelnd anmerken und lache mir eines ins Fäustchen. Die Botschaft vom Reich Gottes eines Jesus von Nazareth war und ist deshalb so neu und anders, weil sie jedem Menschen Anerkennung verschafft: Gott selbst ist auf dem Weg zu dir, stell dir vor. Du musst nichts herbeizwingen, musst dich selbst nicht vergrößern, der Allerhöchste kommt von selbst zu dir, damit du groß bist. Spürst du diese Größe? Ja? Dann musst Du dich auch nicht mehr weiter über andere erheben. Das ist deine Chance für den Frieden! Gewalt und Hass entspringen immer dem Gefühl der eigenen Minderwertigkeit. Wer Gott auf sich zukommen sieht, hat keinen Grund mehr dazu. Wegen dieser Reich-Gottes-Botschaft Jesu bin ich Priester geworden und lebe heute so, wie er und viele Menschen es mir ermöglicht haben und möglich machen.

Ich weiß ganz genau: Diese Geschichte geht weiter. Es war noch nie so spannend wie jetzt. Man fühlt direkt das Thema der Veränderung. Die Türen, die da – auch von Papst Franziskus – aufgestoßen sind, bleiben geöffnet. Vielleicht nur einen Spalt bislang, aber niemand wird sie mehr schließen. Ob Zölibatsgesetz, ob Zulassung von Frauen zur Weihe, ob Umgang mit Homosexuellen, ob Segnung von Wiederverheiratet-Geschiedenen, ob Sexualmoral – alles steht auf dem Prüfstand, ob das so manch andere, die gerne die traditionelle Kirchenform zurückhaben möchten und immer neu herbeiwünschen, wollen oder nicht. Ist so. Schluss. Aus. Amen. Und weiter geht's.

Ich fühle mich regelrecht euphorisiert in meinem 19 Jahre alten VW Golf Diesel, der bald der Abwrackprämie zum Opfer fallen muss, und krieche so mit 120 km/h gen München. Du hast das Richtige gesagt, die Menschen sind begeistert, aber nicht auf Kosten der Kirche. Nein, das war keine Nestbeschmutzerei, wie dir gerne mal von Konservativen vorgeworfen wird. Ich weiß es besser: Ich liebe diese meine Kirche, in die mich, begonnen mit meinen Eltern, so viele gütige Menschen behutsam hineingeführt haben. Ich muss mich nicht auf ihre Kosten profilieren. Ich habe alles, was ich brauche, dank dieser Kirche. Im Gegenteil: Heute darf ich mich für sie einsetzen bei den Menschen, für sie kämpfen, und ich werde es nicht zulassen, dass sie unter die eigentlichen Räuber fällt. Ich bin auch verantwortlich für sie, genauso wie Papst, Bischöfe und alle zusammen. Wieder fallen mir meine Leitlinien aus »Himmel, Herrgott, Sakrament« ein, die damals mein spirituelles Gerüst so exakt beschrieben:

- Grenzenlose Liebe zur Schöpfung
- Grenzenlose Barmherzigkeit
- Das Bekenntnis zu Reduktion und Einfachheit
- Wer anklopft, dem wird aufgetan
- Du musst die Leute mögen
- Liturgie darf nicht wehtun
- Sakramente musst du spüren
- Glauben kommt aus dem Herzen, nicht per Dekret
- Du hast das Recht, zweimal geboren zu werden
- Du hast das Recht, nicht einsam zu sein
- Du hast das Recht, Taxi zu fahren
- Du musst Motorrad fahren, weil:
- die größte Sünde das ungelebte Leben ist

Wie oft habe ich sie schon aufgezählt bei meinen Lesungen und große Zustimmung geerntet, und wie leicht ist doch das ganze Geheimnis von Leben und Glauben dargestellt. Zwei so wichtige Jahre der Wander- und der Pilgerschaft sind nun schon wieder vorbei. In welches Leben bin ich da hineinkatapultiert worden. Und es geht weiter. Darum darf ich auch meine Leitlinien für meine Arbeit und mein Leben ruhig gleich um ein paar Punkte ergänzen:

- Vergiss nie die frohe Botschaft: Fürchtet euch nicht!
- Bleib immer schön auf Hühneraugenhöhe!
- Du sollst deine Bestimmung finden und leben.
- Hol dir ein großes Stück der Torte Leben und esst mehr Eis!
- Ihr seid euch nichts schuldig als die Liebe.
- Kein Mensch ist unnütz.

Und doch überfällt mich auch ein Zweifel. Was mache ich da eigentlich? Draußen brennt die Welt mit unzähligen Flüchtlingen, momentan 60 Millionen weltweit, Tausende Menschen, die tagtäglich elendig krepieren und vor Hunger sterben, Giftgasangriffe und Fassbombenterrorkrieg, Folter und Mord weltweit, Klimakatastrophe, globale Armut, Gewalt und Terrorismus, drohende Atomwaffeneinsätze, Sanktionen gegen andere Staaten anstatt gemeinsamer Gespräche, Fremdenhass und Ausgrenzung im eigenen Land, drohende neue gewaltsame Auseinandersetzungen im Nahen Osten in Iran, Irak, Syrien, Afghanistan, eine sehr fragile Wirtschaftsethik etlicher europäischer Staaten, das Auseinanderfallen von Europa, Euro-Krise, Brexit – fehlt noch was? Mir wird kurzzeitig schwarz vor Augen. Kann das wahr sein? Ist das unsere Welt? Meine Welt? Und wo ist meine Kirche jetzt? Wo mischt sie sich ein als Institution? Nein, ich meine nicht das beispiellose Wirken unzähliger Christen überall auf der Erde als Priester, Nonnen, Pfleger, Flüchtlingsbetreuer, Entwicklungshelfer, CARITAS-Mitarbeiter, MISSIO-Angestellte usw. usw. Nein, ich rede von meiner Kirche als Organisation. Wo ist der Protest, der Einsatz, die Intervention, das Anklagen, das Einschreiten, vor allem:

Wo ist die rechte Gewichtung. Wir diskutieren über Interkommunion, Geschiedene, Homosexuelle und glutenfreie Hostien, über die beste Vaterunser-Übersetzung, das neue Gotteslob und ob evangelische Christen Taufpaten bei katholischen Taufen sein können. Wir tun das einfach so, als ob es nichts anderes zu bewältigen gäbe auf dieser Welt für uns. Es verhungern qualvoll Kinder täglich, stündlich, jede Minute. Und was tun wir? Wir schicken Protestnoten nach Rom wegen Kirchenrechtsangelegenheiten. Für all das werden wir uns einmal zu verantworten haben. Jessas, Maria und Josef! Wie kommen wir aus dieser Nummer nur raus? Vor allem wann? Es gibt nur eine Antwort: Jetzt und Heute. Aufschub nicht erlaubt. Wir müssen sofort anfangen und vielleicht neu lernen, was wirklich wichtig ist, was uns Christen weltweit anzugehen hat und was wir endlich getrost beiseitelegen können. »Prüft euer Herz und dann entscheidet ihr!«, sagte der Papst zur deutschen Protestantin in Rom und eigentlich spricht er zu uns allen. Prüft euer Herz – jetzt und hier! Lasst keine Zeit verstreichen, fangt an zu unterscheiden, so wie es Paulus ausdrückt: Prüft alles, das Gute behaltet!

Ich bin wieder daheim und stelle das Auto im Pfarrhof ab. Es war ein sehr langer Tag. Trotz der immer stärker werdenden Müdigkeit, die ich in mir spüre, bin ich total aufgewühlt, muss erst ruhiger werden, herunterkommen, dann kann ich erst schlafen. Vor 2 Uhr wird es nichts damit. Morgen fange ich wieder von Neuem an und ich freue mich darauf, trotz allem. Es ist mein Leben. Mein Glaube. Meine Kirche. Mein Herrgott.

Jessas, Maria und Josef. Gute Nacht!

»Wos gestern war«

»Wos gestern war,
Wos morgen sein wird,
denk lieber net so weit.

Des Einzige,
Was uns wirklich g'hört,
Des is des **Jetzt** und des **Heut**

Drum nutz des **Jetzt**
Und nutz des **Heut**,
sonst ist's,
bist d'schaugst,
vorbei; –

Vertrödel nix,
weil **Zeit** kann keiner z'ruck verlangen!«

(aus: Bertls Gedichte-Bücherl)

Danksagung

Es hat sich wirklich so viel verändert in meinem Leben durch das Buch »Himmel, Herrgott, Sakrament«. Ein Jahr Bestsellerliste, Hunderte Leseabende und Vorträge, immer volle Häuser und Säle, Tausende erwartungsvolle und im Glauben stehende oder suchende Menschen. All diesen Menschen, die mein Buch gelesen, zu meinen Vorträgen gekommen oder mir so wunderbare Post haufenweise zukommen ließen, möchte ich aus ganzem Herzen danken. Gerade die unzähligen wunderbaren Zuschriften sind der Grund dafür, dass ich dieses zweite Buch nun auch schreiben konnte und letztlich musste. Viele neue Erfahrungen, die mich in den letzten beiden Jahren erreicht haben, haben das Recht und die Notwendigkeit, weitergegeben zu werden.

In tiefer Verbundenheit danke ich der kleinen Anna-Viktoria und ihren lieben Eltern. Ihr habt mir ganz neu die Augen geöffnet für das Geschenk des Lebens.

Ich danke allen, die sich meiner in dieser Zeit angenommen und mich betreut haben: den Mitarbeitern im Kösel-Verlag, die mich wie immer professionell umsorgten; meinen Mitarbeitern und Angehörigen meiner beiden Pfarreien Sankt Maximilian und Heilig Geist in München, die mich in meiner Alltagsarbeit doch etwas mehr entbehren mussten als sonst, und meiner Erzdiözese München-Freising, die mich gewähren ließ in dieser Zeit und mich so, neben meiner Arbeit als Pfarrer zweier Gemeinden, auch noch so großzügig eine neue, nicht unwesentliche Herausforderung erleben und stemmen ließ. Ich wurde ja irgendwie in diesen beiden Jahren zu einem Wanderprediger und »Volksmissionär« und habe jede Gelegenheit genutzt, die Freude am Glauben und an der Kirche auszustreuen. Meine Vorgesetzten haben mir dabei stets vertraut. Vergelt's Gott dafür!

Ganz besonders danke ich meiner lieben Gunda, die mir in dieser oft unsteten Zeit immer eine Heimstatt bereitete, sich um mich sorgte, während langer nächtlicher Autofahrten, und stets darauf achtete, dass ich auch meine körperlichen und seelischen Grenzen respektierte. Es brannte immer ein Licht im Fenster und im Ofen war ein köstliches warmes Essen, auch wenn ich noch so spät nach Hause kam. Das schönste Zeichen dafür, dass man ein Zuhause hat.

Ich danke meinem Co-Autor Stefan Linde für die erneute tolle Zusammenarbeit und ohne den es auch dieses Buch nie geben würde. Natürlich gilt mein letzter und größter Dank wieder meinem Herrgott, der mir die Kraft und die Leidenschaft für all mein Tun schenkt. Ich darf meinen Traumberuf leben. Jeder Tag ist ein neues Abenteuer, neue Menschen und immer neue Situationen begegnen mir. Für mich ist es alles andere als eine Selbstverständlichkeit, die Freude am Glauben und an einer Kirche, die wirklich Heimat für alle Menschen sein will, weitergeben zu dürfen. Es ist ein wunderbares Leben, das er mich leben lässt, ich kann es ihm nur jeden Tag aufs Neue zurufen: Lieber Gott, dank' dir dafür!